Köchel · Köhler

WINTER
GARTEN

Christoph Köchel · Lutz Köhler

WINTER
GARTEN

Planung · Technik · Bepflanzung

Unter Mitarbeit
von Maria Köchel und Bernhard Häring

Bauweisen, Materialien
und Klimaführung

Die schönsten Pflanzen

Gestaltungen für alle
Temperaturbereiche

blv

Inhalt

Wintergarten-Technik

8 Vom Traum zur Wirklichkeit

9 Geschichte des Wintergartens

12 Bauarten von Wintergärten
   13 Nutzungsarten
   14 Materialauswahl
   14 Einzel- oder Serienfertigung?
   15 Bauformen von Wintergärten

18 Materialien und Bauweisen
   19 Fundamente
   20 Bodenbeläge
   22 Tragkonstruktion
   28 Eindeckmaterialien
   31 Scheibenmaße und Fassadengestaltung
   33 Regenwasserableitung
   34 Anschluss an das Gebäude und das Fundament
   36 Pflegeaufwand

37 Klimagestaltung im Wintergarten
   38 Wärmeschutzverordnung und Wintergarten
   39 Heizung im Wintergarten
   41 Lüftung
   44 Schattierung
   47 Luftfeuchtigkeit
   47 Automatische Steuerung
   49 Kühlung

50 Automatische Bewässerung
   51 Grundtypen der Bewässerung
   51 Steuertechnik
   53 Wasserversorgung und -verteilung

56 Zusätzliche Pflanzenbelichtung
   57 Beleuchtungsstärke
   57 Lampenauswahl
   58 Lampe und Leuchte

59 Nutzung der Solarenergie

62 Planung, Bauvorbereitung und Bauausführung
   63 Baurecht
   63 Angebotsphase
   64 Auswahl des ausführenden Betriebes
   65 Bauleistungen
   66 Vertragsabschluss
   67 Abnahme und Abrechnung
   67 Gewährleistung

68 Beispielhafte Wintergärten
   68 Neubau eines Einfamilienhauses mit Holzwintergarten
   74 Wintergarten an einer historischen Stadtvilla
   78 Bausatzwintergarten für die Selbstmontage

Wintergarten-Bepflanzung

84 Den Wintergarten bepflanzen
   86 Individuelle Wohlfühltemperatur
   87 Kalthaus oder Warmhaus?
   88 Der »exotische Look«

Inhalt

- 90 **Etwas Botanik**
  - 91 Die Grenzen des Wachstums
  - 91 Kompensationspunkt und Temperatur
  - 93 Reservestoffe: Aufbau, Abbau, Funktion

- 94 **Die Elemente der Wintergartenbepflanzung**
  - 95 Das grüne Mobiliar: Pflanzflächen festlegen
  - 99 Schattierung am Sitzplatz
  - 99 (Schatten-)Bäume im Wintergarten
  - 100 Schattierung durch Spreizklimmer
  - 101 Sichtschutz

- 102 **Der Stil der Bepflanzung**
  - 103 Der gezähmte Dschungel (»wet tropical look«)
  - 104 Natürliche Strauchvegetation als Vorbild
  - 105 Die Halbwüste (»dry tropical look«)
  - 106 Die traditionelle Orangerie
  - 107 Themenorientierte Wintergärten
  - 109 Strukturpflanzen und Vegetationsbilder

- 108 **Strukturpflanzen für den Wintergarten**
  - 110 Platzierung von Struktur- und Großpflanzen
  - 111 Palmen
  - 114 Palmfarne und Baumfarne
  - 115 Bananen, Helikonien und Strelitzien
  - 117 Bambus im Wintergarten
  - 118 Araliengewächse
  - 119 Strukturstauden

- 123 **Der warme Wintergarten**
  - 124 »Bäume« für wärmere Wintergärten
  - 132 Die Strauchschicht im warmen Wintergarten
  - 138 Kletterpflanzen für den warmen Wintergarten

- 146 **Der kalte Wintergarten**
  - 147 Der moderne kalte Wintergarten
  - 148 Wintergartenmotive
  - 148 Der mediterrane Wintergarten
  - 153 Schwerpunkt Fernost
  - 159 Wintergartenpflanzen vom anderen Ende der Welt
  - 166 Ein Wintergarten mit südafrikanischen Pflanzen

- 173 Yucca und Agaven – Wintergarten a la Mexiko

- 174 **Die Bepflanzung in der Praxis**
  - 176 Das Klima im individuellen Wintergarten
  - 177 Auswahl von Großpflanzen
  - 177 Unterpflanzung
  - 178 Einkauf
  - 180 Pflanzung
  - 183 Wintergartenmanagement
  - 186 Nachpflanzen
  - 186 Sommerarbeiten
  - 186 Pflanzenschutz im Wintergarten

- 188 **Bezugsquellen und Adressen**
- 189 **Stichwortverzeichnis**

Vom Traum zur Wirklichkeit

Der Traum vom eigenen Wintergarten kann wahr werden. Um ihn Realität werden zu lassen, bedarf es umfangreicher Kenntnisse, vor allem zur Konstruktion, zur Materialauswahl und zu den speziellen Klimabedingungen. Sie dienen dazu, die Wünsche mit den bautechnischen Möglichkeiten in Übereinstimmung zu bringen und so die Voraussetzungen dafür zu schaffen, diesen Traum täglich genießen zu können.

Technik

Der weltbekannte Staudenzüchter Karl Förster soll einmal gesagt haben: »Wer Träume verwirklichen will, muss tiefer träumen und wacher sein als andere.« Wenn wir von einem eigenen Wintergarten träumen, dann sollten auch wir »wacher« oder fachkundig sein, um diesen Traum verwirklichen zu können. Der Traum kann ein Happyend haben. Die Wirklichkeit sollte sich nicht mit den bitteren Erkenntnissen aufgetretener Fehler trüben.

Auch ich habe mir diesen Traum vom Wintergarten vor zwei Jahren erfüllt und möchte diesen Bereich des immer wiederkehrenden Erlebnisses und die davon ausgehende Faszination nicht mehr missen. Der Wintergarten ist nicht nur ein zusätzlicher Raum geworden, sondern eigener Erlebnisbereich. Die Verbindung zur Natur hat darin eine dominierende Bedeutung. In dieser Welt sind die Probleme des Alltags schnell vergessen, und die Stimmung kann durch das besondere Ambiente nachhaltig beeinflusst werden.

Ein Erlebnis während der Bauphase bleibt mir wohl immer in Erinnerung. Das Metallgerüst war aufgestellt, die Dachscheiben eingesetzt, als ich an einem sternenklaren Herbstabend nach Hause kam. Ich habe mir einen Stuhl mitten in die Baustelle gesetzt und das Wunder dieser Nacht auf mich wirken lassen, ohne dass mich die Baustellenatmosphäre in irgendeiner Form gestört hätte. Gleichgültig zu welcher Tages- oder Jahreszeit wir uns in einem Wintergarten aufhalten: Das Erlebnis des Wohnens und Arbeitens unter geschützten Bedingungen, aber in unmittelbarer Nähe zur Natur ist in immer neuer Form vorhanden.

Auch bei unserem erwähnten Wintergarten sind bei der Konzeption, Projektierung und Bauausführung Probleme aufgetreten, die vermeidbar gewesen wären. Das war auch die Motivation für mich, an diesem Buch mitzuarbeiten und Erfahrungen weiterzugeben – zusätzlich zu meinem fachlichen Hintergrund aus der Konstruktion von Gewächshäusern und deren Klimagestaltung.

Vom Angebot zur Kaufentscheidung

Ist der Entschluss gefasst, einen Wintergarten zu bauen, steht am Anfang die Entscheidung über die beabsichtigte Nutzung. Diese bestimmt wesentlich Konstruktion, Ausstattung und die Kosten, die aufgewendet werden müssen. Der künftige Bauherr muss bereits in der Phase der Ideenfindung festlegen, was er will und wie viel er für die Verwirklichung ausgeben kann. Eine klare Vorstellung zur Nutzung und damit zur Ausstattung des Bauwerkes ist ein erster wichtiger Punkt in der Angebotsphase. Sie sichert vergleichbare Angebote und ist eine wesentliche Voraussetzung für eine optimale Konzeption und Ausführung des Wintergartens. Spätere Änderungen führen nicht nur zu gestalterischen Kompromissen und höheren Kosten, sondern können auch Ausgangspunkt für technische Fehler und unbefriedigende Ausführungen sein.

Die Bandbreite von Konstruktionen, Eindeckungen und Ausrüstungen zur Gestaltung des Klimas im Wintergarten ist sehr groß. Daraus resultierend ergeben sich Unterschiede in den Baukosten von etwa 700 DM je m^2 Grundfläche bis ca. 6 000 DM/m^2. Der Bauherr kann aus der gesamten Gestaltungsbreite zwischen diesen Extremwerten wählen.

Günstigste Möglichkeit ist die einfache Gewächshauskonstruktion zur Überwinterung von Kübelpflanzen, die frostfrei gehalten wird. Der vollklimatisierte warme Wintergarten als hochwertiger und ganzjährig zu nutzender Wohnraum ist die exklusivste Variante. Neben den unterschiedlichen Ausführungsarten hat die Verwirklichung von Qualitätsstandards einen wesentlichen Einfluss auf den Preis. Leider lässt sich die Qualität eines Wintergartens im Vorfeld durch den Nutzer aber nur sehr schwer beurteilen. Zumindest die wesentlichen Grundlagen zu liefern, um schon frühzeitig Mängel und Schwachpunkte aufdecken zu können – noch rechtzeitig vor der Ausführung –, ist eines der Ziele dieses Buches.

Der Wintergarten – ein Raum zum Wohnen, zum Träumen und für das besondere Naturerlebnis.

Geschichte des Wintergartens

Pflanzen waren für die Menschen schon immer von besonderer Bedeutung, wir finden sie in vielfältigen Darstellungen auf Dokumenten unterschiedlichster Zeitepochen. Sie spielen auch in unserer Zeit eine wesentliche Rolle. Dementsprechend gestalten wir unseren Arbeits- und Lebensbereich immer umfangreicher mit ihnen.

Heimische Pflanzen kann man sicher am einfachsten in der Natur betrachten und dabei Freude über deren Schönheit und Vielfalt empfinden. Oft mangelt es aber an der Zeit und der Gelegenheit dafür. Hinzu kommt, dass Raritäten aus anderen klimatischen Verhältnissen unser Interesse wecken. Für diese sind Klimaverhältnisse notwendig, die im Freien nicht immer gewährleistet werden können; man muss für sie deshalb zeitweise spezielle Klimabedingungen schaffen. Das Interesse an Pflanzen ferner Länder ist sicher nicht neu. Kaufleute, Naturforscher und Botaniker brachten schon in früheren Zeiten von ihren Reisen und Expeditionen exotische Pflanzen mit nach Europa.

Handwerker beim Bau des Überwinterungshauses für die Pillnitzer Kamelie.

Geöffnete Glas-Stahl-Konstruktion, die auf Schienen über die Kamelie gefahren wird.

Attraktion im Frühjahr: die üppige Blütenpracht der Kamelie im Pillnitzer Schlosspark.

Als Beispiel hierfür soll die **Pillnitzer Kamelie** dienen. Der Legende nach brachte der schwedische Botaniker Karl Peter Thunberg (1734–1828) vier Kamelien *(Camellia japonica)* von seiner Japanreise um 1775 in die königlichen Gärten von Kew bei London. Ein Exemplar verblieb in Kew, die anderen drei wurden wahrscheinlich in die Gärten Herrenhausen bei Hannover, Schönbrunn bei Wien und Pillnitz bei Dresden weitergegeben.

Nachdem alle drei anderen Pflanzen mit der Zeit eingingen, wäre die Pillnitzer Kamelie das einzige überlebende Exemplar dieser nach London gebrachten Pflanzen. Nachweislich pflanzte der Hofgärtner Terscheck 1801 eine Kamelie an ihrem heutigen Pillnitzer Standort aus. Um sie im Winter vor Schaden zu bewahren, wurde sie mit Holzhäusern geschützt, die auf komplizierte Weise auf- und abgebaut und beheizt wurden. Im Jahre 1905 kam es zum Brand eines solchen Holzhauses, den die Kamelie, geschützt durch das gefrorene Löschwasser, überlebte.

Diese Art von Schutzkonstruktionen für exotische Pflanzen, so genannte **Pomeranzenhäuser**, finden wir im 19. Jahrhundert in mehreren botanischen Gärten. Ein ganz besonderes und auch spektakuläres Haus bekam die Pillnitzer Kamelie 1992. Die Stahl-Glas-Konstruktion mit einem Gewicht von 54 Tonnen und einer Höhe von 13 Metern kann geöffnet und von ihrem Standort weggefahren werden. Damit ist diese einmalige Pflanze in der wärmeren Jahreszeit im Freien zu besichtigen und in ihrer Blütenpracht zu bewundern. Sie hat eine Höhe von 8 Metern und einen Umfang von 35 Metern. Zum Schutz vor Frost wird in der kälteren Jahreszeit die Stahl-Glas-Konstruktion über die Pflanze gefahren.

Aber auch spezielle Häuser für Kübelpflanzen wurden seit dem 17. Jahrhundert in Deutschland gebaut. Unter der Bezeichnung **Orangerie** entstanden in Ost-West-Richtung verlaufende, lang gestreckte, feste Gebäude, die an der Südseite große Fenster besitzen. Licht und Temperaturen über dem

Geschichte des Wintergartens

Gefrierpunkt sorgten für die notwendigen Überwinterungsbedingungen. Erste kunstvoll gestaltete Gewächshäuser entstanden, oft mit reich verzierten Bauteilen aus Gusseisen versehen. Nach der wichtigsten Pflanze wurden sie **Palmenhäuser** genannt.

Die industrielle Entwicklung führte im 19. Jahrhundert dazu, dass neben den bisher privilegierten Schichten zunehmend auch das aufstrebende Bürgertum solche exotischen Pflanzen besitzen wollte. Der finanzielle Rahmen war vorhanden, die Liebe zur Pflanze, der Drang nach etwas Besonderem oder auch die Schaffung von Statussymbolen führte zu einer entsprechenden Entwicklung.

Renaissance der Wintergärten

Die Wintergartenbranche verzeichnet in den letzten Jahren immer neue Rekordzahlen. Ein Ausgangspunkt sind die vielfältigen Belastungen und Einflüsse, denen die Menschen im Arbeitsalltag ausgesetzt sind. Sie werden teilweise durch die Nutzung moderner Kommunikationsmittel und deren übermäßigen Genuss bzw. Gebrauch sowie durch vielfältige Umwelteinflüsse zunehmend allergisch und sensibel auf unterschiedlichste Dinge. In der Arbeitsmedizin spricht man z. B. von SBS – Sick-Building-Syndrom – und von SAD – saisonalabhängige Depression. Über das **Raumklima** in den Komfortzonen des Münchner Flughafens Franz Josef Strauss wurde berichtet, dass durch eine zu niedrige Luftfeuchtigkeit eine erhebliche Häufung gesundheitlicher Beschwerden bei den dort beschäftigten Mitarbeitern zu verzeichnen war.

Folgende Symptome traten auf: Reizung der Augen und Atemwege, Unwohlsein, Konzentrationsschwäche und Kopfschmerzen. Messungen der relativen Luftfeuchtigkeit ergaben Werte von unter 25 %. Der Mensch benötigt jedoch ein Raumklima mit einer relativen Luftfeuchtigkeit von über 40 %. Die Ursache für das Auftreten des Sick-Building-Syndroms konnte in diesem Fall durch die Installation einer neuen Luftbefeuchtungsanlage beseitigt werden. In anderen Bereichen sind das Erkennen der Ursachen und deren Beseitigung nicht immer so leicht möglich und zumeist mit sehr hohen Kosten verbunden.

Besser ist es, wenn auf der Grundlage des Wissens um die Wirkung von Klima und Raumgestaltung bereits bei der Projektierung Maßnahmen für ein günstiges Raumklima ergriffen werden. Als sehr positives Beispiel in diesem Zusammenhang soll der Neubau der Datenverarbeitungsgesellschaft (dvg) in Hannover dienen. Drei hintereinander liegende, lang gezogene Bauwerke wurden bei diesem Projekt durch eine riesige, 15 000 m² große Glaskuppel überspannt. Dadurch entstanden mehrere geschützte und bepflanzte Innenhöfe. Diese bestimmen wesentlich das gesamte Ambiente und haben einen nicht zu unterschätzenden Einfluss auf die Gestaltung des Arbeitsklimas.

Eine andere Alternative ist die bewusste Gestaltung des eigenen Wohnbereiches, um damit Einflüsse von »krank machenden« Haus- und Bürogebäuden oder Lichtmangelerscheinungen zu kompensieren.

Der Wintergarten bietet die Möglichkeit der Verlängerung der Gartensaison sowie zur Gestaltung eines wunderbaren Hobbys. Zusätzlich wird durch den Lichtgenuss und den Aufenthalt in einer naturbeeinflussten Atmosphäre Stresserscheinungen und oben genannten Krankheitssymptomen vorgebeugt. Wichtig ist, dass die Vorbereitung auf einen Wintergarten mit einem Mindestmaß an Kenntnissen erfolgt, damit spätere Enttäuschungen erspart bleiben.

Die in Barockgärten aufgestellten Zitrusgewächse werden in der kalten Jahreszeit in festen Gebäuden, den Orangerien, überwintert: hier das Beispiel in Herrenhausen.

Bauarten von Wintergärten

Wintergärten sind durch die Konstruktion mit einer überwiegend transparenten Hüllfläche sowie durch die Nutzung gekennzeichnet. Entsprechend dem Namen Wintergarten ist die Pflanze der charakterisierende Bestandteil dieses Bauwerkes.

Wintergärten lassen sich auf Grund unterschiedlichster Kriterien verschiedenen Typen zuordnen. Erstens scheint die Einteilung nach der Nutzungsart wichtig und sinnvoll. Mit der Nutzungsart werden gleichzeitig Temperaturanforderungen festgelegt, die ihrerseits Einfluss auf die mögliche Bepflanzung haben. Die Auswahl des Materials für die Tragkonstruktion stellt eine weitere Einteilungsmöglichkeit dar. Zusätzlich kann nach der Fertigungsart – ob Serienmodell oder Einzelanfertigung – unterschieden werden. Die Bauform, die Geschosszahl und die Anbindung an ein Bauwerk sind weitere Merkmale für die Unterscheidung der Wintergärten.

Nutzungsarten

Prinzipiell ist festzulegen, inwieweit der Wintergarten als Wohnraum oder als Raum zur Kultivierung bzw. Überwinterung von Pflanzen genutzt werden soll. Bei der Nutzung als Wohnraum sind verschiedene baurechtliche und gesetzliche Grundlagen bereits bei der Planung und den entsprechenden Genehmigungsverfahren zu beachten. Bei der Planung eines Gewächshauses müssen diese Vorschriften hingegen nicht berücksichtigt werden, denn **bis zu einer Firsthöhe von vier Metern ist meist keine Baugenehmigung notwendig.** Auskünfte über die geforderten Unterlagen und notwendigen Genehmigungen erteilt die zuständige Gemeinde.

Ein Wintergarten wird in den meisten Fällen als Wohn- und Arbeitsraum genutzt. Die Pflanzen, die darin aufgestellt oder angepflanzt werden, dienen der Gestaltung und den Vorstellungen und Bildern, die der Nutzer gerne verwirklichen möchte. Die Ansprüche von Menschen und Pflanzen an das Raumklima können unterschiedlich sein; deshalb sind die entsprechenden Aspekte der Klimagestaltung bei der Planung unbedingt zu berücksichtigen. Akzeptiert man die Besonderheiten des Klimas in Wintergärten und wählt die Pflanzen geschickt aus, kann ein Wintergarten auch ohne übertriebenen technischen Aufwand sinnvoll als Wohnraum genutzt werden.

Der Wintergarten sollte vom übrigen Wohnraum eine Trennung erhalten, die beispielsweise durch eine Glasschiebetür realisiert werden kann. Im größten Teil des Jahres steht einer uneingeschränkten Nutzung nichts entgegen. Man sollte sich jedoch von vorneherein darauf einstellen, dass es im Hochsommer einige Tage und im Winter einige Abende oder Nächte geben wird, die einen verträglichen Aufenthalt im Wintergarten ausschließen.

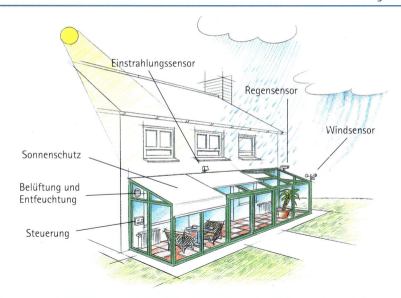

Der Wintergarten als Wohn- und Lebensraum soll hell und sonnig sein. Gleichzeitig muss er Schutz vor unerwünschten Klimaauswirkungen bieten. Außensensoren sind für eine automatische Klimasteuerung notwendige Voraussetzung.

Temperaturansprüche für Mensch und Pflanze

Pflanzenansprüche zur Überwinterung	Wohnraum ganzjährig	Aufenthaltsraum zeitweise	Übergangsraum Garten/Wohnung
> 18 °C	×		
> 12 °C	×	×	
> 0 °C		×	×
< 0 °C			×

Der Pflanzenteil dieses Buches unterteilt die Wintergärten nach den Temperaturansprüchen der Pflanzen in:
- ständig zimmerwarme Wintergärten (> 18 °C)
- Wintergärten mit Nachtabsenkung der Temperatur (> 12 °C)
- kühle, aber frostfreie Wintergärten (Temperatur > 0 °C)
- nicht frostfreie Wintergärten (< 0 °C).

Materialauswahl

Bei der Palette der Materialien für einen Wintergarten muss man zwischen denjenigen für die Eindeckung und für die Tragkonstruktion unterscheiden. Letztere besteht aus Trägern, Stützen, Sparren und Pfetten. Für die Tragkonstruktion werden Stahl, Aluminium und Holz verwendet. Man unterscheidet auf dieser Grundlage zwischen **Holz-** und **Metallwintergärten**.

Bei der Materialauswahl spielen sowohl Nutzungs- als auch Gestaltungsaspekte eine Rolle. Eine pauschale Wertung der einzelnen Materialien ist nicht vertretbar. Bezüglich der Kosten ist auch keine allgemein gültige Aussage möglich, da Größe und Fertigungsart darauf großen Einfluss haben.

Die Eindeckung kann mit Glas oder Kunststoff erfolgen. Auf die unterschiedlichen Aspekte der Materialauswahl wird in einem späteren Kapitel (Seite 28) eingegangen.

Einzel- oder Serienfertigung?

Prinzipiell wird zwischen Einzel- und Serienfertigung unterschieden. Für die Einzelfertigung haben sich in den letzten Jahren viele Firmen profiliert. Ein

Extra-Tipp

Um sich im Wintergarten später wohl zu fühlen, müssen Nutzungsansprüche der Bewohner und Ansprüche der Pflanzen übereinstimmen.

Blick in das Branchenfernsprechbuch oder in die Anzeigenseiten von Zeitschriften zeigt die Vielfalt der Betriebe, die auf diesem Sektor ihre Leistungen anbieten. Es gibt hier sicher wie in allen Branchen Unternehmen, die über entsprechende Erfahrungen verfügen und qualitativ gute Arbeit liefern, und solche, die diesen Ansprüchen nicht gerecht werden.

Firmen des Wintergartenbaus haben zumeist ihre Tradition in einer Schreinerei, dem Fensterbau oder im Stahlbau. In dieser Herkunft ist teilweise auch die bevorzugte Materialauswahl für die angebotene Tragkonstruktion begründet. Bei der Material- und Verbindungsmittelauswahl werden häufig Standardvarianten von Systemanbietern verwendet. Damit verwischen sich die Grenzen zwischen Einzel- und Serienfertigung. Näheres dazu im Kapitel »Materialien und Bauweisen« Seite 23 ff.

Vorteile einer solchen **Einzelfertigung** sind die individuelle Beratung, die Erstellung der Bauunterlagen und die Unterstützung bei den notwendigen Genehmigungsverfahren. Die Einzelfertigung hat aber in den meisten Fällen einen höheren Preis.

Produkte aus einer **Serienfertigung** werden häufig über Kataloge oder Baumärkte angeboten. Die Hersteller nutzen dabei die Effizienz großer Stückzahlen. Nachteile sind die ein-

Großräumiger Wintergarten, der Haus und Garten ineinander verschmelzen lässt. Bei den verwendeten Materialien dominieren Holz und Aluminium.

geschränkte Beratungstätigkeit, die höheren Transportkosten und die Festlegung auf bestimmte Bautypen und Rastermaße. Letzteres verliert jedoch mehr und mehr an Bedeutung, da spezialisierte Betriebe durch automatisierte und computergesteuerte Fertigungsanlagen immer besser in der Lage sind, individuelle Fertigungen sehr wirtschaftlich zu realisieren. Wintergärten als Serienprodukte werden auch zur **Selbstmontage** angeboten. Damit können Kosten gespart werden. Der Bauherr muss jedoch einschätzen, ob er wirklich die entsprechenden handwerklichen Fähigkeiten besitzt und die notwendige Zeit dafür hat. Außerdem ist die eingeschränkte Gewährleistung durch die eigenen Aufbauleistungen zu bedenken.

Bauformen von Wintergärten

Bezüglich der Bauform unterscheidet man Wintergärten, die
- einzeln stehen
- an Gebäuden angebaut bzw. daran angelehnt sind
- integraler Bestandteil der Baukonstruktion sind.

Weitere Merkmale, die auch die Bauform betreffen, sind die Geschosszahl und die Zuordnung bzw. Funktion des Wintergartens in der Baukonstruktion.

Extra-Tipp

Der Bauherr sollte sich am besten anhand einer Referenzliste von der Qualitätsarbeit des Anbieters überzeugen.

Der Anlehnwintergarten mit den weit geöffneten Türen schafft einen fließenden Übergang vom Haus zum Garten und verbindet beide.

Der **einzeln stehende**, vom Bauwerk getrennte **Wintergarten** stellt die Ausnahme dar. Er ist in der Nutzung als Wohnraum auf Grund der räumlichen Trennung nur bedingt geeignet, kann aber als Planungsgrundlage für einen sehr großen Garten durchaus eine interessante Gestaltungsmöglichkeit darstellen.

Der **Anlehnwintergarten**, der nachträglich an ein bestehendes Gebäude angebaut wird, ist die am häufigsten ausgeführte Variante. Die Ursache dafür liegt in dem zumeist begrenzten Finanzetat beim Neubau. Durch Sparmaßnahmen bei der Bauplanung wird der Wunsch nach einem Wintergarten häufig zurückgestellt. Nach finanzieller Konsolidierung tritt diese nicht verwirklichte Idee später wieder in den Vordergrund, und der Entschluss zum Bau wird erneut gefasst. Es verlangt hohes gestalterisches Können, um diese nachträglichen Anbauten optisch ansprechend in das Gesamtensemble einzubeziehen. Doch es gibt durchaus gelungene Varianten, bei denen man die harmonische Einordnung des Win-

Bauarten von Wintergärten

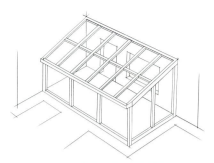

Typ 1: Eine häufig verwendete und beliebte Form ist der Anlehnwintergarten mit Pultdach.

Typ 2: Der Solarknick im Pultdach ermöglicht eine höhere Lichtdurchlässigkeit bei tief stehender Sonne.

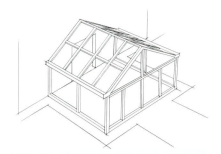

Typ 3: Ein Satteldach ergibt sich, wenn die Schmalseite des Wintergartens an das Gebäude angebaut wird.

tergartens in die vorhandene Baukonstruktion sucht. Das unten stehende Bild zeigt eine Lösung, bei der bewusst der Wintergarten als Einheit mit dem Gebäude gestaltet wurde.

Sehr oft werden Terrassen als Basis für die Überbauung mit einem Wintergarten genutzt. Vorteilhaft ist dabei die vorhandene sinnvolle Anbindung an den bestehenden Wohnraum. Auch Gebäudeecken bieten sich für eine Wintergartengestaltung an.

Speziell bei Wintergärten mit einer Metallkonstruktion haben die großen Systemhersteller eine enorme Vielfalt an Typen in ihrem Programm, wie beispielhaft ein Auszug der Typenübersicht der Firma Schüco zeigt.

- Typ 1 zeigt die einfachste Variante eines Anlehnwintergartens mit einem Pultdach. Hier ist der Anbau an ein bestehendes Bauwerk angedeutet. Zwei im rechten Winkel zueinander stehende Mauern geben dem Wintergarten die notwendige Stabilität beim Auftreten von Windkräften. Die Wärmebilanz wird positiv beeinflusst, wenn eine Wand die Nordseite bildet.
- Typ 2 zeigt ein Pultdach mit Solarknick. Große Dachneigungswinkel führen zu einer entsprechenden Höhe im First, sodass eher flach geneigte Dächer ausgeführt werden. Der Reflexionsanteil der Lichtstrahlen der tief stehenden Sonne ist dabei sehr hoch. Durch ein geteiltes Dach mit zwei unterschiedlichen Neigungswinkeln erreicht man dabei einen Kompromiss.
- Typ 3 zeigt die Ausführung mit einseitigem Anbau und Satteldach. Zur Gesamtstabilität sind Aussteifungen notwendig, so genannte

Wird die Bauform der gezeigten Finnhütte mit einem bis auf den Boden gezogenen Satteldach als Wintergartenform übernommen, ergibt sich diese interessante Lösung.

Diagonalverbände. Die Bauform ist vom Gewächshaus abgeleitet und kann bei entsprechender Nutzung diesen Charakter besonders hervorheben.

Weitere Typen sind Eckvarianten mit Innen- oder Außenecken. Außenecken können mit Viertel-, Halb- und Dreiviertelpolygonen unterschiedlicher Winkel gebrochen werden. Damit entstehen vielfältige Gestaltungsvarianten und interessante Dachkonstruktionen.

Die Systemanbieter haben sich vorrangig auf unterschiedliche Dachausführungen spezialisiert. Sie bieten dazu eine komplette Tragkonstruktion einschließlich der Stützen, die vom Wintergartenbauer nach Aufmaß der Baustelle bestellt werden kann. Der Betrieb übernimmt die Montage, die Lieferung und das Einsetzen der Glasscheiben und Fenster sowie die bauseitige Anbindung und Komplettierung.

Ein- oder mehrgeschossig?

Nach der Geschosszahl wird in einstöckige oder mehrstöckige Wintergärten unterschieden. Anlehnwintergärten werden häufig einstöckig ausgeführt. Mehrstöckige Wintergärten können innen unterteilt sein oder aber, zumeist in Verbindung mit Treppenhäusern

Extra-Tipp

Lassen Sie sich nicht zu sehr von schönen Prospekten und Fotos verleiten. Ihr Wintergarten soll in jedem Fall gut zu ihrem Haus passen.

Hoher Wintergarten mit Satteldach in Gewächshaus-Bauweise, der die Bauform des Hauses übernimmt. Die Wirkung der Lüftung wird mit zunehmender Bauhöhe verbessert.

oder Galeriebereichen, mehrere Etagen als eine Einheit zusammenfassen. Beispiele für mehrgeschossige Wintergärten zeigen die Bilder Seite 29 und 35.

Der Wintergarten als integrierter Hausbestandteil

Werden Wintergärten bereits mit dem Bauwerk projektiert, können sie als integraler Bestandteil desselben zu einem besonders gelungenen Gesamtensemble führen. Zwei häufig genutzte Gestaltungsideen sollen stellvertretend für die Vielfalt der möglichen Varianten erwähnt werden. Eine Gebäudefassade wird vollständig als transparente Hüllfläche gestaltet, mit dem Ziel, den dahinter liegenden Raum als Wintergarten zu nutzen. Damit können architektonisch interessante Gebäude entstehen (siehe Bilder auf Seite 16 und 47).

Eine andere Möglichkeit besteht in der Verbindung zweier Gebäude oder Gebäudeteile durch einen Wintergarten. Dadurch ergibt sich neben der besonders großzügigen Gestaltungsmöglichkeit der Vorteil der Trennung unterschiedlicher Nutzungsbereiche.

Auf einen Blick

➔ Wintergärten sind Erlebnisräume für Menschen, die sich am Wachsen und Gedeihen von Pflanzen erfreuen wollen.

➔ Die Nutzungsansprüche von Menschen und Pflanzen an das Raumklima können unterschiedlich sein.

➔ Die Nutzungsart ist das wichtigste Entscheidungskriterium bei einer Wintergartenplanung.

➔ Baugröße und Bauart sollten mit dem Hauptgebäude ein ansprechendes Gesamtbild ergeben.

Materialien und Bauweisen

Der Wintergarten benötigt zur Lastübertragung auf den Boden ein Fundament. Auf diesem wird die Tragkonstruktion aufgestellt. Sie dient der Aufnahme und Befestigung des Bedachungs- und Hüllflächenmaterials.

Für die Funktionsfähigkeit und die Funktionssicherung über eine möglichst lange Lebensdauer sind weitere Bauteile und Maßnahmen erforderlich. Dazu gehören: Anschluss an das Bauwerk, Regenwasserableitung, Blitzschutz und Gestaltung des Bodenaufbaus als notwendige Grundausstattung. In der Realisierung werden die unterschiedlichsten Materialien eingesetzt, über die in den nachfolgenden Abschnitten informiert wird.

Fundamente

Das Fundament nimmt die Kräfte der Tragkonstruktion auf. Das sind insbesondere das Eigengewicht und das Gewicht der Eindeckung, das Auftreten von Wind- und Schneelasten sowie sonstige Verkehrslasten, z.B. bei begehbaren Dachkonstruktionen.

Vom Fundament werden die Kräfte in den Boden eingeleitet. Dazu muss dieser eine entsprechende Tragfähigkeit aufweisen, die von der Zusammensetzung und dem Verdichtungszustand abhängt. Die Fundamentkräfte erzeugen Gegenkräfte im Boden, sodass es bei richtiger Auslegung zu einem Gleichgewichtszustand kommt.

Zunächst ist die Tragfähigkeit des Bodens richtig einzuschätzen. Dazu existieren Erfahrungswerte, die für eine Fundamentauslegung als Grundlage dienen können. Diese Werte beziehen sich immer auf einen natürlichen, gesetzten Boden. Aufgeschüttete Böden müssen verdichtet und bezüglich ihrer Tragfähigkeit beurteilt werden.

Unverzichtbar ist die **frostfreie Gründung**. Für den Standort Deutschland bedeutet das eine Fundamenttiefe von minimal 80 Zentimetern. Wird nicht frostfrei gegründet, kann das Fundament unterfrieren (Wasser und Frost), angehoben werden und damit Probleme bereiten.

Fundamentarten

Fundamente können als
- Punktfundamente
- Streifenfundamente
- Ringfundamente und
- Fundamentplatte ausgelegt werden.

Extra-Tipp

Soll der Wintergarten zu einem späteren Zeitpunkt vergrößert, z.B. aufgestockt werden, sind diese Gedanken bereits im Planungsstadium einzubringen, damit das Fundament und auch die Tragkonstruktion auf diesen beabsichtigten »Zuwachs« ausgerichtet sind.

Punktfundamente eignen sich für einfache und leichte Konstruktionen, wie sie beispielsweise bei kleinen unbeheizten Wintergärten möglich sind. Zwischen die Punktfundamente kommen 40 cm hohe Betonplatten als

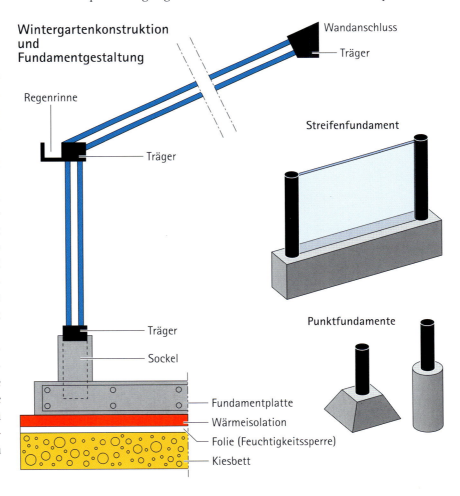

Materialien und Bauweisen

Vorgefertigte Isolierelemente können die formgebende Schalung ersetzen.

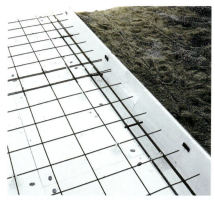

Zur Erhöhung der Festigkeit können Stahlmatten in die Fundamentplatte eingegossen werden.

Abschlusskante. Je größer der Wintergarten ist und je höher die Temperaturanforderungen sind, desto höher werden die Kräfte, die das Fundament aufnehmen muss. Dementsprechend steigen die Anforderungen an dieses Bauelement.

Die Entscheidung, ob **Streifen-** oder **Ringfundament** verwendet wird, hängt von der konkreten Bausituation ab und wird vom Statiker festgelegt.

Fundamente werden aus Beton gegossen. Beton besteht aus Zement, Wasser und Zuschlagstoffen. Entsprechend der Zusammensetzung werden unterschiedliche Betongüten unterschieden. Die Herstellung kann auf der Baustelle in einer Mischtrommel erfolgen. Eine andere Möglichkeit besteht in der Anlieferung von pumpfähigem Fertigbeton auf der Baustelle. Die Wahl des Verfahrens ist abhängig von der benötigten Menge und der Entfernung zum nächsten Betonwerk. In das Fundament kann außerdem zur Erhöhung der Festigkeit Baustahl zur Bewehrung eingelegt werden.

Bei **Fundamentplatten** werden zur Erhöhung der Belastbarkeit Stahlmatten eingelegt. Fertigbeton kann auch mit Stahlfasern gemischt sein, die die Funktion der Bewehrung übernehmen.

Ausführung des Fundamentes

Für die Herstellung von Punkt- oder Streifenfundamenten werden Fundamentgräben ausgehoben. Dazu wird aus Holz eine Schalung gebaut, die innen die Form des Fundamentes besitzt. Danach wird der Beton in die Schalung gegossen. Je nach Betonart und Bauform treten unterschiedliche Aushärtezeiten auf. Teilweise ist es möglich, nach 24 Stunden weiterzubauen. Die endgültige Festigkeit bei Beton wird aber erst nach ca. vier Wochen erreicht. Bei schmalen und tiefen Bauteilen ist es schwierig, teilweise sogar unmöglich, den Beton hohlraumfrei in die Verschalung zu gießen. Spezielle Rüttler schaffen hier Abhilfe. Der Beton fließt durch die Schwingungserregung sicher in die Form.

Bei festen, bindigen Böden kann unter Umständen auf eine Holzschalung verzichtet und der Beton direkt in den sauber ausgearbeiteten Fundamentgraben gegossen werden. Soll ein Fundament eine Wärmeisolierung erhalten, ist diese als Schalungsmaterial nutzbar.

Bei der Ausführung des Fundaments sind **Ver- und Entsorgungsleitungen** bereits zu berücksichtigen und zu verlegen. Beispielhaft sei hier der notwendige Abfluss im Boden des Wintergartens genannt.

Die spätere Tragkonstruktion muss mit dem Fundament eine Verbindung erhalten. Dazu können spezielle Anker mit der Bewehrung verbunden und in das Fundament eingegossen werden.

Bodenbeläge

Für die Gestaltung der Bodenbeläge sind folgende Aspekte von Bedeutung:
- ästhetische Gesichtspunkte
- Nutzungsbedingungen
- Raumklima.

Bei der Auswahl werden immer Gründe des persönlichen Empfindens zu Farben, Formen und Materialien im Vordergrund stehen. Eine dauerhaft befriedigende Lösung wird jedoch nur erreicht, wenn alle drei oben genannten Aspekte Berücksichtigung finden.

> ### Extra-Tipp
> Bei der Ausführung der Fundamente und der Bewehrung treten immer wieder Fehler auf. Eine nachträgliche Kontrolle, ob die Bewehrung eingelegt wurde, ist nicht möglich. Deshalb ist es wichtig, dass die Bauausführung bezüglich dieser Punkte sorgfältig überwacht wird.

Farbwahl

Bei der Farbauswahl für den Bodenbelag – dies gilt nicht nur dafür, sondern für die gesamte Farbgestaltung des Wintergartens – ist die Wirkung der Farben von Konstruktion, Pflanzen, Einrichtungsgegenständen und Umgebung harmonisch aufeinander abzustimmen.

Mit hellen Farben in Innenräumen wird eine optische Vergrößerung, mit dunklen Farben eine Verkleinerung erreicht. Ebenso zu berücksichtigen ist, dass helle Farben mehr Licht reflektieren und damit der Raum noch heller wird als bei einer Gestaltung mit gedeckten Farbtönen. Dunkle Farben führen durch die größere Absorption der Sonnenstrahlung zu einer stärkeren Erwärmung des Wintergartens.

Grund- und Hochbeete

Bei der Entscheidung für einen Bodenaufbau im Wintergarten ist die Art und Weise, wie später die Pflanzen eingebracht werden sollen, von besonderer Bedeutung. Im Überwinterungshaus für Kübelpflanzen bestehen andere Anforderungen als im Wohnbereich. Ist vorgesehen, die Pflanzen in Grundbeete direkt in den Boden einzusetzen oder Hoch- und Terrassenbeete (Bankbeete) zu nutzen, muss man auf eine funktionierende Entwässerung achten. Diese ist durch die bauausführende Firma zu realisieren. Werden sie unmittelbar im Boden eingepflanzt, sollte dieser nach unten offen sein und eine Drainage zur Ableitung von Stauwasser besitzen.

Die nicht bepflanzte Fläche kann einen Bodenaufbau nach den Wünschen des

Man sollte auf eine harmonische Farbabstimmung zwischen Konstruktion, Einrichtung, Bepflanzung und Bodenbelag achten. Hochbeete kann man wie hier mit Platten des Bodens verblenden.

Zur Aufstellung von Kübelpflanzen muss der Bodenbelag pflegeleicht und belastbar sein.

Die Anlage von Grund- und Hochbeeten ist bereits bei der Wintergarten-Planung zu berücksichtigen.

Nutzers erhalten. Bauseitig gefertigte Pflanzbereiche mit unterschiedlichem Höhenniveau können nach unten offen sein oder müssen einen Abfluss erhalten. Die Ansprüche an den Wurzelraum der Pflanzen sind vor dem Bau mit dem Pflanzenlieferanten abzustimmen.

Nutzung und Materialwahl

Die Palette der Formen und Materialien bei Bodenbelägen reicht von länglichen Strukturen bei Holzdielen über rechteckige bei Fliesen, quadratische bei Pflasterungen, unregelmäßige bei Natursteinen bis zu unauffällig gleichförmigen bei Kies- oder Betonboden. Auch dabei ist wiederum die Bauform des Wintergartens als filigranes Tragwerk mit transparenter Eindeckung beim Zusammenspiel der Formen für die Bodenauswahl zu berücksichtigen. Generell lenken großformatige Bodenplatten das Augenmerk sicherer auf die Gesamtgestaltung.

Nutzungsbedingte Gesichtspunkte zur Auswahl des Bodenbelages sind die Verbindung zum Garten, die Anbindung an den Wohnbereich, die Pflegeleichtigkeit, die Bewässerung und der Transport von Pflanzen, um nur einige der wichtigsten Aspekte zu nennen. Erfolgt der Zugang zum Garten durch den Wintergarten, ist mit Verschmutzungen zu rechnen. Diese müssen sich einfach beseitigen lassen. Das heißt aber nicht, dass ein Wintergarten immer klinisch rein sein sollte. Sein Zauber besteht im Übergang des Wohnraums zur Natur. Das sollte man auch bei den Ansprüchen an diesen Raum berücksichtigen. Die Pflege und Bewässerung wird dazu führen, dass der Bodenbelag hin und wieder feucht wird. Deshalb sind fester Holzboden oder textile Beläge eher negativ zu bewerten. Im Sommer wird ein Teil der Pflanzen seinen Platz im Garten finden. Große Kübelpflanzen haben entsprechendes Gewicht. Der Bodenbelag sollte der Belastung durch Transporthilfsmittel standhalten.

Aus klimatischer Sicht stellt der Boden einen Wärmespeicher dar. Des Weiteren ist eine Nutzung für eine Fußbodenheizung möglich. Diese Aspekte beeinflussen die Materialauswahl. Beton- und Steinfußböden besitzen beispielsweise gute Voraussetzungen zur Wärmespeicherung und Wärmeleitung, Holzfußböden sind für eine Fußbodenheizung nicht gut geeignet.

Tragkonstruktion

Der konstruktive Aufbau des Wintergartens hat seine geschichtlichen Wurzeln in der Gewächshauskonstruktion. Auch die Nutzung ist zumindest teilweise der im Gewächshaus ähnlich. Namhafte Firmen des Gewächshausbaus haben in den letzten Jahren eigene Geschäftsfelder für den Wintergartenmarkt aufgebaut. Die Tragkonstruktion eines Wintergartens soll deshalb am Beispiel des Gewächshauses erläutert werden.

Extra-Tipp

Pflanzbeete sind bereits bauseitig vor Staunässe geschützt.

Wintergärten im Stütze-Riegel-System

Grundelement dieser Bauweise ist das so genannte Stütze-Riegel-System. Bei diesem System errichtet man zweidimensionale Fachwerke aus senkrechten **Stützen** und waagerechten oder in Dachneigung gerichteten **Riegeln**. Mehrere solcher Fachwerke können, im Abstand aufgestellt, eine räumliche Tragkonstruktion bilden. Die Längsverbindung erfolgt wiederum mit Riegeln, den **Pfetten**. Das so entstandene dreidimensionale Fachwerk muss in den Knotenpunkten von Stützen, Riegeln und Pfetten versteift werden. Dazu sind Diagonalverstrebungen notwendig, etwa mit Edelstahlseilen in einem Holzfachwerkverband.

Im Gewächshausbau sind zusätzlich **Sprossen** zur Aufnahme der Glasscheiben und zur Verbindung der Hüllfläche mit der Tragkonstruktion eingebaut. Wintergärten in der Bauweise von Gewächshäusern besitzen diese gewächshaustypischen Sprossen ebenfalls. Sie werden aber auch von den Systemanbietern für Metallkonstruktionen verwendet und dort als **Sparren** bezeichnet. Die heute übliche Gewächshausbauweise ist im nebenstehenden Bild gezeigt.

Die Tragkonstruktion als Stütze-Riegel-System besitzt den Vorteil, dass die Bauteile einzeln zur Baustelle transportiert und dort montiert werden können. Spezialtransporte sind dazu nicht notwendig, und bei den Hebezeugen kommt man mit geringeren Lasten aus. Nachteilig ist die längere Montagezeit. Bei Metallwintergärten wird diese Bauart bevorzugt, da die Verbindung der Profile keine besonderen handwerklichen Fertigkeiten erfordert.

Wintergärten in Rahmenbauweise

Eine andere Bauart ist die Rahmenbauweise. Beim Hersteller erfolgt das Zusammenfügen von mehreren Bauteilen zu einem großflächigen Rahmen. Dieser wird mit einem Spezialfahrzeug zur Baustelle transportiert und dort mit einem Kran aufgestellt. Mit speziellen Befestigungsmitteln können mehrere Rahmenteile verbunden werden.

Dabei können die Rahmen beliebig groß sein, Begrenzungen sind allein durch die Werkstattgröße, die Transportkapazität und die Tragfähigkeit des Kranes gegeben. Die wirtschaftliche Rahmengröße bestimmt der Wettbewerb, da er den Ausführungsbetrieb zu einem günstigen Preis-Leistungs-Verhältnis zwingt.

Ein großer Vorteil ist die sehr kurze Montagezeit vor Ort. So wurde bei einem relativ großen Wintergarten mit einer Länge von 8 m, einer Breite von 4 m und einer Höhe von 4,5 m – wie er auch als Projektbeispiel in diesem Buch beschrieben ist (siehe Seite 68 ff.) – die Tragkonstruktion aus zehn Holz-Rahmenteilen innerhalb von vier Stunden aufgestellt.

Auswahl des Materials

Neben der Bauweise ist die Materialauswahl für den Wintergarten von Bedeutung. Drei Materialien stehen für die Tragkonstruktion zur Verfügung:
- Stahl
- Holz
- Aluminium.

Teilweise gibt es auch Mischkombination, etwa aus Holz und Stahl.

Welcher Baustoff der geeignetere ist, lässt sich pauschal nicht sagen und hängt auch sehr vom persönlichen Geschmack ab. Die Materialauswahl ist für jeden Wintergarten individuell zu treffen. Doch existieren Einsatzgren-

Die Bauweise der Gewächshäuser hat Einfluss auf die Gestaltung von Wintergärten. Moderne Gewächshäuser besitzen eine Tragkonstruktion aus Stahl mit Scheiben in Aluminiumsprossen.

zen, die diese einschränken beziehungsweise ein bestimmtes Material verlangen.

So wird Stahl für sehr große, mehrgeschossige Wintergärten bevorzugt benutzt, um die auftretenden Belastungen mit vertretbaren Profilgrößen aufzunehmen. Holzkonstruktionen sind für sehr kleine Wintergärten preiswerter. Für Holz-Aluminium-Konstruktionen gibt es ebenso wie bei Stahl-Aluminium- oder reinen Aluminium-Bauelementen **Systemanbieter**, die spezielle Profile anbieten. Die Elemente werden zumeist über die Montagebetriebe bezogen und fachgerecht verarbeitet.

Auswahl des Herstellers

Die Herkunft des Handwerksbetriebes, der den Wintergarten anbietet, ist sehr oft die Basis für die Materialentscheidung. Wintergartenbauer, die aus einer Schreinerei oder einem Fensterbaubetrieb entstanden sind, haben sich zum Teil sehr stark auf die Holzverarbeitung spezialisiert und können deshalb die Wintergärten mit einem Holztragwerk in guter Qualität zu günstigen Preisen anbieten. Diese Betriebe verfügen über eine qualifizierte Eigenfertigung von Holzträgern und -rahmen und nutzen nur wenig Spezialprofile für die Verbindung des Holzes zur Fassadenverglasung.

Betriebe aus dem Stahlbau haben zum Teil ihre Spezialisierung mit der Metallverarbeitung erworben. Sie bieten bevorzugt Stahl- oder Aluminiumkonstruktionen für das Tragwerk an. Dabei wird auf Profile zurückgegriffen, die von Systemherstellern angeboten werden. Der Wintergartenbauer nutzt das System und komplettiert die Tragwerkskonstruktion mit eigenen Metallbauleistungen entsprechend den örtlichen Baugegebenheiten. Da auf vorhandene Systeme zurückgegriffen werden kann, sind Metallwintergärten teilweise preisgünstiger als solche aus Holz.

Wandanschluss für den Anlehnwintergarten

Die Leistungen der Firmen, die Systemprofile anbieten, soll am Beispiel der Dachkonstruktion für einen Anlehnwintergarten mit Pultdach gezeigt werden (siehe Seite 16). Auf der Grafik Seite 25 unten ist die Anbauwand abgebildet. Der Wandanschluss, auch als Dach- bzw. Firstpfette bezeichnet, besteht aus vier Aluminiumprofilen. Diese sind mit dicken schwarzen Linien gekennzeichnet. Unten rechts ist mit einem Hochleistungsanker das Tragprofil mit einer Gelenkpfanne an der Wand befestigt. Links unten greift ein Dachträger mit seinem Kugelkopf in die Gelenkpfanne. Durch die Beweglichkeit im Gelenk sind unterschiedliche Dachneigungswinkel realisierbar.

An dem beweglichen Träger wird der Dachsparren (nicht dargestellt) angeschraubt. Dieser verbindet die Firstpfette mit der Traufenpfette und nimmt die Eindeckung auf. Sie ist im Bild als Doppelscheibe dargestellt. Zwei weite-

> ### Extra-Tipp
> *Bei hoher Sonneneinstrahlung oder Feuchtigkeit sind Metallkonstruktionen besser geeignet als solche aus Holz.*

Die Weiterführung der Dachneigung des Hauses und der überdachte Eingangsbereich sind die markanten Merkmale dieses Wintergartens, der auf die spezifischen Wünsche des Bauherrns abgestimmt wurde.

re Aluminiumprofile sind über isolierende Zwischenstücke mit Wandanschluss und Träger verbunden.
Mit dieser Lösung werden eine gute Wärmeisolierung, eine ausreichende Hinterlüftung sowie eine einfache Montage ermöglicht. Ausgereifte Konstruktionen wie diese und die hohe Fertigungskapazität für die Aluminiumprofile begründen die gute Marktposition der Systemanbieter.
Bei Holzwintergärten existieren ähnliche Systemlösungen. Hier erfolgt die Lastaufnahme über 76 mm breite Holzträger (Grafik rechts oben), die an der Anbauwand angelehnt und verschraubt sind und oben die exakte Dachschräge besitzen. Auf dem Holzträger ist die Aluminiumprofilschiene befestigt. Die Doppelscheibe wird über Dichtungen mit dem Klemmprofil befestigt. Weitere Profile vervollständigen den Wandanschluss.
Der Vergleich der beiden Dachanschlüsse zeigt die Unterschiede im Vorfertigungsgrad und in den notwendigen Maßnahmen zur Wärmeisolierung.
Bei Tragkonstruktionen aus Metall zählen **Gewächshaushersteller** zu den Anbietern. Sie haben in der Vergangenheit Verkaufsanlagen und Stahl-Glas-Architektur als zusätzliches Marktsegment in ihre Produktion aufgenommen. Es wurden teilweise sehr attraktive und spektakuläre Bauten errichtet. Davon profitiert der Wintergartenbau in diesen Betrieben mit einer großen Gestaltungsvielfalt und Materialpalette im Programm. In der Praxis existiert eine Vielzahl von Firmen, die in der Materialauswahl und den Bearbeitungsverfahren alle Materialarten gleich gut verarbeiten können.

Weitere Entscheidungskriterien: Unabhängig von der Spezialisierung des Wintergartenbauers sind neben der Materialauswahl noch weitere Gesichtspunkte bei der Entscheidung für einen bestimmten Hersteller von Bedeutung, darunter:
- ästhetische Aspekte
- statische Auslegung
- Nutzungs- und Pflegeverhalten sowie
- die thermische Trennung.

Ästhetische Aspekte: Wer Holz liebt, sich damit umgeben will und darin die ideale Verbindung zur Natur sieht, wird sicher eine Holzkonstruktion für den Wintergarten wählen. Die Profile sind bei Holzausführung zumeist größer dimensioniert als bei Metall und treten daher deutlicher in Erscheinung. Die Gestaltungsvielfalt ist bei Holz etwas eingeschränkt.
Metallkonstruktionen zeichnen sich durch schlanke, grazile Profile aus.

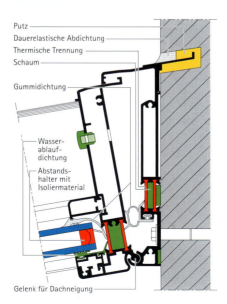

Spezielle Profile wurden für den Wandanschluss von Metallwintergärten entwickelt.

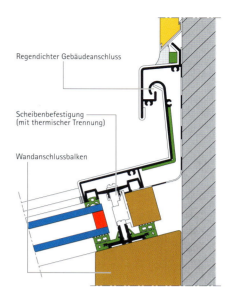

Aluminiumelemente sichern bei Holzkonstruktionen den perfekten Anschluss von Holz und Wand.

Hier ist außerdem eine beständige und attraktive Farbgebung möglich.
Statische Auslegung: Stahl hat ein wesentlich höheres Widerstandsmoment als Holz. Dadurch ist bei gleicher Belastung die statische Auslegung mit geringeren Profilstärken möglich, die Gesamtkonstruktion erscheint optisch leichter. Genauso können Hohlprofile eingesetzt werden, die bei reduziertem Gewicht sehr hohe Kraftaufnahme ermöglichen.
Holzträger sind heute fast ausschließlich als Leimholzbinder ausgeführt. Dazu werden meist Bretter aus Nadelschnittholz zum fertigen Profil verleimt. Diese Holzbauteile sind statisch stabil und unterliegen nicht den Alterungs- und Trocknungsprozessen, wie sie bei Massivholzträgern auftreten. Auffälligster Unterschied ist, dass Metalltragwerks-Konstruktionen bei gleicher Belastung durch die filigraneren Profile den Wintergarten optisch nicht dominieren.

Materialien und Bauweisen

Materialeigenschaften von Stahl, Holz und Aluminium im Vergleich

Material	Profilgröße	Wärmeleitung	Taupunktunter-schreitung	Pflege-verhalten	Lebensdauer
Stahl	+	–	–	+	+
Holz	–	+	+	–	–
Aluminium	=	–	=	+	+

+ positiv, – negativ, = indifferent

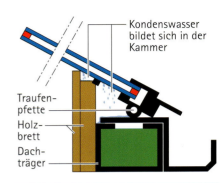

Kondenswasser muss frei abfließen können und darf sich nicht in Hohlräumen sammeln.

Nutzungs- und Pflegeverhalten: Beim Nutzungsverhalten sind die Wärmeleitung und der Einfluss der Feuchtigkeit zu beachten. Holz fühlt sich immer warm an, Metall dagegen kalt. An Holz wird es nur selten zur Taubildung kommen. Die Beschichtung mit deckenden Farbsystemen ist bei Holzprofilen problematisch, da durch das Arbeiten des Holzes und die Feuchtigkeit Schäden auftreten können. Anstrichsysteme am Holz sind je nach Exposition jedes Jahr auszubessern oder zu erneuern. Dabei sind Lasuren einfacher auszubessern.

An Metallen wird der Taupunkt eher unterschritten, sodass es zur Taubildung kommt. Das beeinträchtigt die Haltbarkeit der Farbgebung aber nur unwesentlich.

Thermische Trennung: In allen Werkstoffen können Wärmeströme auftreten. Dabei findet der Wärmetransport immer von der höheren zur niedrigeren Temperatur statt. Dadurch kühlt sich der Werkstoff auf der wärmeren Seite ab.

Die Wärmeleitfähigkeit ist bei den Werkstoffen unterschiedlich groß. Sie wird durch die Wärmeleitfähigkeitszahl λ gekennzeichnet. Holz ist ein schlechter Wärmeleiter, Stahl dagegen ein sehr guter. Wärmebrücken sind Konstruktionsteile, die infolge guter Wärmeleitung besonders stark auskühlen. Sie führen zu erhöhten Heizkosten und Taupunktunterschreitungen (also Taubildung) an diesen Bauteilen.

Probleme mit Kondenswasser

Wird an einem Bauteil eine kritische Temperatur unterschritten, so treten durch Kondensationsvorgänge Tautropfen an der Konstruktion auf. Die physikalischen Vorgänge sollen durch die Grafik links unten dargestellt werden. Das gezeigte Temperaturprofil entspricht einer Außentemperatur von –12 °C und einer Raumtemperatur von etwa 21 °C. Durch eine gute thermische Trennung wird erreicht, dass die Temperatur an den Innenflächen der Konstruktion und des Glases nicht wesentlich unter die Raumtemperatur sinkt, wodurch der Taupunkt erreicht werden könnte. Die niedrigsten Temperaturen treten bei allen Systemen an der Innenscheibe an der Einspannstelle auf. Kondenswassertropfen sind in diesem Bereich nicht auszuschließen.

Die Kondenswasserbildung ist so weit wie möglich zu verhindern, da dies längerfristig zu Schäden an der Konstruktion führen kann. Vollständig ausschließen lässt sich die Kondensation im Wintergarten nicht. Wichtig ist jedoch, dass das Kondenswasser frei abfließen kann. Sammelt sich Wasser und dringt in die Konstruktion ein, reduziert sich die Lebensdauer der gesamten Konstruktion. Gleichzeitig werden damit gute Bedingungen für Schimmelpilze geschaffen und das Wohnklima verschlechtert.

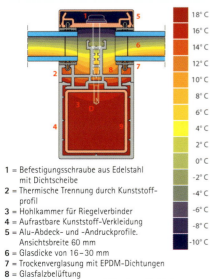

Eine gute thermische Trennung verhindert Kältebrücken und Kondenswasserbildung.

1 = Befestigungsschraube aus Edelstahl mit Dichtscheibe
2 = Thermische Trennung durch Kunststoffprofil
3 = Hohlkammer für Riegelverbinder
4 = Aufrastbare Kunststoff-Verkleidung
5 = Alu-Abdeck- und -Andruckprofile. Ansichtsbreite 60 mm
6 = Glasdicke von 16–30 mm
7 = Trockenverglasung mit EPDM-Dichtungen
8 = Glasfalzbelüftung
9 = Raumseitige Pfosten und Riegel aus Stahlrohren, je nach statischen Anforderungen bis 120 mm Tiefe.

Kondenswasserbildung an Scheiben lässt sich nicht absolut verhindern.

In der Grafik Seite 26 oben ist ein horizontaler Traufenträger aus Stahl dargestellt. Als Verkleidung und Wärmeisolierung wurde von innen ein Holzbrett angeschraubt. Kondenswasser konnte hinter das Brett fließen, das Abfließen des Wassers war hingegen nicht gewährleistet. Die ausführende Firma versuchte, mit dem Anschrauben eines weiteren Brettes den Mangel zu beseitigen. Als Ergebnis entstand jedoch nur eine zweite Wasserkammer. Danach wurden beide Bretter beseitigt und eine fachlich bessere Lösung realisiert.

Dieses Negativbeispiel ist nicht konstruiert, sondern tatsächlich aufgetreten. Es geht hierbei um die Darstellung eines möglichen Fehlers bei der Ausführung, der vermeidbar gewesen wäre. Damit soll jedoch nicht die Branche in einem schlechten Licht dargestellt werden. Bei den Recherchen zu diesem Buch habe ich sehr viele fachlich ausgezeichnete Wintergartenbauer kennen gelernt. Leider gibt es aber auch weniger qualifizierte Betriebe. Der starke Wettbewerb auf dem Markt führt auch zu Billiganbietern, denen die fachliche Kompetenz fehlt. Eigene Grundkenntnisse über die Konstruktion von Wintergärten, wie sie in diesem Buch geliefert werden, schützen daher am besten vor fehlerhaften Leistungen.

Wärmeisolierung

Holz benötigt auf Grund seiner geringen Wärmeleitfähigkeit bei entsprechender Dimensionierung keine zusätzlichen Isoliermaßnahmen. Bei Metallträgern ist dagegen eine thermische Isolierung notwendig. Diese lässt sich am günstigsten durch eine **thermische Trennung** von Tragkonstruktion und Eindeckung erreichen.

Ein Beispiel zeigt das nebenstehende Bild. Hier sind die inneren Pfosten- und Riegelprofile aus **Stahl** dargestellt. Das Vierkantrohr besitzt eine Schwalbenschwanznut für die Verschraubung. Auf dem Profil wird die isolierende EPDM-Dichtungsleiste festgeklemmt, die auch die Wasserableitung übernimmt. Danach können die beiden Isolierglasscheiben aufgelegt und von oben mit einer weiteren EPDM-Dichtung und einer Abdeckleiste befestigt werden. Zur optischen Verschönerung werden Deckleisten als Verkleidung aufgesetzt. Mit dieser Konstruktion wird die Wärmeleitung von innen nach außen sehr stark reduziert.

Bei Verwendung von **Aluminium** für die Tragkonstruktion wird die thermische Trennung durch zweischalige Profile erreicht. Die innere Schale

Extra-Tipp

Vergleichen Sie die Angebote der Wintergartenbauer sehr genau und achten Sie besonders auf Schwachpunkte wie Kondenswasserabfluss und thermische Trennung.

übernimmt die Übertragung der Kräfte auf das Fundament, die äußere erfüllt die Funktion der Abdichtung. Beide sind durch isolierende Kunststoffbrücken miteinander verbunden (siehe Bild Seite 25).

Stahl besitzt eine wesentlich höhere Festigkeit als Aluminium. Durch spezielle Fertigungsverfahren können jedoch auch Aluminiumprofile mit hoch belastbaren geometrischen Formen hergestellt werden. Zusätzlich ist die Verstärkung der Aluminiumprofile durch eingeschobene Stahlelemente möglich.

So erfolgt die thermische Trennung am realen Beispiel durch Befestigungssystem und Dichtung.

Eindeckmaterialien

Prinzipiell ist bei den Eindeckmaterialien zwischen **Kunststoffen** und **Gläsern** zu unterscheiden. Für den Wintergarten dominieren bei den Kunststoffen Polymethylmethacrylat, umgangssprachlich als Plexiglas bezeichnet, oder das ähnliche Polycarbonat. Es wird als Stegplatte mit bis zu fünf Schichten übereinander (Stegfünffachplatte) für den Bau transparenter Hüllflächen angeboten. Ob die Eindeckung mit Glas oder Kunststoffen erfolgt, hat keine großen Auswirkungen auf die Hüllflächengestaltung. Fenster und Lüftungsöffnungen sind bei beiden Typen integrierbar.

Kunststoff-Eindeckung

Trotz hoher Lichtdurchlässigkeit ist Kunststoff in Abhängigkeit der Materialstärke und -güte nicht klar durchsichtig. Es hat jedoch viele Vorteile:
- Das geringe Gewicht ermöglicht leichte Tragkonstruktionen.
- Der geringe Wärmedurchgang hat Vorteile bei der Isolierung.
- Kunststoffplatten sind preisgünstiger.

Durch das geringe Gewicht der Kunststoffplatten sind einfache Schiebefenster möglich, die sich auch im Dachbereich einsetzen lassen.
Trotz vieler Vorteile wiegt der Nachteil der nicht vollständigen Transparenz schwer, wenn der Wintergarten als dauerhafter Wohn- oder Aufenthaltsraum genutzt werden soll. Für frostfreie und unbeheizte Wintergärten kann die Eindeckung mit Kunststoffplatten eine Alternative sein. Im Dachbereich ist auch bei Wintergärten mit Wohnraumauslegung der Einsatz von Kunststoffplatten möglich.

Glas-Eindeckung

Hüllflächen aus Glas stellen eine unmittelbare Verbindung zur umgebenden Natur her und werden deshalb bevorzugt verwendet. Glas ist ein anorganischer Baustoff, der aus Sand (Siliziumoxid) und Zusatzstoffen gewonnen wird. Das spezifische Gewicht beträgt 2,5 g/cm³. Die Zugfestigkeit und die Elastizität sind sehr gering,

> ### Extra-Tipp
> *Zur Überwinterung von Kübelpflanzen eignen sich einfache Wintergartenkonstruktionen mit transparenten Kunststoffplatten.*

denn wie jeder weiß, ist Glas spröde. Der größte Vorteil von Glas ist sicher die gute Lichtdurchlässigkeit (siehe auch S. 57f.). Bei senkrechtem Auftreffen der Strahlen beträgt sie bei einer 4 mm dicken Scheibe aus einfachem Fensterglas etwa 92 %. Der Rest der Strahlung wird absorbiert und reflektiert.
Die Materialcharakteristika der jeweiligen Gläser sind bei der Auslegung der Hüllflächen genau zu berücksichtigen. Von besonderer Bedeutung ist der Wärmedurchgang, da er das Klima im Wintergarten maßgeblich beeinflusst. Weitere Gesichtspunkte sind die Einhaltung der Wärmeschutzverordnung sowie gesetzliche Vorgaben zum Wärmeschutz, um den CO_2-Ausstoß zu verringern.
Auch die mögliche Verletzungsgefahr bei Scheibenbruch durch herabfallende Glassplitter ist zu beachten. Glas mit einer Drahteinlage (Drahtglas) bietet die geforderte Sicherheit, sieht aber nicht schön aus. Die Verwendung von **Einscheibensicherheitsglas** (ESG) oder **Verbundsicherheitsglas** (VSG) ist ebenfalls möglich, schlägt sich jedoch im Preis nieder. Beim Zerbrechen von Einscheibensicherheitsglas entsteht eine Vielzahl unterschiedlich großer Glasstücke, die bei einer entsprechenden Fallhöhe eine Verletzungsgefahr darstellen können. Deshalb ist im Überkopfbereich Verbundsicherheitsglas oder Drahtglas verbindlich vorgeschrieben.

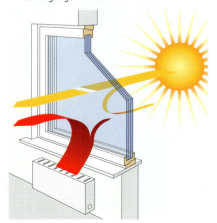

Wärmeschutzglas reduziert den Wärmedurchgang am Fenster.

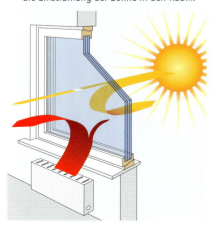

Sonnenschutzglas vermindert zusätzlich die Einstrahlung der Sonne in den Raum.

Verbundsicherheitsglas enthält eine Folie, die ein Auseinanderbrechen der Scheiben zuverlässig verhindert. Bei Beschädigungen durch zu hohe Belastungen, z.B. herabfallende Dachziegel, bilden sich lediglich Risse in der Scheibe. Es kann auch im Brüstungsbereich als Absturzsicherung Verwendung finden. Die Glashersteller bieten für diesen Einsatzfall spezielle Sicherheitsgläser an. Die spezifischen Länderregelungen des Baurechtes sind dabei zu beachten.

Das Einscheibensicherheitsglas kann auch als Außenscheibe bei Zweischeiben-Isolierverglasungen eingesetzt werden, da es weniger bruchempfindlich als einfaches Fensterglas ist. Damit besteht ein begrenzter Schutz vor Beschädigung, beispielsweise durch herabfallende Äste. Der Preisunterschied ist von sekundärer Bedeutung, wenn man mögliche Schäden einkalkuliert.

Generell sollte man sich bei der Glasauswahl gut beraten lassen und nicht nur die momentan kostengünstigste Variante in den Vordergrund stellen. Bei einer wirtschaftlichen Betrachtung sind neben den Investitionskosten die Betriebskosten von entscheidender Bedeutung. Isolierscheiben mit einem höheren Wärmedurchgang verursachen höhere Kosten für die Heizung. Berücksichtigt man die Lebensdauer eines Gebäudes, so können sich schon nach wenigen Jahren höhere Investitionskosten für ein besseres Glas rechnen.

Zweigeschossige Wohnwintergärten mit großen Außenflächen sollten mit guten Wärmeschutzgläsern ausgerüstet sein.

Extra-Tipp

Trotz höherer Preise sollten Sie Einscheibensicherheitsglas als Außenscheibe verwenden.

In geschlossenen Räumen tritt hinter Verglasungen der so genannten **Gewächshauseffekt** auf. Die Lichtstrahlung der Sonne gelangt, durch die Transmissions-(Durchdringungs-)Verluste der Verglasung vermindert, in den Raum. Beim Auftreffen auf eine Fläche, z. B. den Boden, wird die Strahlung zum großen Teil absorbiert und in Wärme umgesetzt. Je dunkler die Farbe der Fläche, desto höher ist der absorbierte Anteil der Strahlung. Die erwärmte Fläche gibt eine Wärmestrahlung ab, die wiederum an der Glasscheibe reflektiert wird. Der Raum wird deshalb durch die Sonnenstrahlung sehr stark erwärmt. Damit entsteht für die Nutzung des geplanten Wintergartens ein Klimaproblem, denn die Temperatur kann im Innern weit über der Außentemperatur liegen. Dieses Problem lässt sich durch Lüf-

tung, Beschattung und Kühlung lösen oder zumindest mildern, wie in den späteren Kapiteln beschrieben (siehe Seite 42, 44, 49).

Der Einsatz spezieller Gläser ist ebenfalls ein Mittel zur Regulierung der Wärme- und Lichtbilanz. **Isolierverglasungen** bieten in unterschiedlichen Ausführungen einerseits eine gute Wärmeisolierung und können andererseits zusätzlich als Sonnenschutzverglasung den Durchgang der Sonnenstrahlung reduzieren. Die Wärmeschutzverordnung 1995 und die Energieeinsparverordnung stellen konkrete Forderungen zur Einschränkung der Wärmeverluste und damit zur Senkung des Heizwärmebedarfes eines Gebäudes. Diese Forderungen sind auch für über 15 °C beheizte Wintergärten zu erfüllen. Deshalb kommt dem Aufbau der Fassadenverglasung eine besondere Bedeutung zu.

Isolierscheiben bestehen aus zwei oder drei Scheiben, die mit am Rand eingelegten Profilen auf Abstand gehalten werden. Der Zwischenraum ist mit Edelgas, zumeist Argon, gefüllt. Der Randverbund wird anschließend luftdicht mit elastischen Materialien ver-

schlossen. Er ist vor UV-Strahlung zu schützen.

Sonnenschutz- und **Wärmeschutzgläser** erhalten zusätzlich eine Beschichtung. Diese ist aus Edelmetall (meist Silber) oder Oxid (meist Zinnoxid) jeweils an der Fläche zum Scheibenzwischenraum angebracht.

Bei Dreischeibenisolierverglasungen sind Wärmedurchgangskoeffizienten von $k < 0,4 \, W/m^2 \times K$ und bei Zweischeibensystemen von $k < 1,0 \, W/m^2 \times K$ erreichbar. Isolierverglasungen mit einem Wärmedurchgangskoeffizienten von $k = 1,1 \, W/m^2 \times K$ entsprechen den Forderungen der gültigen Wärmeschutzverordnung von 1995.

Häufig wird behauptet, dass Wintergärten genauso wie Gewächshäuser nicht in den Geltungsbereich der genannten Verordnung fallen würden. Das ist so nicht richtig. Kriterium für die Anwendung der Wärmeschutzverordnung ist die Heiztemperatur.

Räume, die üblicherweise auf Innentemperaturen von mindestens 19 °C oder länger als drei Monate auf mindestens 15 °C beheizt werden, müssen die Vorgaben der Wärmeschutzverordnung einhalten. Dies sind an erster Stelle der Wärmedurchgangskoeffizient k ($W/m^2 \times K$) sowie der Gesamtenergiedurchlassgrad g (%). Im Gegensatz zum Wärmedurchgangskoeffizienten beschreibt der Gesamtenergiedurchlassgrad den Durchgang der Energie aus Licht- und Wärmestrahlung für transparente Hüllflächen. Die Werte für die Lichttransmission (τ), den Wärmedurchgangskoeffizienten (k) und den Gesamtenergiedurchlassgrad (g) sind in der Tabelle links als Vergleich für unterschiedliche Glasarten angegeben. Der Scheibenaufbau wurde dabei einheitlich als Zweischeibensystem

Wichtige Materialkennwerte für die Verglasung

Glastyp	Scheibenaufbau	DIN-k-Wert $W/m^2 \times K$	Lichttransmission τ	Energiedurchlass g
Isolierglas	6/12/6 mm	3,0	78 %	72 %
Wärmeschutzglas	6/12/6 mm	1,3	76 %	63 %
Sonnenschutzglas neutral	6/12/6 mm	1,6	51 %	39 %
Sonnenschutzglas silbern	6/12/6 mm	1,4	50 %	35 %

Quelle: Flachglas AG (Produktinformation)

Extra-Tipp

Unbeheizte und frostfrei gehaltene Wintergärten fallen nicht in den Anwendungsbereich der Wärmeschutzverordnung, solche mit über 15°C Raumtemperatur jedoch schon.

An der Tragkonstruktion aus Holz werden maßgefertigte Scheiben befestigt.

mit je 6 mm Scheibenstärke und 12 mm Zwischenraum gewählt.

Auch in der als Referentenentwurf vorliegenden Energieeinsparverordnung ist der Geltungsbereich wie bei der Wärmeschutzverordnung 1995 festgelegt. Ausnahmen sind Unterglasanlagen und Kulturräume für Aufzucht, Vermehrung und Verkauf von Pflanzen. Dazu zählen warme und lauwarme Wintergärten auch bei großzügiger Auslegung der Texte nicht. Die hohen Ölpreise, die Ökosteuer, aber nicht zuletzt die Schonung der Umwelt und Natur fordern eine gute Wärmedämmung der Glasflächen. Wintergartennutzer, die mit einem solchen Wohnraum die Verbindung zur Natur auf eine andere Ebene stellen wollen, sind diesem Anspruch doppelt verpflichtet.

Scheibenmaße und Fassadengestaltung

Die Isolierverglasungen werden teilweise direkt an den Rahmenteilen befestigt. Rahmen- und Scheibenmaße sind dann aufeinander abgestimmt. Es besteht aber auch die Möglichkeit, dass zusätzlich zwischen den Scheiben Sprossen eingesetzt werden. Diese übernehmen die Verbindung der Scheiben und die Übertragung der Kräfte auf den Rahmen.

Wichtiges Kriterium bei der Auswahl sind die möglichen Scheibenabmessungen. Isolierglasscheiben werden in fast allen Ausführungsvarianten auftragsgebunden gefertigt. Es ist also nicht notwendig, sich auf festgelegte Standardmaße zu beschränken. Trotzdem gilt es, einige Aspekte bei der Auswahl der Scheibengröße zu berücksichtigen.

Problem Schneelast

Im Dachbereich sind die auftretenden Kräfte höher als im senkrechten Fassadenteil, denn es ist beispielsweise mit der Belastung von Schneeschichten zu rechnen. Grundlagen für die komplizierte Berechnung, die hier nicht wiedergegeben werden sollen, sind die entsprechenden Schneelastzonen.

Im Raum München ist die Schneelast beispielsweise mit 0,75 kN/m² anzusetzen. Für andere Regionen lässt sie sich im Internet ermitteln.

Zusätzliche Gewichtsbelastung durch Schnee und Eis

Schneelastzone	Schneehöhe frischer Schnee	Schneehöhe nasser Schnee	Eishöhe
Zone 1: 0,25 kN/m²	18 cm	5 cm	2,75 cm
Zone 2: 0,50 kN/m²	36 cm	10 cm	5,5 cm
Zone 3: 0,75 kN/m²	54 cm	15 cm	8,25 cm
Zone 4: 1,0 kN/m²	72 cm	20 cm	11,0 cm

Extreme Witterungsbedingungen können auch zu größeren Schneelasten als in der Tabelle angegeben führen. Man kann in solchen Fällen das Abtauen durch das Erhöhen der Heizleistung fördern. Auch das Abspritzen mit Wasser kann bei Temperaturen um den Gefrierpunkt hohe Schneemassen beseitigen.

Windlast und Spannungen

Windlast und Eigengewicht der Verglasung sind weitere Kräfte, die von der Tragkonstruktion aufzunehmen sind. Temperaturunterschiede in der Glasscheibe erzeugen innere Spannungen, die zum Springen der Scheiben führen können. Zwischen sonnenbestrahltem und beschattetem Teil einer Scheibe können diese Unterschiede bis zu 50 °C betragen.

Scheibenmontage und Austauschkosten bei Beschädigungen sind weitere Aspekte, die bei der Auswahl der Scheibengröße von Bedeutung sind. Im Dachbereich werden als Vorzugsmaße Scheibenbreiten von 60 cm,

Abdeckleisten quer zur Fließrichtung führen zu Schmutzablagerungen auf der Außenscheibe.

Scheiben, die sich in Fließrichtung überlappen, benötigen keine Abdeckleisten.

75 cm und 100 cm gewählt, wenn nicht durch die Bauabmessungen ein anderes Rastermaß notwendig wird. Die Scheibenlänge ist variabel, beträgt jedoch selten mehr als vier Meter. Ist die Dachlänge größer, ist der Aufbau aus mehreren Scheiben notwendig. Unter der Stoßstelle (= die Stelle, an der die Scheiben aneinander grenzen) befindet sich ein Träger, die Pfette.

Schmutzablagerung vermeiden

Längs geteilte Scheiben müssen quer zur Fließrichtung des ablaufenden Regenwassers abgedichtet werden. Alle Bauteile, die die Eindeckung überragen, vermindern die Fließgeschwindigkeit und führen mit der Zeit zu hässlichen Schmutzablagerungen, die sich schwer beseitigen lassen. Aufgeklebte dünne **Abdeckleisten** reduzieren die Fließgeschwindigkeit, dadurch sind die Stau- und Schmutzzonen deutlich verringert.

Stufenglas, bei dem die obere Scheibe den Randverbund um etwa 6 bis 8 cm überragt, eignet sich für ein schuppenartiges Überlappen der Scheiben. Staustufen werden damit vollkommen vermieden (siehe Bild links).

Im Bereich der **senkrechten Glaswände** sind breitere Scheiben üblich. Aus Gestaltungsgründen wählt man oft doppelt so große Scheibenbreiten wie im Dachbereich. Die Verbindung der Scheiben mit Rahmen und Sprossen verlangt in jedem Fall eine fachlich gute Handwerksarbeit.

Scheibenabdichtung mit Profilen

Auch eine spröde Glasscheibe wird unter Belastung verformt, sodass die Dichtungen unterschiedlich fest angepresst werden. Kommt Wind hinzu, so besteht die Möglichkeit, dass Regenwasser unter die Dichtung dringt. Dieses muss in Profilen abgeleitet werden. Die Verbindung der Profile untereinander, z. B. der Stoß eines waagerechten und eines senkrechten Profils, ist mit Silikon oder einem ähnlichen Material abzudichten (siehe Bild Seite 33 unten).

Wichtigster Grundsatz: Wasser, das durch Kondensation oder extreme Witterungsbedingungen an der Konstruktion oder zwischen den Profilen auftreten kann, muss immer frei abfließen können.

Bleibt das Wasser stehen, kann es zu Schäden am Wintergarten kommen. Außen sollte das Wasser immer in Richtung der Dachentwässerung, von oben nach unten, abgeleitet werden. Die Abdichtung der Scheiben nach innen zum Rahmen oder zur Sprosse und nach außen zur Abdeckleisten erfolgt mit Dichtprofilen, den EPDM-Dichtungen. Die Abdeckleiste wird dabei mit Rahmen oder Sprosse verschraubt, sodass die Scheibe sicher zur Grundkonstruktion abgedichtet wird.

Schutz vor Kältebrücken

Neben Abdichtung gegen eindringendes Wasser hat der Wärmedurchgang der Tragkonstruktion, bestehend aus Rahmen und Sprossen, eine große Bedeutung. Die Oberfläche des Tragwerkes ist gegenüber der Hüllfläche unbedeutend. Trotzdem ist die thermische Trennung nicht zu vernachlässigen, da die Profile als Kältebrücken große Wärmemengen von innen nach außen transportieren können.

Bezüglich des Wärmedurchganges für Systeme der Tragkonstruktion wurden Rahmenmaterialgruppen (RMG) gebildet. Die Rahmenmaterialgruppe 2.1 entspricht einem Wärmedurchgangskoeffizienten von $k < 2{,}8\,W/m^2 \times K$, RMG 1 entspricht $k < 2{,}0\,W/m^2 \times K$. Zur Verringerung der Kondensation sollten im warmen Wintergarten Tragkonstruktionen mit einer zertifizierten RMG 1 verwendet werden.

Die **Abdeckleisten** haben mehrere Funktionen:
- die thermische Trennung
- die Befestigung der Scheiben an der Tragkonstruktion
- die Abdichtung
- die farbliche Gestaltung der Außenansicht.

Die Funktion der thermischen Trennung wurde bereits auf Seite 26 gezeigt. Grundlage der thermischen Trennung ist die Unterbrechung der Wärmeleitung. Die Profile der Außenseite sollen mit den Profilen der Innenseite möglichst keine wärmeleitende Verbindung besitzen. Dazu werden Isoliermaterialien verwendet. Bei der dargestellten Sprosse liegt die niedrigere Temperatur an der Abdeckleiste außen an. Von der Scheibe zur Sprosse wird die thermische Trennung durch die EPDM-Dichtung gewährleistet. Brücken der Wärmeleitung sind die Verbindungsschrauben zwischen Abdeckprofil und Sprosse.

Spezielle konstruktive Varianten verringern die Wärmeleitung im Bereich der Verbindungselemente. Im Bild Seite 26 ist eine entsprechende Variante mit doppelter Abdeckleiste und Gestaltung der Verbindungskonstruktion dargestellt. Zugleich erkennt man hier die Befestigung der Scheiben durch die Abdeckleisten.

Neben der Wasserableitung in die Regenrinne ist die Hinterlüftung der Bauteile wichtig.

Extra-Tipp

Schon bei der Planung ist zu berücksichtigen, dass die Wasserableitung der gesamten Konstruktion sichergestellt ist.

Regenwasserableitung

Das auf der Dachfläche anfallende Regenwasser muss wie beim Haus abgeleitet werden. Dazu sind Dachrinnen und Fallrohre notwendig. Von den Fallrohren wird das Wasser in die Oberflächenentwässerung der Abwassersysteme eingeleitet. Dabei ist darauf zu achten, dass die Ableitung mit einem entsprechenden Gefälle von mindestens 1% an das bestehende Abwassersystem des Gebäudes angeschlossen wird.

Die Wasserableitung von der Scheibe in die Rinne kann mit einer Stufenscheibe (siehe Grafik Seite 34) realisiert werden, sodass keine Staustufen entstehen. Bei dieser Ausführung wird keine Abdeckleiste benötigt. Zum

Wasser muss sicher in den Profilleisten der Scheiben nach außen abgeleitet werden.

Extra-Tipp

Kontrollieren und reinigen Sie die Dachrinnen Ihres Wintergartens regelmäßig, damit deren Funktion gewährleistet bleibt.

Schutz des Randverbundes der Scheibe wird auf der oberen Scheibe eine UV-undurchlässige Emaillierung aufgebracht.

Die durchschnittlichen Niederschlagsmengen liegen in Deutschland – bis auf Extremlagen – zwischen 600 und 1100 Litern pro Quadratmeter und Jahr. Die Regenfälle haben für das Wintergartendach den positiven Effekt der Selbstreinigung. Um die Schmutzfracht abzuführen, sollte die Dachneigung mindestens einen Neigungswinkel von 12 Grad aufweisen.

Bei wolkenbruchartigen Regenfällen sind Niederschlagsmengen von etwa 40 Litern pro Quadratmeter und Stunde möglich. Bei einem festen Gebäude sind die Dachentwässerungssysteme so ausgelegt, dass auch solch starke Regenfälle sicher abgeleitet werden. Beim Wintergarten wird versucht, möglichst schlanke Profile zu verwenden, um den Blick in die Natur nicht einzuschränken. Schmale Profile vermitteln zusätzlich den Eindruck einer sehr leichten Konstruktion, die sich besser an die bestehenden Gebäude anpasst. Deshalb wird die Dachrinne bei Wintergärten so ausgelegt, dass durchschnittliche Regenintensitäten gut abgeleitet werden. Bei starken Regenfällen nimmt man ein Überlaufen in Kauf. Das Wasser schlägt dann auf den Boden und beschmutzt zwar die senkrechten Scheiben, aber Bauschäden sind dadurch nicht zu erwarten. Die Dachrinne wird bei Metallkonstruktionen meist mit der Dachpfette verbunden.

Dachrinnen an Wintergärten werden häufig nur mit einem minimalen oder gar keinem **Gefälle** ausgelegt. Ursache dafür ist die optische Gestaltung, die bei waagerechter Dachpfette und mit Gefälle verlegter Dachrinne unschöne fliehende Linien zeigt. Die Folge dieser Auslegung ist jedoch ein schnelleres Zusetzen der Dachrinnen, weil das Wasser zu langsam in Richtung Fallrohr fließt. Will man Probleme vermeiden, muss man daher die Dachrinne ständig kontrollieren.

Ein weiteres Problem besteht in der Möglichkeit des **Zufrierens der Dachrinne**. Ursache dafür sind geringe Größe und Gefälle der Dachrinne. Als Folge einer zugefrorenen Dachrinne wird Schnee und Wasser über die Dachrinne hinaustreten. Problematischer ist die Ausdehnung des Eises in der gefrorenen Dachrinne. Dadurch können Schäden an der Konstruktion auftreten.

Als Zusatzausrüstung werden **elektrische Rinnenheizungen** angeboten. Eine elektronische Steuerung schaltet die Heizung bei Frost ein. Dabei wird jedoch Energie verbraucht, auch wenn kein Wasser oder Schnee vorhanden ist. Die Steuerung für die Rinnenheizung sollte diese Zustände daher unbedingt berücksichtigen.

Regenwasserableitung erfolgt hier über ein Fallrohr und einen Bodenkanal im Fundament.

Anschluss an das Gebäude und das Fundament

Neben der Regenwasserableitung sind die Anschlüsse vom Wintergarten zum Gebäude und zum Fundament wichtig. Auch sie sollten in fachlich guter Qualität ausgeführt sein. Die **Bauanschlüsse** haben drei Funktionen zu erfüllen:

- die elastische Verbindung der Bauwerke
- die Abdichtung gegen eindringende Feuchtigkeit
- die optisch ansprechende Gestaltung der Übergänge.

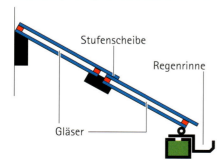

Stufenscheiben gewährleisten einen optimalen Selbstreinigungseffekt.

Extra-Tipp

Auf Dachrinnenheizungen kann verzichtet werden, wenn alternative Vorsorgemaßnahmen wie das Auftauen mit Salz möglich sind.

Getrennte Bauwerke sowie das Zusammentreffen unterschiedlicher Baumaterialien können zu Verschiebungen an den Verbindungsstellen führen. Um Beschädigungen vorzubeugen, sollten diese als elastische Fugen ausgebildet sein. Häufig werden dazu Silikon- oder Schaumwerkstoffe genutzt.

Der Anschluss des Wintergartendachs an die senkrechte Wand eines festen Gebäudes muss sowohl eine Bewegungsfreiheit als auch die Abdichtung gegen Feuchtigkeit gewährleisten. Zumeist bestehen diese Anschlüsse aus zwei getrennten Blech- oder Profilelementen. Dadurch werden die notwendige Bewegungsfreiheit, die Hinterlüftung und die Dichtung für Spritzwasser erreicht.

Übergang zum Fundament

Der Übergang von Stützen und Fensterrahmen zum Fundament sollte eine Wärmeisolierung erhalten. Zur Gestaltung des Überganges und zum Schutz vor Wasser wird ein Winkelblech eingesetzt und mit Silikon abgedichtet. Mit dem Blech in Form einer Fensterbank wird das Fundament geschützt und das Wasser über eine Abtropfkante abgeleitet. Die Rückstauhöhe zum wasserführenden Niveau muss dabei mindestens 15 Zentimeter betragen. Das ist eine Grundanforderung.

Treppenhäuser sind häufig die Stiefkinder des Wohnbereiches. Eine Wintergartenkonstruktion erschließt neue Nutzungsmöglichkeiten, z. B. einen Kommunikationsbereich für Eltern und Kinder, die in getrennten Etagen wohnen.

Die Verbindung von Wintergarten und Fundament muss vor Feuchtigkeit geschützt werden.

Zusätzlich ist zu beachten, dass es bei geringer Höhendifferenz zwischen Außenniveau und Fensterflächen zum Zurückspritzen von Regenwasser und zur Verschmutzung kommt. Der Außenbereich kann jedoch so gestaltet werden, dass es zu keiner wesentlichen Verschmutzung kommt. Dazu ist beispielsweise ein Randstreifen aus Kieselsteinen geeignet.

Extra-Tipp

Möglichkeiten zur Ausbesserung an den Farbbeschichtungen und zur Reinigung sind bereits bei der Planung entsprechend zu berücksichtigen, zum Beispiel durch Leitern, begehbare Zugänge und pflegearme Materialien.

Pflegeaufwand

Holzteile des Wintergartens benötigen eine intensive Pflege, damit Schäden vorgebeugt werden kann. Holz ist ein natürlicher Baustoff, der Feuchtigkeit aufnehmen und trocknen kann. Damit sind jedoch Volumenveränderungen verbunden, die zu Rissen im Holz führen können. Lasuren lassen sich am einfachsten ausbessern. Anstriche müssen auch an den Fenstern ständig kontrolliert und bei kleinen Schadstellen sofort ausgebessert werden. Alle ein bis zwei Jahre sind die Farbsysteme an besonders exponierten Stellen zu erneuern. Waagerechte und nicht abgeschrägte Holzrahmen sind besonders gefährdet, da Kondenswasser dort nicht abfließt.

Stahlkonstruktionen sollten als Grundschutz eine **Verzinkung** und nachfolgend eine **Farbbeschichtung** erhalten. **Aluminiumprofile** bekommen in der Regel eine **Einbrennlackierung**. Der Pflegeaufwand für Metallkonstruktionen ist gering.

Weiße **Abdeckleisten** im Dachbereich verschmutzen sehr leicht und lassen sich teilweise nicht mehr vollständig säubern. Farbige Abdeckleisten zeigen diese Problematik nicht so deutlich.

Die **Scheiben** des Wintergartens sind je nach Anspruch und Wohnlage bis zu vier Mal im Jahr zu putzen. Entsprechend der Flächengröße ist der Aufwand. Der Wintergarten als Bindeglied zur Natur kann durchaus etwas naturbelassen wirken, weshalb übertriebene Reinlichkeitsansprüche fehl am Platz sind. Am **Dach** trägt die Dachneigung zur Selbstreinigung bei. Unabhängig davon ist bereits bei der Planung zu berücksichtigen, wie man zu Reinigungszwecken an die Dachflächen kommt. Auf die Dachflächen können Bretter zur Lastverteilung über die Sprossen und Sparren gelegt werden. Dabei sind die geltenden Sicherheitsvorschriften zur Unfallverhütung zu beachten. Senkrechte Fensterflächen sollten über Leitern gut erreichbar sein. Für die Reinigung der Dachscheiben und eventuell hoher Stehwandverglasungen gibt es auch Dienstleistungsbetriebe (siehe Branchenfernsprechbuch), die solche Aufgaben schnell und sicher erfüllen.

Auf einen Blick

→ Tragkonstruktionen können aus Stahl, Holz oder Aluminium gefertigt werden. Die Entscheidung für ein Material ist abhängig von der Funktionalität, dem persönlichen Bezug zum Werkstoff und dem erforderlichen Pflegeverhalten.

→ Als Eindeckmaterialien sind Gläser oder Kunststoffe nutzbar. Bei der Auswahl ist die Licht- und Wärmedurchlässigkeit zu beachten.

→ Bei der Festlegung der Scheibengrößen sind neben dem gestalterischen Aspekt die Beanspruchung und der mögliche Austausch der Scheiben zu berücksichtigen.

→ Staustufen an den Scheiben führen im Dachbereich zu Verschmutzungen.

→ Kondenswasser muss an Scheiben und Profilen, auch in Zwischenräumen, sicher abgeleitet werden.

→ Auf die Regenwasserableitung muss bei Wintergärten besonders geachtet werden.

Klimagestaltung im Wintergarten

Der Klimagestaltung kommt im Wintergarten eine besondere Bedeutung zu. Durch den sehr hohen Anteil an Fenster- bzw. durchsichtigen Dachflächen kann einerseits Sonnenstrahlung in weit größerem Umfang nach innen gelangen als bei normalen Gebäuden, andererseits kommt es zu einem sehr großen Wärmeeintrag und dem beschriebenen Gewächshauseffekt (siehe Seite 30). Das kann im Sommer zu Temperaturen von weit über 40 °C führen, die die Nutzung des Wintergartens einschränken. Auch die ausgewählten Pflanzen müssen mit diesen Klimaverhältnissen zurechtkommen.

In der Übergangszeit können dagegen sogar Heizkosten eingespart werden. In Kombination mit Wärmerückgewinnungsanlagen oder Wärmepumpen kann die gewonnene Energie z. B. für die Brauchwassererwärmung genutzt werden. Weitere Hinweise dazu finden Sie im Kapitel »Nutzung der Solarenergie« ab Seite 59.

Man kann drei Außenklimasituationen unterscheiden:
- niedrige Außentemperaturen ohne Sonneneinstrahlung mit erhöhter Heizleistung
- niedrige Außentemperaturen mit hoher Sonneneinstrahlung und ohne oder mit geringerer Heizleistung
- hohe Außentemperaturen mit hoher Einstrahlung und der Notwendigkeit der Kühlung.

Um unter diesen sehr vielfältigen Bedingungen zu einem für die Bewohner angenehmen Raumklima zu kommen, ist das günstige Zusammenspiel mehrerer Faktoren notwendig: die richtige Auslegung der Heizung, eine gut funktionierende Lüftung, der Einsatz von Wärme- und Sonnenschutzgläsern sowie die Installation einer wirksamen Schattierung. Zusätzlich können Kühlgeräte und Wärmerückgewinnungsanlagen zum Einsatz kommen.

Auch die Luftfeuchtigkeit ist in die Klimabetrachtung mit einzubeziehen, da sie die Behaglichkeit ganz wesentlich beeinflusst. Schließlich haben auch die Pflanzen beträchtlichen Einfluss auf das Klima im Wintergarten. Bei den Klimaanforderungen müssen daher die Ansprüche der Nutzer und der Pflanzen in Übereinstimmung gebracht werden. Nur ein gut aufeinander abgestimmtes Gesamtsystem zur Klimagestaltung kann zu zufriedenstellenden Lösungen führen und die Freude am Wintergarten über das ganze Jahr sichern.

Wärmeschutzverordnung und Wintergarten

Die Wärmeschutzverordnungen werden vom Gesetzgeber seit 1972 immer wieder den Erfordernissen und baulichen Möglichkeiten angepasst. Sie gelten prinzipiell auch für Wintergärten. Momentan ist die Wärmeschutzverordnung von 1995 (WSchV 95) gültig. Die neue Energieeinsparverordnung liegt als Referentenentwurf vor und wird voraussichtlich 2001 Gesetzeskraft erlangen. Änderungen zur Bewertung des Wintergartens sind aus dem Entwurf nicht bekannt, sodass die Aussagen aus der WSchV 95 ihre Gültigkeit behalten dürften.

Es sind unterschiedliche Anwendungsfälle zu berücksichtigen. Prinzipiell wird bei der Einstufung durch die Wärmeschutzverordnung nach Neubau oder Anbau, nach unbeheizt oder beheizt sowie nach der Größe unter-

Wintergärten, die als Wohnraum genutzt werden, müssen entsprechend der Wärmeschutzverordnung ausgelegt sein, um mit geringem Energieaufwand ein behagliches Raumklima zu schaffen.

schieden. Nachfolgend sind in Kürze die wichtigsten Punkte zusammengestellt.

▶ Neubau mit unbeheiztem Wintergarten

Es werden keine wärmetechnischen Anforderungen an den Wintergarten gestellt. Beim Wärmeschutznachweis für das Gebäude können Abminderungsfaktoren für die Anbauflächen berücksichtigt werden.

▶ Neubau mit beheiztem Wintergarten

Der Wintergarten muss bei der Heizwärmebilanz berücksichtigt werden. Der Nachweis kann auf zwei unterschiedliche Arten erfolgen:
- als Gesamtbilanz unter Berücksichtigung der solaren Gewinne
- vereinfachter Nachweis für kleine Gebäude $k_{mF, eq} \leq 0{,}7$ W/m² × K. Dieser Wert wird als mittlerer äquivalenter Fenster-k-Wert bezeichnet und berücksichtigt die solaren Gewinne.
- Zusätzlich ist der sommerliche Wärmeschutz bei Fensterflächenanteilen ≥ 50 % getrennt für jede Fassadenseite nachzuweisen.

▶ Nachträglicher Anbau unbeheizt

Keine Anforderungen.

▶ Nachträglicher Anbau, beheizt und größer als 10 m²

Es gelten die gleichen Anforderungen wie für den Neubau.

▶ Nachträglicher Anbau, beheizt und kleiner als oder mit 10 m² Größe

Für den Wärmeschutznachweis gelten die Regeln für Einzelbauteile (WSchV 95, § 8.2). Werden Teile der Außenwand mit mehr als 20 % Fensterfläche ersetzt, gelten die Anforderungen an Einzelbauteile. Für Fenster gilt ein Wert von $k_F \leq 1{,}8$ W/m² × K.

Der Wärmeschutznachweis gemäß Wärmeschutzverordnung gehört zur Ausführungsplanung und ist auf Anforderung gegenüber der Bauaufsichtsbehörde nachzuweisen. Der Planer oder Architekt muss mit der Berechnung der Heizungsanlage den Wärmeschutznachweis erstellen lassen.

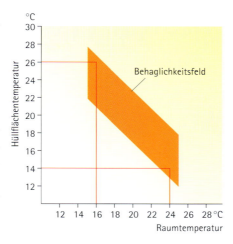

Nur im dargestellten Bereich von Raum- und Hüllflächentemperatur fühlt sich der Mensch wohl.

Heizung im Wintergarten

Eine Wärmeübertragung findet immer von hohen zu niedrigen Temperaturen statt. Ist der Wintergarten beheizt, wird Wärmeenergie über die Hüllfläche nach außen abgegeben. Wenn eine vorgegebene Temperatur eingehalten werden soll, ist daher ständig die Wärmemenge zuzuführen, die über die Hüllfläche abgegeben wird. Grundsätzlich hängt diese Wärmemenge vom k-Wert der Hüllfläche (siehe Seite 30), von der Größe der Hüllfläche und der Differenz zwischen Außen- und Innentemperatur ab.

Dazu ein Beispiel: Ein Anlehnwintergarten mit einer Grundfläche von 5 × 3 Metern, einer Hüllfläche von 40 Quadratmetern und einem Wärmedurchgangskoeffizienten k = 1,2 W/m² × K benötigt erfahrungsgemäß eine maximale Heizleistung von 2 bis 3 kW. Die Berechnung basiert auf den allgemeinen Grundlagen der Wärmebedarfsermittlung von Gebäuden. Dazu existieren Außentemperaturvorgaben, auf die die Heizung auszulegen ist. Im Raum München sind das beispielsweise −14 °C, im Raum Hamburg −11 °C. Treten niedrigere Temperaturen auf, kann es zur Unterschreitung der Raumsolltemperaturen kommen. Dabei ist individuell zu klären, ob eine Raumtemperatur von minimal 10 °C für extrem kalte Nächte im Winter akzeptiert werden kann oder nicht.

Normalerweise ist bei solchen Wärmebedarfsermittlungen auch die Speicherwirkung der Gebäudehülle zu berücksichtigen. Diese ist aber im Wintergarten nicht vorhanden. Entsprechend der Pflanzenauswahl und den sich daraus ergebenden Temperaturansprüchen ist festzulegen, ob zur berechneten Heizleistung ein Zuschlag von 25 % angesetzt wird. Mit dieser Überdimensionierung der Heizung ist die Auslegungstemperatur auch im Extremfall gesichert.

Konvektions- oder Strahlungswärme?

Nachdem durch die Wärmebedarfsermittlung die Auslegung der Heizung feststeht, ist die Entscheidung über die

Art der Heizung zu treffen. Eine elektrische Heizung als ständige Wärmequelle scheidet auf Grund der hohen Betriebskosten aus. Heizkörper von Warmwasserheizungen übertragen ihre Wärme in Form von **Konvektionswärme** auf die umgebende Luft. Die Luft wird am Heizkörper erwärmt, steigt nach oben, gibt dabei Wärme an die Hüllfläche ab und kommt abgekühlt wieder nach unten. Dieser Vorgang, bei dem Luft einer kreisförmigen Strömung unterliegt, wird als Konvektion bezeichnet.

Eine andere Heizungsform ist die Übertragung der Wärme durch Strahlung. Bei der **Wärmestrahlung** wird die Zielfläche direkt erwärmt, ohne dass die Luft als Übertragungsmedium benötigt wird. Beide Wärmeübertragungstypen sind bei der Beheizung der Wintergärten von Bedeutung.

Sowohl die Temperatur der Hüllflächen als auch die Raumtemperatur haben Einfluss auf die Behaglichkeit im Wintergarten. Beim Raumklima gibt es den Begriff der subjektiv empfundenen Temperatur, die aus der Raumlufttemperatur, der Hüllflächentemperatur und der Luftfeuchtigkeit berechnet werden kann.

Generell können niedrige Hüllflächentemperaturen nur in einem bestimmten Umfang durch höhere Raumtemperaturen kompensiert werden. So kann bei Temperaturen der Innenscheiben von 10 °C auch bei sehr hoher Lufttemperatur keine Wohlfühlatmosphäre erreicht werden. Man hat den Eindruck, als ob es ständig »zieht«, obwohl gar keine Luftbewegung stattfindet. Ursache dafür ist die hohe Abgabe von Strahlungswärme durch den menschlichen Körper an die Hüllfläche. Eine ähnliche Wirkung ist bei den Pflanzen zu beobachten. Durch den Strahlungsaustausch zwischen Pflanze und kühlerer Hüllfläche gibt die Pflanze Wärmeenergie ab. Dabei sinkt jedoch die Temperatur der Pflanze selbst. Die Heizung muss deshalb zwei Aufgaben erfüllen:

- Erstens muss die Raumluft erwärmt werden
- zweitens die Hüllfläche.

In der normalen Wohnraumbeheizung hat die Erwärmung der Hüllfläche auf Grund der guten Wärmeisolierung der Wände dagegen nur eine untergeordnete Rolle.

Heizkörper-Typen: Radiatoren oder Konvektoren?

Jede Heizfläche überträgt Wärme in Form von Strahlung und Konvektion. Je höher die Temperatur der Heizfläche, desto höher ist der Anteil der Strahlungswärme. Heizkörper werden traditionell unter den Fenstern installiert. Die einfallende Kaltluft wird erwärmt, und gleichzeitig erfolgt eine Temperaturanhebung der Scheibe. Diese Erwärmung der Scheiben ist für die Beheizung von Wintergärten von ausschlaggebender Bedeutung. Neben der angesprochenen Problematik der kalten Hüllflächen wird durch die Erwärmung auch die Kondenswasserbildung an der Hüllfläche verringert. Übliche Heizkörper, beispielsweise **Radiatoren** aus Stahl oder Gusseisen,

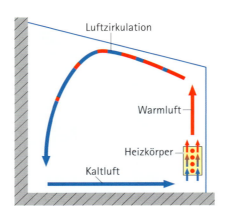

Die Konvektorheizung erzeugt ein ausgeglichenes Raumklima durch Erwärmung der Hüllfläche.

Unauffällig und Platz sparend ist hier die Konvektorheizung unter dem Ziergitter installiert.

Extra-Tipp

Warme Hüllflächen im Wintergarten sind für das Wohlfühlen von Mensch und Pflanze wichtig.

können jedoch die optische Gestaltung eines Wintergartens erheblich beeinträchtigen. Zudem ist vor Türen eine Installation nicht möglich.
Eine Lösung besteht im Einsatz von **Konvektoren**, die hauptsächlich Konvektionswärme abgeben. Diese Heizgeräte haben eine geringe Bauhöhe, aber eine große Wärmeübertragungsfläche. Dadurch wird die Luft stark erwärmt, und es stellt sich eine hohe Luftgeschwindigkeit der warmen, aufsteigenden Luft ein. Man spricht hier von freier Konvektion. Konvektoren mit Ventilatoren erzeugen eine erzwungene Konvektion mit hoher spezifischer Wärmeleistung.
Bodenkonvektoren mit einer Höhe von etwa elf Zentimetern können von der Bodenkonstruktion aufgenommen und oben mit Gitterrosten abgedeckt werden. Damit verschwindet die Heizung aus dem Sichtbereich. Trotzdem kann sie die Aufgabe der Erwärmung der Hüllfläche übernehmen. Diese vorteilhafte Lösung wird daher für Wintergärten häufig gewählt. Außerdem stellen die Gitterroste vor einer Glasfront ein attraktives Gestaltungselement dar.
Zu berücksichtigen ist, dass die freie Konvektion mit der Luft auch den Schmutz aus dem Konvektor im Raum verteilt. Wird an der Tür zum Garten der Rost noch als Fußabstreifer benutzt, ist die Situation besonders prekär. Auf Bodenkonvektoren, Kanäle und Abdeckgitter ist im Bereich von Türen auf jeden Fall zu verzichten.

Fußbodenheizung

Mit Radiatoren oder Konvektoren vor den Fensterflächen ist eine ausreichende Beheizung des Wintergartens

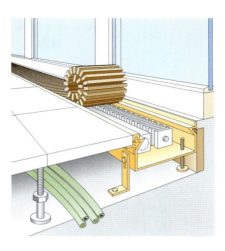

Bodenkonvektoren besitzen eine geringe Bauhöhe und lassen sich gut im Boden einbauen.

möglich. Wintergärten sind jedoch selten unterkellert, sodass bei ausreichender Raum- und Hüllflächentemperatur der Boden fußkalt wirken kann. Er wird trotz guter Isoliermaßnahmen nur unzureichend erwärmt. Hier bieten sich als Abhilfe Fußbodenheizungen an. Sie haben als Niedertemperaturheizung eine Wassertemperatur von maximal 45 °C. Dafür sind ein separater Kreislauf am Heizkessel oder ein zusätzlicher Wärmetauscher notwendig. Soll nicht die gesamte Heizleistung über die Bodenheizung abgedeckt werden, ist über einen Rücklauftemperatur-Begrenzer der Anschluss an den üblichen Vorlauf der Heizung möglich. Der Temperaturbegrenzer regelt wie ein Thermostatventil und schließt das Ventil, wenn zu heißes Wasser durchgeleitet wird.
Die Fußbodenheizung als einzige Heizquelle ist für den Wintergarten absolut ungeeignet, da sie nicht in der Lage ist, die Hüllflächen ausreichend zu erwärmen. Außerdem ist sie für diesen Anwendungsfall zu träge.

Nachtabsenkung

Bei der Heizungssteuerung und der Temperaturregelung in Wohnräumen ist die Absenkung der Raumtemperatur in der Nacht üblich. Wintergärten kühlen infolge der fehlenden Speicherwirkung und des größeren Wärmedurchgangs schneller ab als normale Wohngebäude. Bei der Nachtabsenkung sind deshalb die Ansprüche der Pflanzen im Wintergarten zu berücksichtigen. Gegebenenfalls ist eine separate Zusatzheizung zu installieren.

Lüftung

Die Lüftung hat im Wintergarten mehrere Aufgaben zu erfüllen. An erster Stelle steht die Temperaturregelung. Der Aufheizung durch die Einstrahlung kann durch das Öffnen von Fenstern und den damit verbundenen Austausch der erwärmten Luft entgegengewirkt werden.
Zweiter Aspekt ist die Verminderung der Luftfeuchtigkeit. Durch die Transpiration (Verdunstung) der Pflanzen und durch andere Feuchtigkeitsquellen steigt der Wassergehalt der Luft, und bei Unterschreitung des Taupunktes (siehe Seite 26) tritt Kondenswasserbildung auf. Durch Lüften wird die feuchte Innenluft mit der trockeneren

Extra-Tipp

Mit Rücklauftemperatur-Begrenzern lässt sich eine Fußbodenheizung auch bei höheren Heizwassertemperaturen betreiben.

Außenluft ausgetauscht. Spezielle Nutzungsbedingungen können ebenfalls Ursache für Lüftungsmaßnahmen sein.

Freie oder erzwungene Lüftung

Grundsätzlich ist zwischen freier und erzwungener Lüftung zu unterscheiden. Die freie Lüftung nutzt die Thermik, während bei der erzwungenen Lüftung Ventilatoren den Luftaustausch unterstützen. Thermik bezeichnet das Aufsteigen erwärmter Luft, sodass im Wintergarten durch Zuluftöffnungen im unteren Bereich und oben liegende Abluftöffnungen die freie Lüftung optimal unterstützt wird. Genauso wirkt eine Lüftung von der Südseite in Richtung Norden des Wintergartens.

Für eine wirkungsvollere und schnellere Lüftung kann der Luftaustausch mit **Ventilatoren** unterstützt werden. Höhere Kosten, Geräuschbildung und laufende Stromkosten sind die negativen Aspekte.

Schubkettenantriebe habe geringe Abmessungen und erlauben eine automatische Betätigung.

Die freie Lüftung benötigt große zu öffnende Fensterflächen. Für die erzwungene Lüftung existieren Zu- und Abluftgitter, die andere Öffnungsmechanismen besitzen und damit einen besseren Schutz vor Wind und Regen bieten.

Größe der Lüftungsfläche

Die Frage nach der Größe der notwendigen Lüftungsflächen lässt sich nur objekt- und nutzungsabhängig beantworten. Außerdem sind dabei die verwendeten Pflanzen und ihre Position im Wintergarten in die Betrachtung einzubeziehen. Weitere Aspekte sind die Einstrahlung, die Beschattung und die Wintergartengröße. Kurzum: Für diese schwierige, für das Klima und Wohlbefinden aber entscheidende Frage benötigt man fachlichen Rat.

Eine überschlägige Berechnung ist möglich. Die Wärmemenge, die durch die Sonnenstrahlung eingetragen wird, muss durch Luftaustausch abgeführt werden. Die abgeführte Wärmemenge ist mit dem ausgetauschten Luftvolumen und der möglichen Temperaturdifferenz zwischen innen und außen berechenbar. Generell lässt sich festhalten, dass bei einer 10 °C höheren Innentemperatur ein 20- bis 30facher Luftwechsel bei hoher Einstrahlung notwendig ist. Um diesen zu realisieren, ist ein Lüftungsflächenanteil von mehr als 10 % der Gesamtfassade erforderlich.

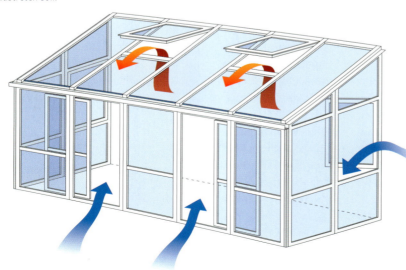

Die Kaltluftzufuhr erfolgt im unteren Bereich, während die Warmluft im Dachbereich austreten soll.

Extra-Tipp

*Sehr gute Ergebnisse werden bei der **Diagonallüftung** erreicht. Dabei streicht die Luft von der Südseite unten zur Nordseite oben. Die Zu- und Abluftöffnungen sind dazu diagonal gegenüberliegend anzuordnen.*

Die im Gewächshaus üblichen Zahnstangenlüftungen ermöglichen das Bewegen großflächiger Lüftungen.

Verschiedene Öffnungsmechanismen

Fensterflächen lassen sich manuell oder mit mechanischen Antrieben öffnen. Letzteres ist für eine Automatisierung der Lüftungsfunktion notwendig. Es gibt unterschiedliche Ausführungen der Antriebe. Die Fensterflächen im Dachbereich sind dabei zumeist oben in Gelenken gelagert und werden an der Unterseite nach außen bewegt. Diese Konstruktion hat ihren Ursprung wiederum in der Gewächshaustechnik. Ihre Vorteile liegen in der einfachen Bauweise und der guten Abdichtung gegen Wind und Regen. Eine solche Lüftung ist im Bild oben gezeigt.

Der Antrieb erfolgt bei diesen Konstruktionen über eine rotierende horizontale Welle sowie Zahnräder und Zahnstangen. Die **Zahnstangen** ragen jedoch um die Öffnungsweite des Fensters in den Raum. Diese bewährte und einfache Ausführung stört die Optik und Gestaltung des Wintergartens, hat aber den Vorteil, dass sich damit sehr große Lüftungsflächen öffnen lassen. Eine Kombination mit einer Außenschattierung ist allerdings nicht möglich. Elektrische Spindelmotoren sind als Einzelantrieb geeignet, ragen jedoch mit derselben Länge in den Raum wie die Zahnstangen.

Hebelmechanismen zur Fensteröffnung werden ebenfalls angeboten. Knickhebel reduzieren die notwendige Bautiefe für den Antrieb ebenso wie Scherengitter.

Moderne **Schubkettenantriebe** realisieren bei geringer Einbautiefe ausreichend große Öffnungsweiten. Spindelmotoren und Schubkettenantriebe werden hauptsächlich für senkrechte Fenster und kleinere Dachfenster eingesetzt.

Ohne elektrischen Antriebsmotor arbeiten **Gasfederantriebe**. In einem Pneumatikzylinder wird die Ausdehnung eines Gases durch die Temperaturerhöhung im Wintergarten zur Öffnung des Fensters genutzt. Spezielle Verschlusssysteme sind für ein dichtes Schließen des Fensters erforderlich.

Automatische Steuerung

Vor- und Nachteile einer automatischen Lüftung muss man gegeneinander abwägen. Werden Lüftungen in Abhängigkeit von vorgegebenen Parametern, z. B. der Temperatur, automatisch gesteuert, ergibt sich daraus einerseits ein Sicherheitsproblem. Die automatisch geöffneten Fenster laden bei Abwesenheit ungebetene Gäste zum Besuch, und die Versicherungen werden dafür nicht einstehen wollen. Außerdem ist die Automatikfunktion für die persönliche Nutzung des Wintergartens nicht unbedingt erforderlich, teilweise stört das laufende Öffnen und Schließen der Fenster bei bestimmten Temperatursituationen. Da die Pflanzen im Wintergarten aber andererseits unbedingt vor zu hohen Temperaturen geschützt werden müssen, sollte die Lüftung automatisch betätigt werden.

Sinnvoll ist die Steuerung der Lüftungsautomatik, um die Fenster bei Sturm und Regen zu schließen.

Lüftung über die Tür

Auch Türen im Wintergarten sind für die Lüftung nutzbar. Große Türflächen schaffen im geöffneten Zustand eine ganz besondere Verbindung zur Natur und das entsprechende Ambiente. Sie haben für das Verhältnis zum Raum eine wesentliche Bedeutung. Mit großen Türen fühlt man sich nicht eingeengt, der Übergang zum Garten gestaltet sich noch fließender.

Ähnlich wie bei den Fenstern werden sie mit Dreh-Kippbeschlägen angeboten. Um ein vollständiges Öffnen zu

Abluftklappen im Firstbereich sind eine weitere Möglichkeit für den Luftwechsel.

Falttüranlagen gestatten das Öffnen großer Flächen und schaffen den Übergang zum Garten.

gewährleisten, ist die doppelte Türbreite an der Glasfassade frei zu halten. Auch bei der Auswahl der Heizkörper ist dieser Bereich zu berücksichtigen.

Für große zu öffnende Flächen sind **Falttüren** eine Gestaltungsmöglichkeit. Elemente bis zu einer Breite von etwa einem Meter werden dabei über Scharniere miteinander zu einer Faltwand verbunden. Erfolgt die Faltung in den Innenbereich, so ist ein Streifen von der Breite eines Elementes an der Fassade als Manipulationsraum frei zu halten. Im Außenbereich besitzt der Platzbedarf für das Falten eine untergeordnete Bedeutung. Geringere Elementbreiten führen zu schmaleren Bewegungsräumen. Der Anteil der Flächen für die Rahmenprofile steigt dadurch aber überproportional an.

Im Vergleich dazu benötigen **Schiebetüren** beim Öffnen einen geringen Platzbedarf. Wie bei allen verwendeten Materialien und Bauteilen spielt hier die Qualität eine besondere Rolle. Kostengünstige Produkte erfüllen oft nicht die Anforderungen, die an die Abdichtung nach heutigem Standard gestellt werden. Parallelabstellschiebetüren stehen gut abgedichtet in Rahmenprofilen und werden über Hebemechanismen aus diesen ohne hohen Kraftaufwand herausgehoben und parallel verschoben. Die Schiebetüren sind auch mit einem Kippbeschlag für die Lüftungsfunktion lieferbar.

Material für Fenster und Türen

Wie bei der Wintergartenkonstruktion gibt es auch hier eine Palette von Möglichkeiten. Es stehen Holz-, Metall- und Kunststoffkonstruktionen zur Verfügung. Auch eine Kombination aus den genannten Materialien ist üblich. Gestalterischer Anspruch, Wärmedurchlass, Pflege und Lebensdauer sind bei der Auswahl zu berücksichtigen. Im Prinzip gelten ähnliche Aussagen, wie sie für die Tragkonstruktion getroffen wurden.

Im Wintergartenbau finden im Außenbereich vielfältig Aluminiumprofile Anwendung. Ist die Tragkonstruktion aus Holz ausgeführt, so wird man auch Holzfenster wählen. Diese können als Verbundkonstruktion von außen eine Aluminiumverblendung besitzen. Metallfenster zeichnen sich durch eine lange Lebensdauer, aber auch durch einen höheren Preis aus.

Kunststofffenstern haftet häufig ein Negativimage an. Ursachen sind die ursprünglich starken und kastenförmigen Profile, die geringere Stabilität in den Scharnieren und die Veränderung der Oberflächen durch die Sonneneinstrahlung. Diese Mängel sind jedoch bei den heutigen Modellen weitestgehend behoben. Stahleinlagen führen zu filigranen und haltbaren Profilen. Die Gestaltung ist der Holzbauweise angepasst und vielfältig geworden. Auch die Haltbarkeit der Oberflächen erreicht zufriedenstellende Ergebnisse. Außerdem können PVC-Fenster und -Türen heute vollständig recycelt werden.

Schattierung

Durch Lüftungsmaßnahmen kann ein Teil der durch die Sonne eingetragenen Wärme abgeführt werden. Für viele Pflanzen sind Temperaturen von knapp über 40 °C kein Problem. Menschen fühlen sich bei diesen Temperaturen jedoch nicht sehr wohl. Die Wärmeschutzverordnung schreibt Beschattungsmaßnahmen bei einem Fensterflächenanteil von ≥ 50 % vor. Damit befinden wir uns wieder im Spannungsfeld widersprüchlicher Vorgaben.

Wintergartenbauer bieten natürlich die Beschattung als unbedingt not-

> ### Extra-Tipp
>
> *Manuell zu öffnende Fenster werden zumeist mit einem Dreh-Kippbeschlag ausgerüstet. Das Kippen des Fensters gestattet eine Öffnung, ohne dass das Fenster zu weit in den Raum steht. Fensterbreiten über einem Meter sollten nur im Ausnahmefall seitlich über den Drehbeschlag geöffnet werden.*

wendige Ausrüstung an. Sie argumentieren mit den Temperaturansprüchen der Bewohner, doch muss dies stets der Nutzer selbst entscheiden. Eine Nutzung bei 40 °C Außentemperatur ist auch wirklich zu hinterfragen. Da kann man sich doch gleich unter den Sonnenschirm in den Garten setzen und muss nicht unbedingt im noch wärmeren Wintergarten sitzen. Jeder Nutzer möge für sich entscheiden, ob er eine Beschattung installieren lassen will oder nicht.

Um den Strahlungsdurchgang zu verringern, gibt es mehrere Möglichkeiten. Auf den Einsatz von Sonnenschutzgläsern wurde bereits eingegangen (siehe Seite 28). Diese haben jedoch den Nachteil, dass sie in jeder Jahreszeit den Strahlungsdurchgang vermindern. Im Winter ist der Bedarf an Sonnenlicht besonders hoch und sollte nicht reduziert werden. Außerdem dient die Einstrahlung der Erwärmung des Wintergartens.

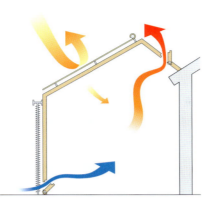

An der Außenschattierung wird die Sonnenstrahlung reflektiert. Der Wintergarten bleibt kühl.

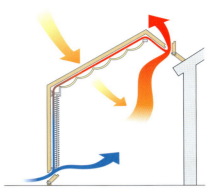

Bei der Innenschattierung dringt die Sonnenstrahlung ein, der Wintergarten wird stärker erwärmt.

Abhilfe könnten Lichtleitsysteme schaffen, die im Sommer bei hohem Sonnenstand einen Teil des Lichtes reflektieren und bei niedrigem Stand Licht in den Raum spiegeln. Solche Lichtleitsysteme werden zwar in modernen Bürogebäuden eingebaut, würden aber wohl in einem normalen Wintergarten stören.

Schattierung durch Gehölze

Bei entsprechender Lage oder nachträglicher Pflanzung ist eine natürliche Beschattung durch Bäume und hohe Sträucher möglich. Sie hat den Vorteil, dass sie gut zum Charakter eines Wintergartens passt. Laubge-

Laubbäume eignen sich als Schattenspender im Sommer und erlauben zugleich die Einstrahlung der tief stehenden Wintersonne – die einfachste und natürlichste Schattierung.

Klimagestaltung im Wintergarten

Dünne Stoffbahnen lassen sich einfach an Drahtseilen zur Innenschattierung spannen.

hölze eignen sich sehr gut zur Beschattung, da sie im Winter ihr Blätterdach abwerfen und den dann besonders gewünschten Sonnenlichteinfall kaum mindern. Auf Grund der ständigen Luftverdunstung tritt außerdem eine angenehme Kühle im Schatten der Bäume auf.

Der Standort der Bepflanzung muss sehr sorgfältig ausgewählt werden. Vor allem muss man die Größenzunahme der Gehölze berücksichtigen. Am besten, man zeichnet zuvor mehrere Ansichten von den Gebäuden und der Bepflanzung im ausgewachsenen Zustand. Zusätzlich trägt man den Sonnenstand zu verschiedenen Tages- und Jahreszeiten ein. Als Ergebnis lässt sich die Beschattung durch die Bepflanzung gut darstellen.

Außen- oder Innenschattierung?

Häufig verwendet man Schattierungen, die bei entsprechender Einstrahlung aktiviert werden. Das können Stoffe, Holz-, Metall- oder Kunststoffgitter sein. Vom Kosten-Nutzen-Verhältnis haben sich überwiegend Stoffschattierungen, also Markisen, durchgesetzt. Sie können außen oder innen am Wintergarten installiert werden.

Die Wirksamkeit von **Innenschattierungen** ist begrenzt, da die Wärme bereits durch die Verglasung gekommen ist. Im Winter kann die Innenschattierung jedoch zusätzlich als Energieschirm zur Unterbrechung des Strahlungsaustausches mit der kalten Hüllfläche genützt werden. Diese Schattierungen lassen sich ähnlich wie Rollos straff spannen und in Schienen abgedichtet führen. Eine Aufhängung mit Schlaufen an Stahlseilen in Baldachinform ist gleichfalls möglich.

Problematisch wird die Innenschattierung, wenn die Pflanzen an die Fassade reichen. Ein Wärmestau zwischen Scheibe und Innenschattierung kann für die Verglasung gefährlich sein, denn zu hohe Temperaturen an der Glasscheibe können zu Spannungen und damit zu Beschädigungen führen.

Außenschattierungen besitzen eine größere Wirksamkeit. Nachteilig ist die Verwitterung durch Strahlung, Wind und Regen. Die Bespannungen sind jedoch im eingefahrenen Zustand vor den genannten Einflüssen sicher geschützt. Dazu werden entsprechende

Extra-Tipp

Um die Beschattung des Wintergartens durch Gehölze darzustellen, gibt es Computerprogramme, wie sie von Landschaftsarchitekten genutzt werden. Auf Anfrage kann man sich verschiedene Varianten zeichnen lassen.

Kassetten angeboten, die sich harmonisch in die Gesamtkonstruktion einfügen und das Markisentuch aufnehmen. Stoffe aus Acryl sichern eine hohe Beständigkeit bei Feuchtigkeit und Strahlung. Schweres Tuch sowie sichere Seiten- und Längsführung geben eine bessere Windstabilität.

Bei hohen Windgeschwindigkeiten muss die Beschattung unbedingt eingefahren werden, um Beschädigungen zu vermeiden. Ausrüstungen mit motorischen Antrieben lassen sich automatisch durch eine Steuereinrichtung bei Überschreiten einer vorgegebenen Windgeschwindigkeit schließen. Spezielle Wintergartenmarkisen übernehmen die Beschattung im Dach- und

An Außenschattierungen werden hohe Anforderungen bezüglich Festigkeit und Befestigung gestellt.

Stehwandbereich mit einem durchgehenden Tuch. Mit Tuchleitrollen wird die Beschattung über die Eckkante des Dachrinnenbereiches geleitet.

Die Farb- und Musterauswahl der Tücher für die Schattierung sollte auf das Bauwerk und die Umgebung abgestimmt sein, um einen harmonischen Gesamteindruck zu erzeugen. Im Bereich der Außenschattierung sollte auf Lüftungsfenster verzichtet werden.

Luftfeuchtigkeit

Wird allgemein von Luftfeuchtigkeit gesprochen, versteht man darunter üblicherweise die relative Luftfeuchtigkeit. Sie wird in Prozent zur Sättigungsfeuchtigkeit (= 100 %) angegeben. Diese wiederum ist von der Temperatur abhängig: Warme Luft kann mehr Wasser aufnehmen als kalte.

In Büro- und Wohnräumen können Luftfeuchtigkeitswerte von unter 40 % auftreten. Für Menschen und auch einige Pflanzen sind diese Werte zu niedrig. Zu hohe Luftfeuchtigkeit (über 90 %) dagegen kann das Auftreten von z. B. Schimmelpilzen fördern und wird nicht mehr als angenehm empfunden. Im Wintergarten fungieren die Pflanzen durch ihre Transpiration als zusätzliche Feuchtigkeitsquelle. Temperaturschwankungen führen gleichzeitig zu schnell wechselnden Werten der Luftfeuchtigkeit. Eine Kondensation von Wasser aus der Luft kann deshalb nicht vollständig verhindert werden, was z. B. bei der Auswahl des Mobiliars für den Wintergarten zu berücksichtigen ist.

Bei **zu niedriger Luftfeuchtigkeit** ist der Einsatz von Luftbefeuchtungsgeräten zwar prinzipiell möglich, doch zeigen sie gerade im Sommer bei hoher Einstrahlung und geöffneten Fenstern keine ausreichende Wirkung. Dem eigentlichen Ziel des Wintergartens Rechnung tragend, sollte die Bepflanzung die Luftfeuchtigkeit so erhöhen, dass ein angenehmes Raumklima erreicht wird.

Zu hohe Luftfeuchtigkeit im Herbst und Frühjahr lässt sich durch eine Anhebung der Raumtemperatur verringern. Wenn ein Kühlaggregat zur Temperaturgestaltung im Sommer installiert ist (siehe Seite 49), kann dieses auch zur Luftentfeuchtung genutzt werden. Spezielle Luftentfeuchtungsgeräte sind für einen Einsatz im Wintergarten im Allgemeinen zu teuer und auch wenig sinnvoll. Hier sollte ein günstigeres Klima durch andere Maßnahmen wie ein Wechsel der Bepflanzung und/oder Änderungen im Belüftungssystem geschaffen werden. Im Winter kann man die Luftfeuchtigkeit durch Lüften des Wintergartens senken. Die nachfolgende Aufheizung der Außenluft verursacht nur einen vergleichsweise geringen Energieaufwand.

Automatische Steuerung

Bei den unterschiedlichen Elementen, Bauteilen und Möglichkeiten zur Klimagestaltung wurden bereits die mechanischen Antriebe erwähnt. Diese haben sicher nicht vordergründig die Aufgabe, die Arbeit zu erleichtern. Wird zum Beispiel eine Lüftung an einer gut zugänglichen Stelle geöffnet, so ist dies manuell ohne großen Auf-

Extra-Tipp

In Wohnräumen und damit auch in Wintergärten sind Luftfeuchtigkeitswerte zwischen 40 und 60 % anzustreben.

wand möglich. Sollen Funktionen jedoch automatisch ablaufen, sind entsprechende Antriebe notwendig.

Elektronische Regelung

Eine elektronische Regelung besteht aus Sensoren, Aktoren und der Regelgruppe. Die Sensoren melden aktuelle

In Wintergärten mit vielen Pflanzen ist die Steuerung der Luftfeuchtigkeit besonders wichtig.

Zustandsgrößen. Das sind von der Außenwetterstation die Windgeschwindigkeit, die Temperatur, die Einstrahlung und die Befeuchtung durch Regen. Aus dem Raum wird die Innentemperatur gemeldet. Die Regeleinrichtung vergleicht die Eingangswerte mit den Sollgrößen und aktiviert gegebenenfalls die Antriebe.

Eine integrierte Uhr ermöglicht Regelfunktionen nach einem festen Zeitrhythmus.

Einige Lüftungsregelungen werden mit Bewegungsmeldern ausgestattet, um den Raum vor unbefugtem Eindringen zu schützen. Diese Funktion wird jedoch auch bei jedem größeren Vogel, der vorbeifliegt, ausgelöst.

Eine weitere Möglichkeit zur Realisierung von Schaltfunktionen besteht in der Nutzung von Telefon- und ISDN-Anlagen. Diese ermöglichen teilweise das Schließen von Kontakten bei Anruf und Eingabe einer Codenummer. Über ein Relais lässt sich damit die Heizung, Lüftung oder ein anderer Antrieb ansteuern.

Heizungssteuerung

Die Steuerung der Heizung wird auch im Wintergarten von der allgemeinen Heizungssteuerung des Hauses übernommen. Standardeinstellungen, wie z.B. die Nachtabsenkung, müssen zuvor auf ihre Auswirkungen auf die Pflanzen überprüft werden (siehe Kapitel »Bepflanzung«). Die Heizkörper

Extra-Tipp

Zusätzlich zur Automatikfunktion sollte jede Regelung im Bedarfsfall eine Handsteuerung zulassen.

Eine Wetterstation erfasst die Temperatur, die Einstrahlung, Windgeschwindigkeit und den Regen.

und Konvektoren besitzen eigene Thermostatventile, sodass die Ventile über die Raumtemperatur gesteuert werden. Für eine Bodenheizung mit Anschluss an den Standardvorlauf des Heizkessels ist der Einsatz eines Thermostatventils zur Begrenzung der Rücklauftemperatur möglich.

Die Heizkesseltemperatur wird gewöhnlich über einen Außentemperaturfühler gesteuert. Für Gebäudeteile mit transparenter Eindeckung wie den Wintergarten ist diese Steuerung jedoch nicht optimal. Das Problem im Wintergarten besteht darin, dass bei Hochdrucklagen und niedrigen Außentemperaturen geheizt wird und kurz darauf die Lüftung öffnet. In Gewächshäusern werden deshalb Klimacomputer eingesetzt, die z.B. die Sonneneinstrahlung als Eingangssignal benutzen. Diese Technik ist für den Wintergarten allerdings als Alternative zu teuer. Einfache Steuerungen ohne den genannten Mangel sind jedoch derzeit nicht bekannt.

Lüftungssteuerung

Die Lüftung wird innentemperaturabhängig gesteuert. Wird ein eingestellter Sollwert überschritten, öffnet die Lüftung. Die Differenz zwischen Lüftungssollwert und Heizwert sollte mindesten 5 °C betragen, damit die genannte Problematik des kurz aufeinanderfolgenden Heizens und Lüftens in ihrer Auswirkung reduziert wird.

Die Lüftungsregelung funktioniert als Zweipunktregelung. Liegt die Raumtemperatur über der Solltemperatur, öffnet die Lüftung vollständig, liegt sie darunter, wird geschlossen. Bei bestimmten Klimaverhältnissen kann das zu ständigen und störenden Betätigungen der Lüftung führen. Auch automatische Lüftungen sollten deshalb manuell auf Zwischenstellungen einstellbar sein.

Bei Überschreiten vorgegebener Windgeschwindigkeiten müssen die Lüftungen generell geschlossen werden, um Schäden an den geöffneten Fenstern durch den Wind zu verhindern. Ebenso ist ein Schließen bei Regen notwendig, um Raum und Einrichtung vor Nässe zu schützen.

Raumthermostaten sind sowohl für die Heizung als auch für die Lüftung notwendig.

Steuerung der Schattierung

Die Schattierung wird über die Außenstrahlung gesteuert. Hohe Einstrahlung führt zu einer starken Erwärmung des Raumes, sodass bei Überschreitung eines einstellbaren Sollwertes die Schattierung geschlossen wird. Wind und Regen können zur Beschädigung des Tuches bei Außenschattierungen führen. Deshalb erfolgt auch hierbei ein automatisches Öffnen.

Dachrinnen-Enteisung

Bei Auftreten von Temperaturen unter dem Gefrierpunkt kann eine Rinnenheizung aktiviert werden. Diese Heizung soll das Einfrieren der Dachrinne verhindern. Ein Bedarfsfall liegt aber nur vor, wenn sich Eis in der Rinne gebildet hat. Sonst wird Energie verschwendet. Diese Heizung sollte deshalb bei Bedarf manuell eingeschaltet werden können.

Kühlung

Im Bedarfsfall können Kühlaggregate eingesetzt werden, um ein angenehmes Raumklima zu schaffen. Ihre Installation im Wintergarten sollte jedoch aus Energie- und Kostengründen eine Ausnahme darstellen. Deshalb legt die Wärmeschutzverordnung Maßnahmen zur Beschattung fest. Spezielle Nutzungsbedingungen können den Einsatz dieser Geräte jedoch erforderlich machen.
Ihre Funktionsweise ist vom Kühlschrank bekannt. Ein Kältemittel wechselt am Verdampfer in die gasförmige Phase und entzieht dabei der Umgebung die dafür notwendige Wärme. Dieser Kühlteil ist im Kühlschrank untergebracht; außerhalb befindet sich der Kondensator. Das Kältemittel wird wieder flüssig und gibt Wärme an die Umgebung ab. Eine Pumpe und ein Entspannungsventil sorgen für den Transport und die notwendigen Druckverhältnisse. Solche Geräte werden auch als **Wärmepumpen** bezeichnet.

Für den Wintergarten werden Wärmepumpen angeboten, die sowohl die Heiz- als auch die Kühlfunktion übernehmen. Die Geräte bestehen aus zwei separaten Teilen. Ein Außengerät wird im Freien an der Nordseite des Gebäudes installiert. Das Innengerät ist als Boden-, Wand- oder Deckenausführung erhältlich. Dieses übernimmt je nach einstellbarer Betriebsart als Kondensator die Beheizung oder als Verdampfer die Kühlung. Mit der Kühlung ist eine Luftentfeuchtung verbunden, da Wasser am kühlen Verdampfer auskondensiert.

Anbieter der Wärmepumpen preisen oft die Leistungszahl. Diese kann eine Größe von 3 annehmen. Das bedeutet, dass sich 2/3 der Heizenergie aus der Energie der Außenluft gewinnen lassen. Nur 1/3 der Energie muss der Pumpe zugeführt werden.

Wärmepumpen werden zumeist elektrisch angetrieben. Vergleicht man die Preise für Elektro- und Wärmeenergie, ist die Kostenbilanz – abhängig vom Preisgefüge – wieder ausgeglichen. Daher ist der Sinn und Zweck solcher Anlagen zu hinterfragen.

Spezielle Klimageräte können zum Heizen oder zum Kühlen genutzt werden.

Auf einen Blick

→ Die Beheizung im Wintergarten dient neben der Einhaltung einer Raumsolltemperatur der Erwärmung der Hüllflächen. Konvektoren sind dazu gut geeignet.

→ Die Erwärmung durch Sonneneinstrahlung ist durch Lüftung reduzierbar. Fenster werden als Zu- und Abluftöffnungen genutzt.

→ Im Wintergarten kann die relative Luftfeuchtigkeit Werte über 80% annehmen. An kühleren Hüllflächen und Wärmebrücken kommt es zu Taupunktunterschreitung und Kondenswasserbildung.

→ Beschattungen bieten neben der Lüftung die Möglichkeit, einer zu großen Erwärmung durch Sonneneinstrahlung vorzubeugen. Von Vorteil ist eine natürliche Beschattung.

→ Regelungen für den Wintergarten übernehmen das automatische Betätigen von Lüftung und Beschattung.

→ Der Einsatz von Kühlaggregaten sollte eine Ausnahme darstellen.

Oft wird erst nach ein/zwei Jahren erkannt, dass ein begrünter Wintergarten die Besitzer fordert und bindet. Dabei kann man alle Pflegearbeiten zeitlich schieben, nur das Bewässern nicht. Mal schnell eine Woche Urlaub nehmen – ohne Nachbarschaftshilfe zum Gießen ist dies kaum möglich. Natürlich gibt es Pflanzgefäße mit Wasserreservoir, und kleinere Töpfe können auch auf Untersetzer gestellt werden. Aber dies hilft zeitlich sehr begrenzt. Viele Pflanzen mögen keine nassen Füße, insbesondere in den Wintermonaten, und größere, intensiv gepflanzte Anlagen verbrauchen im Sommer oft unerwartet viel Wasser. Für solche Wintergärten ist eine automatische Bewässerung anzuraten.

Grundtypen der Bewässerung

Es gibt zwei grundsätzlich unterschiedliche Verfahren: die Bewässerung von oben, meist **Tropfsysteme**, und die Bewässerung von unten, das **Anstauverfahren**. Letzteres ist nur bei entsprechend durchlässigen Substraten geeignet. Es wird sehr einfach über ein Schwimmersystem gesteuert und ist wartungsarm, hat aber entscheidende Nachteile:
- Die Durchmischung einer flächigen Bepflanzung mit großen Solitärs und kleinen Bodendeckern ist schwierig.
- Die Versalzung der Substrate verläuft schneller, da permanent Feuchtigkeit an die Oberfläche hochgesogen wird.
- Die Pflanzen stehen immer im gleich feuchten Boden. Die meisten Pflanzen benötigen aber zur Abhärtung auch »Trockenzeiten«.

- Anstautechnik ist nur in dauerwarmen (nicht unter 15°C) Wintergärten möglich; ansonsten kann es im Winter zu Wurzelschäden kommen.
- Fast die gesamte Gruppe der mediterranen und ein großer Teil der subtropischen Pflanzen vertragen kein Anstauverfahren. Deshalb sind diese Pflanzen auch nur in Erdkultur auf dem Markt erhältlich.

Im Nachfolgenden geht es daher nur um Bewässerungssysteme von oben. Diese automatische Bewässerung unterteilt sich in die Bereiche: Steuertechnik, Sensortechnik, Wasserzu- und -verteilung.

Steuertechnik

Bei den Steuergeräten kann man grob drei Typen unterscheiden:
- Die batteriebetriebenen Geräte. Die meisten haben ein zu geringes Leistungsbild, in der Beschreibung wird daher auch auf die Nichteignung für den Innenraum hingewiesen.

Das Grundprinzip der automatischen Bewässerung: Ein Feuchtesensor öffnet und schließt über das Steuergerät das Magnetventil in der Wasserzufuhr.

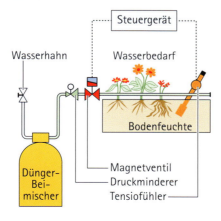

- Die 220-Volt-Geräte, die über Schwachstromsensoren 24-Volt-Magnetventile ansteuern. Grundsätzlich sind sie alle geeignet, unterscheiden sich im Leistungsbild aber ganz erheblich. Reine Zeitsteuergeräte sind im Innenbereich nur bedingt geeignet. Es gibt sehr solide, einfache, fühlergesteuerte Geräte als Einkreis- bis hin zu Mehrkreisanlagen mit integriertem Rechner. Sie sind empfehlenswert.
- Die computergesteuerten Geräte. Als die aufwändigsten und natürlich auch teuersten Geräte kommen sie aus der Gewächshaustechnik und steuern die gesamten Einflussfaktoren: Licht, Lüftung usw. bis zur Bewässerung.

Wenn man bei entsprechender Objektgröße davon ausgeht, dass sowieso alle Funktionen automatisch gesteuert werden müssen, dann bietet sich ein PC-Profigerät an.

Für den Bereich der Bewässerung zeigt unsere Erfahrung, dass kleine, unabhängige Steuergeräte vorzuziehen sind. Die Bewässerung muss vom Wintergartenbesitzer oder Pflegepersonal ohne Computer-Kenntnisse mit einfachen Einstellschritten verändert werden können.

Leistungsanforderungen

Für einen normalen Wintergarten reicht ein einfaches, sensorgesteuertes Gerät.

Der Feuchtefühler schließt bei Trockenheit einen Stromkreis, und vom Steuergerät wird das Magnetventil geöffnet. Es läuft so lange Wasser, bis der Sensor den Stromkreis wieder unterbricht. Zusätzlich kann das Gießen von Hand ein- und ausgeschaltet werden.

Überblick über die Versorgungstechnik: Das Steuergerät soll gut einsehbar sein, die Kopfeinheit dagegen möglichst unsichtbar. Ein zusätzlicher Wasserhahn ermöglicht das Gießen von Hand.

Eine sinnvolle Steigerung sind so genannte Zeitfenster. Damit können Gießpausen eingegeben werden. Es ist also möglich, bestimmte Zeiten trotz Forderung durch den Fühler gießfrei zu halten. Dies ist insbesondere nachts wichtig, denn sollte in dieser Zeit irgendein Schaden an der Wasserzuführung entstehen, so kann dies am Morgen schon schlimme Folgen haben.

Bei mehreren Gießkreisen muss durch eine Verriegelung gewährleistet sein, dass immer nur ein Kreis bewässert wird und es nicht zu Druckabfall kommt. Zwangspausen und Zwangsgießmengen sollten programmierbar sein: Für die Pflanzen ist es gut, wenn die Gießmenge hoch ist und danach der Boden wieder abtrocknet. Dies härtet die Pflanzen ab, und eventuelle Bodensalze werden ausgeschwemmt.

Bei größeren Anlagen, insbesondere wenn der Wasserablauf nicht gut dimensioniert ist, ist eine integrierte Alarmtechnik sinnvoll. Sie gibt bei Über- oder Unterschreiten von gewünschten Toleranzwerten ein akustisch-visuelles Signal. Es ist auch von Vorteil, wenn ein Gerät die nachfolgend beschriebenen zwei Fühler verarbeiten kann.

Zusammenfassend das Optimum für Steuergeräte:
- sensorgesteuert
- Zeitsteuerung und Zeitfenster
- Wassermenge und Gießpausen wählbar
- integrierte Alarmierung
- Tensiosteuerung und Leitwertmessung je Gießkreis wählbar
- überzählige Gießkreiskapazität
- Wechselstromversorgung

Sensortechnik

Besondere Sorgfalt gilt der Auswahl der Sensortechnik. Man unterscheidet dabei zwei Varianten: Die Saugspannungsmessung und die Leitwertverrechnung. Erstere funktioniert über **Tensiofühler**. Diese bestehen aus einem Tonkörper, der für Wasser und Nährstoffionen durchlässig ist. Dieser Tonkörper ist mit einem Plexiglasrohr, einem Unterdruckschalter und eventuell mit einem Manometer verbunden. Um funktionsfähig zu sein, ist das System mit Wasser zu befüllen und vakuumdicht zu verschließen; es muss also das Manometer bzw. der Stopfen sorgfältig verschlossen werden.

Zwischen dem Wasser im Fühler und der Substratfeuchte stellt sich über den Tonkörper ein Gleichgewicht ein, die so genannte Saugspannung. Trocknet das Substrat bzw. der Boden, in dem der Tensiofühler steckt, wird Wasser über den Tonkörper aus dem Plexiglasrohr entzogen. Dadurch entsteht ein Unterdruck, und im Magnetschalter schließt eine Feder den Stromkreis mit dem Magnetventil. Dieses, stromlos geschlossen, öffnet sich, und über die Tropfrohre sickert Wasser ins Substrat. Die Tonzelle saugt sich wieder voll, der Unterdruck im Plexiglas sinkt, der Magnetschalter öffnet wieder, und der Gießvorgang ist abgeschlossen. Es gibt auch Geräte, wo Fühler und Steuergerät kombiniert sind, so genannte **Tensiostate**.

Voraussetzung für den Einsatz eines Tensiometers ist ein guter Kontakt zwischen Tonzelle und Pflanzsubstrat. Bei grobem Blähton oder Lavakies ist der Kontakt zur Tonzelle nicht ausreichend gegeben. Hier steckt man den Fühler an den Rand des Pflanzballens und kontrolliert anfangs mit dem »grünen Daumen«.

Beim Tensiofühler verdunstet Wasser aus einer Tonzelle im Boden. Der entstehende Unterdruck lässt einen Magnetschalter schließen, der wiederum die Wasserzufuhr anschaltet. Dadurch saugt sich die Tonzelle wieder voll.

Wasserversorgung und -verteilung

Beim Leitwertsensor gibt die Leitfähigkeit zwischen zwei Elektroden im Boden substratspezifisch den Wasserbedarf an.

Dieser Sensor und das aufmerksame Beobachten der Pflanzen sind die Voraussetzungen für das Funktionieren der automatischen Bewässerung – auch für die zweite Art der Messtechnik.
Die zweite Variante beruht auf der **Leitwertmessung** im Boden: Über den Leitwert zwischen zwei Elektroden im Substrat wird mittels eines Rechners auf den Wasserbedarf geschlossen.
Beide Varianten haben ihre Vor- und Nachteile:
- Der Tensiofühler ist sehr einfach zu installieren und unempfindlich gegen Düngesalze. Nachteil: Es muss regelmäßig geprüft werden, ob noch genügend Wasser in der Plexiglasröhre steht (ca. alle zwei bis vier Monate). Ebenso sollte alle zwei Jahre geprüft werden, ob seine Saugspannung noch in Ordnung ist. Zudem ist er zum Großteil sichtbar und kann in Bereichen mit vielen Besuchern sehr verführerisch wirken.
- Der Leitwertfühler ist gegen Beschädigungen fast sicher, denn er wird völlig in den Boden gesteckt und ist nicht sichtbar. Seine Handhabung aber ist nicht ganz einfach, und die Werte müssen während der Anwachsphase mehrmals überprüft und nachgeregelt werden. Ist diese Zeit vorbei, dann kann man ihn fast vergessen, wenn der Quadratmeter, in dem dieser Fühler steckt, von der Düngung mit salzhaltigen Düngern ausgespart wird. Da diese aber sowieso bei der Innenraumbegrünung vermieden werden sollten, ist dieser Fühler dem Tensio ebenbürtig. Im öffentlichen Bereich zieht man ihn häufig vor.

Tensiometer oder Leitwertfühler?
In der Praxis haben sich beide bewährt. Der Tensio benötigt Kontrolle und Wartung, der Leitwertfühler etwas technisches Verständnis. Für beide Sensoren sollten abgeschirmte Kabel verwendet werden, um Störungen durch Funksignale (Handy) zu vermeiden.

Tropfrohre im Boden sollten mit einem Abstand von etwa 30 cm verlegt und Tropfstellen mindestens alle 30 cm eingebaut werden.

Wasserversorgung und -verteilung

Es ist unglaublich, wie oft Wintergärten ohne Wasseranschluss gebaut werden. Ein verglastes Wohnzimmer benötigt dies nicht. Aber ein Garten ohne Wasser? Und wo ein Wasserzulauf ist, dort muss auch ein Ablauf sein!
Sehr bewährt hat sich dabei eine umlaufende »Drainrinne«. Sie hat den Vorteil, dass der Boden des Wintergartens auch einmal richtig gewaschen werden kann (Blattläuse u. Ä. hinterlassen sehr klebrige Spuren am Boden). Und in ihr kann auch gleich die umlaufende Heizung installiert werden.
Die **Wasserentsorgung** wird in den wenigsten Bauten bedacht, bei Pflanzbecken ist sie jedoch unbedingt erforderlich. Die Dimensionierung der Rohre errechnet sich aus dem Wasserbedarf bei der Entsalzung: Als Faustrechnung kann man die Substrathöhe mal zehn nehmen; dies ergibt die Literzahl, die pro Quadratmeter gegossen werden muss, um das Salz sicher auszuspülen. Diese Wassermenge muss natürlich in dieser Stunde auch abfließen können.
Ist der Bodenablauf mit dem Kanalnetz verbunden, so ist unbedingt ein Geruchsverschluss notwendig. Der Ablauf muss außerdem über einen Kontrollschacht leicht zugänglich sein.
Ist kein Ablauf vorhanden, dann muss mit optischen oder elektronischen Wasserstandsanzeigern, guten Absaugpumpen und unbedingt mit einem zusätzlichen Hauptventil gearbeitet werden.

Welche Wasserversorgung steht zur Verfügung?

Soweit Trinkwasser verwendet wird, ist die Zuleitung gemäß DIN 1988/4 gegen Rückschlag zu sichern. Erfragen Sie beim Wasserwirtschaftsamt die Carbonathärte Ihres Wassers, und geben Sie diese bei der Pflanzenauswahl an. In Fachgeschäften wird darauf Rücksicht genommen und Ihnen eine entsprechende Düngeempfehlung gegeben.

Sollte, was ja sehr sinnvoll wäre, Regen- oder Brunnenwasser verwendet werden, dann muss ein Filter vorgeschaltet und häufig auch der pH-Wert angehoben werden. Die Schwermetallbelastung beim Regenwasser muss unbedingt vorher analysiert werden, insbesondere wenn das Wasser über Kupferrinnen gesammelt wird. Das Gleiche gilt für den Nitratgehalt, auch bei Brunnenwasser, der häufig bereits Werte eines Flüssigdüngers annimmt. Bei der Dimensionierung der Zisternen müssen Sie von einem Wasserbedarf von 10 bis 20 Liter pro Tag und Quadratmeter ausgehen und eventuell eine automatische Nachspeisung aus dem Trinkwasser einplanen.

Die Zuleitungen innerhalb des Hauses bis zum Pflanzbeet werden vom Sanitärtechniker ausgeführt. Die DIN 1988/4 gilt insbesondere, wenn eine automatische Düngeeinspeisung vorgesehen ist. Diese muss mit einem leicht zu reinigenden Filter ausgerüstet sein, um eventuelle Einspülungen von Düngekristallen in das Verteilungsnetz zu vermeiden.

Wird die Düngung automatisiert, dann ist es am einfachsten, einen fest geschlossenen Düngerbehälter mit Dosiereinrichtung vor den Druckminderer in die Kopfeinheit einzubauen. Die Kopfeinheit (Absperrschieber – Druckminderer – eventuell Filter – Magnetventil) kann im Technikraum oder beim jeweiligen Gießkreis direkt im Beet in trittfeste Kunststoffkästen installiert werden. Bis dorthin muss die Leitung aber drucksicher sein. Der übliche Druck einer Hausleitung beträgt 3 bis 5 bar. Mittels Druckminderer wird er auf 0,5 bis maximal 1,5 bar reduziert, je nach Tropfsystem. Je niedriger der Druck, desto gleichmäßiger die Wasserverteilung.

Die Wasserfeinverteilung erfolgt am besten mittels Tropfrohr oder Einzeltropfern aus PE-Kunststoffleitungen.

Mit Dosiereinrichtungen können dem Gießwasser konzentrierte Nährstofflösungen beigemischt werden. Die Installationsvorschriften sind unbedingt einzuhalten.

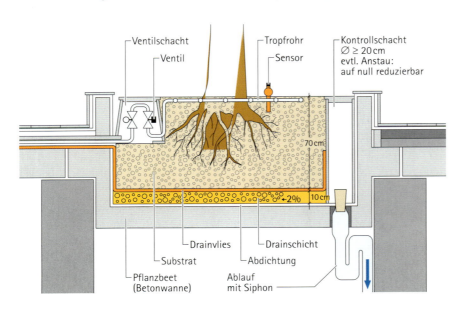

Mit dieser Vorlage zum Beetaufbau kann man die Planung an das jeweilige Gebäude anpassen.

Extra-Tipp

Es ist wichtig, dass am Pflanzbeet oder zumindest an einer leicht zugänglichen Stelle zusätzlich ein freier Wasserhahn mit Normaldruck installiert wird. Zum Angießen von Hand ist dies unerlässlich.

Wasserversorgung und -verteilung

Die Wasserver- und -entsorgung zusammenfassend

Wasserzuleitung:
- Soweit Trinkwasser verwendet wird, ist die Zuleitung gemäß DIN 1988/4 gegen Rückschlag zu sichern.
- Im Innenbereich ist immer eine $^3/_4$-Zoll-Leitung ausreichend.
- Neben der automatischen Versorgung muss immer auch ein Schlauchanschluss zum Gießen zur Verfügung stehen.
- Die Tropfanlage muss über eine Druckreduzierung laufen.
- Es ist sinnvoll, in die Bewässerung eine Düngestation für salzfreien Flüssigdünger einzubauen.
- Bei Einbau einer automatischen Düngestation sowie bei Verwendung von Regenwasser sollte auf Kupferleitungen verzichtet werden.
- Bei Verwendung von Regenwasser ist ein guter Sandfilter vor die Verteiltechnik zu installieren.
- Regenwasser-Zisternen müssen groß genug dimensioniert und mit einer automatischen Trinkwassernachspeisung ausgestattet werden.

Wasserverteilung:
- Die Wasserversorgung mittels Tropfrohr ist aufwändiger, aber für die Versalzung weitaus weniger problematisch.
- Im Innenraum ist eine relativ trockene Substratoberfläche erwünscht. Dadurch werden Verpilzungen und damit Sporenbelastung der Raumluft (Allergiegefahr!) vermieden. Die Tropfrohre sollten deshalb nicht oberflächig aufliegen.
- Die Tropfrohre müssen selbstreinigend sein und möglichst druckkompensierend.
- Schwitzrohre (poröse Schläuche) sind im Innenbereich ungeeignet.
- Für große Einzelpflanzen sollten zusätzliche Einzeltropfer installiert werden.

Wasserentsorgung:
- Gerade in privaten Wintergärten werden Abläufe meist vergessen.
- Umlaufende Rinnen sind sinnvoll und sollten unbedingt mit Abläufen versehen werden.
- Abläufe mit Anschluss ans Kanalnetz unbedingt mit Siphon ausstatten.
- Jeder Ablauf muss zugänglich sein.

Pflanzen im Wintergarten brauchen viel Wasser. Eine automatische Bewässerung spart viel Zeit und erlaubt die von der Pflanzenpflege abhängige Urlaubsplanung.

Auf einen Blick

→ Der Einbau einer automatischen Bewässerungsanlage erspart viel Zeit und Arbeit, sollte aber rechtzeitig geplant werden.

→ Sowohl Elektroleitungen als auch Wasserver- und -entsorgungsleitungen lassen sich im Nachhinein selten installieren und trüben die Freude am Wintergarten ganz erheblich.

Zusätzliche Pflanzenbelichtung

Ist es nicht ein Widerspruch? Subjektiv betrachtet sollte man annehmen, dass im Wintergarten ausreichend Licht für die Pflanzen vorhanden ist. Auch durch die Beschattung im Sommer wird die notwendige Lichtmenge im Allgemeinen nicht unterschritten. Dennoch kann es zu Lichtmangelsituationen für die Pflanzen kommen, vor allem, wenn Sonnenschutzgläser mit einem Lichttransmissionsgrad ≤ 60 % eingesetzt werden (siehe Seite 30). Im Winter sinkt die Einstrahlungsintensität auf Grund der tief stehenden Sonne. Die Lichtsumme wird zusätzlich durch die Tageslänge reduziert. Damit können bei lichtbedürftigen Pflanzen Lichtmangelerscheinungen auftreten.

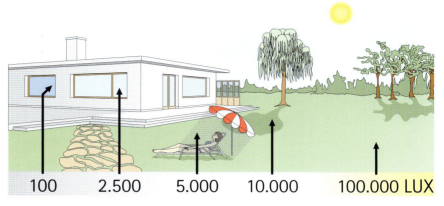

Die Sonneneinstrahlung wird durch beschattende Objekte verringert. Das Auge kann die großen Unterschiede der Beleuchtungsstärke allerdings nur unzureichend wahrnehmen.

Beleuchtungsstärke

Das menschliche Auge kann die Beleuchtungsstärke nur sehr ungenau beurteilen, daher nachfolgend einige Anhaltspunkte. An einem klaren Sommertag sind 100 000 Lux (100 klx = Kilolux) im Freien messbar. Am Fenster eines Gebäudes erreicht man unter Umständen nur noch 2,5 klx. Vom Fenster in den Raum hinein nimmt die gemessene Beleuchtungsstärke weiter sehr stark ab (siehe Grafik unten). Notwendige Beleuchtungsstärken für einige ausgewählte Pflanzen sind im KTBL-Arbeitspapier Nr. 666 »Licht und Pflanze« angegeben. Auf der Grundlage des Lichtbedarfes wurden dort drei Pflanzengruppen gebildet:
- Pflanzen mit hohen Lichtansprüchen (1000 bis 5000 Lux)
- Pflanzen mit mittleren Lichtansprüchen (800 bis 1000 Lux)
- Pflanzen mit geringen Lichtansprüchen (600 bis 800 Lux).

Die Lichtverhältnisse am natürlichen Heimatstandort der Pflanzen sowie die Beratung durch Fachbetriebe geben weitere Informationen. Die Pflanzen sollten diese angegebenen Beleuchtungsstärken ganzjährig für durchschnittlich zehn bis zwölf Stunden pro Tag erhalten.

Auf der Grundlage einer Lichtmessung mit einem Luxmeter ist zu entscheiden, ob eine Zusatzbelichtung notwendig ist. Es darf jedoch nicht nur einmal unter optimalen Verhältnissen gemessen werden. Für die Bewertung wurde als Kennziffer die **Lichtsumme** festgelegt. Sie wird aus dem Produkt von Beleuchtungstärke und Zeit berechnet.

Besonders stark ist die Abnahme der Beleuchtungsstärke mit der Entfernung vom Fenster.

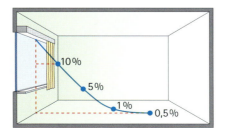

Werden 2 klx für 10 Stunden am Tag gefordert, wird die Lichtsumme mit 20 klx × h (Kiloluxstunden) berechnet. Auch in der Natur treffen wir nicht nur konstante Licht- und Klimaverhältnisse an. Pflanzen vertragen es, wenn die angegebenen Parameter nicht ständig gleich hoch sind.

Die festgelegten Beleuchtungsstärken und Lichtsummen sind als Mindestwerte anzusehen und müssen notfalls über zusätzliche Beleuchtungseinrichtungen gesichert werden.

Lampenauswahl

Wichtig für die Lampenauswahl sind Lichtausbeute, Lebensdauer, Farbwiedergabe und der Kaufpreis.

Lichtausbeute

Die Lichtausbeute ist abhängig von der Lichtentstehung. Die klassische Glühlampe mit dem glühenden Wolframdraht besitzt eine Lichtausbeute von etwa 6 %, 94 % der Energie werden von der Lampe als Wärme abgegeben. Diese Ausbeute kann eigentlich nicht befriedigen.

Wichtige Kennwerte für die Lampenauswahl

Lampentyp	Leistung	Lichtausbeute	Lebensdauer
Glühlampe	150 W	6 %	1000 Std.
Leuchtstofflampe	58 W	21 %	7500 Std.
Quecksilberdampflampe	400 W	16 %	12 000 Std.
Metallhalogendampflampe	150 W	21 %	10 000 Std.
Natriumdampflampe	600 W	30 %	12 000 Std.

Quelle: Künstliche Belichtung im Gartenbau (Philips, 1996).

Leuchtstoffröhren und Kompaktleuchtstofflampen erzeugen eine UV-Strahlung, die am Glas der Lampe durch eine Leuchtschicht in Licht umgewandelt wird. Natrium- und Metallhalogendampflampen haben als Leuchtprinzip die Gasentladung. Die Effizienz der Energieumwandlung ist dabei sehr hoch. Glühlampen, Leuchtstofflampen und Gasentladungslampen unterscheiden sich weiterhin in der Lebensdauer.

Auch die Lichtfarbe ist von Bedeutung. Das gelbe Licht der Natriumdampflampe, wie wir es von der Straßen- und Flugplatzbeleuchtung kennen, eignet

Wichtig ist, dass sich die Beleuchtung der Gestaltung unterordnet und sie nicht dominiert.

sich nicht. Vor über 20 Jahren wurde eine Leuchtstofflampe speziell für die Belichtung von Pflanzen entwickelt. Der Anteil von rotem Licht war dabei überproportional hoch. Dieses Spektrum ist für die Photosynthese zwar positiv, doch der Lichteffekt war scheußlich, da alles Angestrahlte überbetont rot aussah. Vereinzelt finden wir diese Lampen heute noch in der Metzgertheke.

Farbwiedergabe

Die Farbwiedergabe wird nach DIN in die Stufen 1A (entspricht $R_a > 90$ nach ICE) (sehr gut) bis 4 eingeteilt. An die Farbwiedergabe der Lampen sollten hohe Ansprüche gestellt werden, damit die beleuchteten Pflanzen bzw. anderen Objekte in ihren natürlichen Farben gesehen werden können.

Lampe und Leuchte

Zur Lampe selbst wird noch ein Reflektor benötigt, der das Licht entsprechend seiner Form auf unterschiedlich große Flächen reflektiert. Diese Einheit – einschließlich der notwendigen Elektroinstallation und der Vorschalt- oder Startgeräte – bezeichnet man als **Leuchte**.

Die Auswahl der Leuchte sollte so erfolgen, dass die Aufhänghöhe einstellbar ist und die Bepflanzung möglichst gleichmäßig und vollständig ausgeleuchtet wird. Dazu ein Beispiel. Eine Metallhalogendampflampe mit einer elektrischen Leistungsaufnahme von 100 Watt erzeugt einen Lichtstrom von 5000 Lumen. Wird durch den Reflektor die Ausleuchtung einer Fläche von 2 m² erreicht, tritt eine Beleuchtungsstärke von 2500 Lux (Lumen/m²) auf – ausreichend für Pflanzen mit hohen Lichtansprüchen.

Die Beleuchtung soll die Pflanzen möglichst großflächig anstrahlen.

Auf einen Blick

➔ Pflanzenbeleuchtung im Wintergarten stellt eine Ausnahme dar und ist vor allem bei Sonnenschutzglas zu empfehlen.

➔ Die Lichtansprüche der Pflanzen sind zu gewährleisten.

➔ Die Lampen sind nach ihrer Lichtausbeute, Lebensdauer und Farbwiedergabe auszuwählen.

Nutzung der Solarenergie

Nutzung der Solarenergie

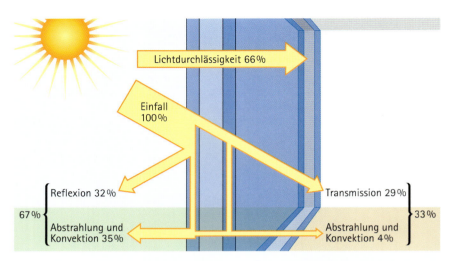

Lichtdurchlässigkeit und Wärmeeintrag sind wichtige Kennzahlen bei der Berechnung von solaren Gewinnen bei Isoliergläsern. Der Energieeintrag wird bei der Wärmebilanz berücksichtigt.

Die Besonderheiten des Raumklimas bei der Glasarchitektur wurden bereits mehrfach angesprochen. Transparente Hüllflächen besitzen einen höheren Wärmedurchgang als Außenwände von Gebäuden. Nach dem Bauteilverfahren werden für Außenwände Wärmedurchgangsfaktoren von $k \leq 0{,}5\,W/m^2 \times K$ laut WSchV 95 vorgeschrieben.

Nachdem die Gestaltung mit vordergründig energieverschwendenden Glasfassaden auf Grund der Energiekrisen im Mittelpunkt der Kritik stand, wetteiferten die Glashersteller um immer bessere Wärmeschutzgläser. Der **k-Wert**, die Größe für den Wärmedurchgang (siehe Seite 30), erhielt eine dominierende Bedeutung. Sowohl Hersteller als auch Planer forderten immer niedrigere k-Werte. Teilweise sprach man von einer k-Wert-Olympiade. Der gedankliche Hintergrund war folgender: Je niedriger der k-Wert, desto geringer sind auch die Energieverluste. Als Ergebnis entstanden Isoliergläser mit extrem niedrigen k-Werten.

Mit der Wärmeschutzverordnung 1995 konnten die solaren Gewinne durch die Einstrahlung mit in die Energiebilanz eines Hauses eingerechnet werden. Nun wurde festgestellt, dass mit der Senkung des Wärmedurchganges der Gläser auch der Energieeintrag reduziert wurde. Bei einer Heizkostenbilanzierung ist dieser Energieeintrag jedoch von großer Bedeutung. Wird er zusätzlich genutzt, lassen sich weitere Einsparungspotenziale erschließen. Weitere wichtige Werte für die Gesamtbilanz sind neben dem k-Wert die Lichtdurchlässigkeit τ und der Energiedurchlass g (Seite 30).

In der Grafik unten ist eine Isolierverglasung mit einer Lichtdurchlässigkeit τ von 51% und einem Energiedurchlass g von 38% dargestellt. Kurzbezeichnungen der Glashersteller geben diese beiden Werte zumeist an. So bezeichnet etwa die Flachglas AG ihr Isolierglas als Infrastop® Neutral 51/38. »Neutral« kennzeichnet dabei die aufgedampfte Reflexionsschicht, 51 die Lichtdurchlässigkeit in Prozent und 38 den Gesamtenergiedurchgang (in Prozent). Unter Berücksichtigung des g-Wertes wird nach der WSchV 95 daraus ein neuer k-Wert berechnet, den man als äquivalenten k-Wert (k_{eq}) oder Bilanz-k-Wert bezeichnet.

Modell Solarkollektor

Zur Darstellung der Sonnenenergienutzung im Wintergarten eignet sich der Solarkollektor als Modell. Unter

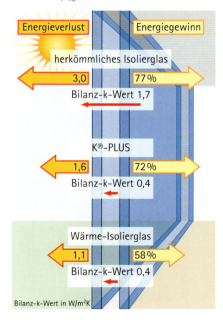

Wärmedurchgangsverluste und solare Wärmegewinne beinhaltet der Bilanz-k-Wert (k_{eq}).

Extra-Tipp

Steht die Nutzung von Solarenergie im Vordergrund, sollte dies bereits bei der Planung berücksichtigt werden, um den Energiegewinn durch eine entsprechende Auslegung zu optimieren.

einer Glasscheibe befindet sich windgeschützt ein Rohr, das mit einer schwarzen Absorberfläche vergrößert ist. Diese hat die Aufgabe, die Lichtstrahlung zu absorbieren und in Wärme umzuwandeln. Durch das Rohr wird eine Salzlösung gepumpt. Über Rohrleitungen und einen Wärmetauscher kann die im Kollektor erzeugte Wärme zur Brauchwassererwärmung genutzt werden.

Ähnlich wie ein Solarkollektor funktioniert auch der Wintergarten. Er wurde allerdings nicht nach den Richtlinien für Solaranlagen gebaut. Der Absorber, das ist in unserem Fall der Boden, ist nicht schwarz, der Abstand vom Glas zum Boden ist zu groß gewählt, und weitere Merkmale stimmen ebenfalls nicht. Ungeachtet dessen ist der Wintergarten in seiner wärmetechnischen Funktion mit dem Solarkollektor vergleichbar. Wie kann die anfallende Wärme transportiert und genutzt werden?

Die Verwendung der eingefangenen Solarenergie für die Raumheizung steht beim Wintergarten nicht an erster Stelle. Gründe dafür sind die unterschiedlichen Zeiten für Einstrahlung und Heizbedarf sowie das relativ niedrige Temperaturniveau der anfallenden Wärme. Doch sind andere Nutzungsmöglichkeiten in Betracht zu ziehen.

Energieumwandlung durch Wärmetauscher und Wärmepumpe

Die Luft im Wintergarten kann 40 °C erreichen. Über einen Wärmetauscher lässt sich daraus etwa 35 °C warmes Wasser erzeugen. Damit kann Brauchwasser vorgewärmt werden. Eine da-

Solarkollektoren und Fotovoltaikanlagen eignen sich zum Einbau in Glasfassaden.

rüber hinausgehende Nutzung ist ohne zusätzlichen technischen Aufwand nicht möglich.

Mit einer Luft-Wasser-Wärmepumpe ist das Brauchwasser auf die notwendige Temperatur von 60 °C erwärmbar. Die warme Luft übergibt am Verdampfer Energie an die Kühlflüssigkeit und kühlt sich dabei ab. Anschließend wird sie wieder in den Wintergarten eingeleitet. Da warme Luft leichter ist als kalte, wird sie im Dachbereich abgesaugt, am Verdampfer gekühlt und im Bodenbereich dem Wintergarten wieder zugeführt. Der Luftkreislauf ist damit geschlossen. Im auf Seite 47 gezeigten Wintergarten wird eine solche Wärmepumpe mit einer elektrischen Leistungsaufnahme von 850 Watt betrieben.

Problematisch ist der Betrieb, wenn nicht ausreichend warmes Wasser abgenommen wird. Ist der Brauchwasserspeicher vollständig erwärmt, schaltet die Wärmepumpe ab, und eine Kühlung ist nicht mehr möglich. Ein Ausweg wäre ein zweiter Kältemittelverflüssiger, der die anfallende Wärme an die Außenluft abgibt.

Förderprogramme

Für die Nutzung der Solarenergie existieren mehrere Förderprogramme. Träger dieser Programme sind das Bundesamt für Wirtschaft, die Bundesländer und regionale Energieversorger. Bis zum 31.12.2000 existierte eine Ökozulage für die Wohneigentumsförderung beim Einbau einer Solaranlage. Erkundigen Sie sich beim Finanzamt, ob es dafür eine Nachfolgeregelung gibt.

Der Einsatz einer Wärmepumpe für die Wärmerückgewinnung des Wintergartens stellt nur eine Teillösung dar. Wärmepumpen werden zunehmend für die Beheizung von Gebäuden eingesetzt. Dazu verwendet man großflächige Wärmetauscher im Erdreich. Auch für diesen Einsatzzweck existieren Förderprogramme. Unter Berücksichtigung der Gesamtkonzeption für Heizung, Wärmerückgewinnung, Brauchwassererwärmung und Kühlung lässt sich der technische Aufwand minimieren und ein guter Wirkungsgrad erreichen.

Auf einen Blick

→ Der Wintergarten eignet sich gut für die Nutzung der Solarenergie.

→ Solare Gewinne können in der Wärmebilanz berücksichtigt werden.

→ Die Gesamtkonzeption für Heizung und Kühlung von Wohngebäude und Wintergarten ist bereits bei der Planung auf Möglichkeiten der Solarenergienutzung zu überprüfen.

Planung, Bauvorbereitung und Bauausführung

In den bisherigen Kapiteln wurden Materialien und Bauweisen erläutert, Vor- und Nachteile gegenübergestellt und verschiedene Ausführungsvarianten für Konstruktionen und Ausrüstungen angegeben. Der künftige Wintergartenbesitzer sollte nun auf der Basis dieses Wissens seine Vorstellung zur Bauhülle, zur Ausstattung und zu der beabsichtigten Nutzung des Wintergartens so exakt wie möglich formulieren. Nur eine feste Vorgabe sichert vergleichbare Angebote und schützt vor schnellen, unbedachten Zugeständnissen, deren Korrektur teilweise nicht mehr möglich oder mit sehr hohen Kosten verbunden ist. Die Entscheidung zu der Bauart, dem Material für die Tragkonstruktion, der Verglasung sowie der Beheizung, Lüftung und Beschattung muss feststehen. Wie sollen Kostenangebote verglichen werden, wenn ein Bieter den vollklimatisierten Wohnraum und der andere ein Pflanzenüberwinterungshaus anbietet? Das Ziel des ersten Teiles dieses Buches ist erreicht, wenn der künftige Bauherr das Metier Wintergarten so gut kennen gelernt hat, dass er sein Ziel sicher darlegen kann.

Baurecht

Es wurde bereits ausgeführt, dass die Baugesetzgebung in die Hoheitsaufgaben der Bundesländer fällt. Daraus resultierend besitzen wir in allen Bundesländern abweichende spezifische Baugesetze. Deshalb können an dieser Stelle auch keine allgemein gültigen Aussagen getroffen werden. Die Grundsätze sind jedoch einheitlich, und auf diese soll eingegangen werden. Für jede Gemeinde existiert ein Flächennutzungsplan, den man einsehen

kann. Daraus ergibt sich die Nutzungsart, z.B. Wohngebiet, Gewerbegebiet, Bauerwartungsland oder Ähnliches. Damit bestehen erste Festlegungen zu der möglichen Bebauung und Nutzung. Ist der Standort als Wohngebiet ausgewiesen, besteht die prinzipielle Möglichkeit, auch einen Wintergarten zu bauen. Die nächste Fragestellung betrifft die mögliche bebaubare Fläche sowie die einzuhaltenden Grenzabstände zu den Nachbargrundstücken. Des Weiteren ist zu prüfen, ob der Wintergarten genehmigungsfrei oder nur mit **Baugenehmigung** errichtet werden darf. Zumeist ist eine Baugenehmigung für den Wintergartenbau notwendig.

Genehmigungsfreies Bauen schützt aber nicht vor der Einhaltung des Baurechtes oder der Einhaltung notwendiger Formalitäten, z.B. der Bauanzeige. Die Baugenehmigung bietet auch eine Sicherheit, dass die Einhaltung baurechtlicher Grundlagen geprüft wurde. Für den Eigenheimbesitzer, der einen Wintergarten bauen will, bietet sich die unverbindliche Bauvoranfrage an. Diese verlangt keinen allzu großen Aufwand oder notwendiges Spezialwissen und muss auch nicht von eingabeberechtigten Architekten verfasst werden. Selbstverständlich sollte die Nutzung eines entsprechenden Formblattes sein, welches im örtlichen Schreibwarenhandel erhältlich ist. Der Bescheid zur Bauvoranfrage sollte die mögliche Bebauung und Aussagen zum Genehmigungsverfahren beinhalten. Ist eine formelle Baugenehmigung notwendig, muss der Bauherr die weiteren Verfahrensschritte festlegen. Welche Forderungen bestehen zur Einreichung der Baugenehmigung? Reicht eine Zeichnung des Wintergar-

tenbauers für die Genehmigung aus, oder muss ein Architekt die Unterlagen einreichen? Wird die Statik mitgeliefert oder ist auf Grund spezieller Anbaumaßnahmen eine erweiterte Statik für den anschließenden Baukörper erforderlich?

Zu diesem Zeitpunkt sollte der Bauherr auch die Entscheidung treffen, ob er sich die Planung, Ausschreibung und Baubetreuung zutraut oder ob er damit einen Architekten oder eine Baufirma betrauen will. Der Architekt verlangt für seine Leistungen ein Honorar, sichert dem Bauherrn damit aber eine weitgehend selbständige Bearbeitung aller Leistungen, die zur Realisierung führen, und eine fachgerechte Kontrolle der Bauausführung. Dem Bauherrn obliegt die Entscheidung, ob er sich dieser fachlichen Unterstützung bedienen oder ob er die Aufgaben selbst wahrnehmen will und kann. Die Entscheidung ist sicher auch vom Projektumfang abhängig zu machen, weil damit das Risiko in seiner Größenordnung sichtbar wird.

Angebotsphase

In der freien Marktwirtschaft bestimmen Angebot und Nachfrage den Preis, und so ist für uns selbstverständlich, dass für bestimmte Leistungen Angebote eingeholt werden. Diese Angebote sind zu vergleichen, um festzustellen, welches Preisniveau am Markt besteht. Der Vergleich gelingt aber nur, wenn die Ausschreibung eindeutig war und die Bieter den gleichen Leistungsumfang angeboten haben.

Als Beispiel für eine Leistungsbeschreibung soll eine einfache Wintergartenkonstruktion dienen, die im Bild

Seite 65 gezeigt ist. Mit dem gezeigten Anbau wurde im Souterrain ein etwa 30 Quadratmeter großer Wohnraum geschaffen, der zu einem Teil mit einer Terrasse und zum anderen mit einer Wintergartenkonstruktion überbaut ist. Die folgende Ausschreibung wurde an Firmen verschickt, die auf Baumessen im Territorium vertreten waren und zu denen erste Kontakte beim Besuch der Messe geknüpft wurden. Für den potenziellen Bauherrn bieten diese Messen eine gute Möglichkeit, sich über die Anbieter zu informieren.

Angebot für die Wintergartenkonstruktion im Bild Seite 65

Die Konstruktion soll aus folgenden in der Zeichnung nummerierten Teilflächen bestehen:

Nr. 1: Eine geneigte Dachfläche (Mindestneigung 12°), ca. 1,6 × 8,5 m
Nr. 2: Eine senkrechte Fläche, ca. 1,25 × 8,5 m
Nr. 3: Eine trapezförmige senkrechte Fläche, ca. 1,5 × 1,3 m.

Forderungen an die Wintergartenkonstruktion:

- Bauweise für offen angebauten Wohnraum geeignet
- Metallkonstruktion
- Wärmeschutzverglasung k = 1,1 W/m² × K
- ESG/VSG im Dachbereich
- Zwei Fenster mit Dreh-Kippbeschlag, je 1,5 m²
- 8,5 m integrierte Dachrinne mit Fallrohr 1,25 m
- Fachgerechter Anschluss an bestehendes Bauwerk und Fundament
- UV-Schutz des Isolierglasverbundes

Die Marktsituation in dieser Branche war zur Zeit der Angebotsphase so, dass alle acht angeschriebenen Firmen ein Angebot abgaben. Für die gleichzeitig ausgeschriebenen Beton- und Maurerleistungen reagierte trotz Nachfragen von vier angeschriebenen Firmen nur eine. Die Angebotspreise für den Wintergarten wichen vom Mittelwert um bis zu 25 % nach oben und unten ab.

Auswahl des ausführenden Betriebes

Der billigste Anbieter wird nur in Ausnahmefällen der beste sein. Damit steht der Auftraggeber vor einer schwierigen Entscheidung. Der Architekt oder das Baubüro kann durch langjährige vertrauensvolle Zusammenarbeit mit den Baufirmen auf einem wesentlich besseren Fundament die Entscheidungen treffen. Bei Wintergärten trifft das jedoch nur bedingt zu, da Wintergärten nicht so häufig betreut werden wie andere Bauleistungen. Hilfsmittel ist eine **Referenzliste**, die man mit dem Angebot anfordern sollte. Eine Nachfrage bei den Bauherren der Referenzobjekte gibt weitere Entscheidungssicherheit. Zu berücksichtigen ist, dass der Anbieter wohl kaum Leistungen in diese Liste aufnimmt, bei denen er Probleme hatte. Wichtig sind die Objekte der letzten Zeit, und es sollten keine zu großen zeitlichen Lücken in dieser Liste auffallen. Die Besichtigung einer Referenzbaustelle ist immer aufschlussreich, und man kann im persönlichen

Extra-Tipp

Zum Preisvergleich sollten mindestens drei Angebote von ausgewiesenen Wintergartenbauern vorliegen. Wichtigste Voraussetzung für einen sinnvollen Vergleich ist die eindeutige Leistungsbeschreibung.

Gespräch viel besser über Qualität, Termintreue und Einhaltung der Preise Auskunft erhalten.

Die **fachliche Qualifikation** des Betriebes ist ebenfalls ein Auswahlkriterium. Große Systemanbieter autorisieren die Montagefirmen durch Werksschulungen. Einfache Fragen zur thermischen Trennung, zum k-Wert von Glas und Rahmen oder zum UV-Schutz des Randverbundes zeigen dem Auftragnehmer, dass er einen ernst zu nehmenden Bauherren hat, der Mängel nicht durchgehen lassen wird. Gleichzeitig ist die Reaktion des Auftragnehmers auf die gestellten Fragen eine weitere Entscheidungshilfe.

Ein zusätzliches Kriterium ist der **Firmensitz** des Anbieters. Große Entfernungen sind mit zusätzlichen Transport- und Arbeitsnebenkosten verbunden. Eine Mängelbeseitigung gestaltet sich in den meisten Fällen schwieriger. Viele Wintergartenbauer haben ein Einzugsgebiet mit einem Radius von etwa 200 km um ihren Firmensitz. Die wirtschaftlich vertretbare Entfernung ist auch von der Größe des zu bauenden Wintergartens abhängig.

Bauleistungen

Bau- und Ausbauleistungen sind zusätzlich zur Wintergartenkonstruktion notwendig, damit eine funktionsfähige Einheit entsteht. Dazu gehören die Betonarbeiten für Fundamente und Bodenplatte, der Estrich, der Bodenbelag, die Heizungs-, Wasser- und Elektroinstallation. Für alle Leistungen sind Kostenangebote einzuholen, die Leistungen sind vertraglich zu binden, und zwischen den Gewerken muss eine Abstimmung erfolgen, damit sowohl die räumlichen als auch die zeitlichen Anschlüsse passen.

Abstimmungsprobleme werden bei solchen Baumaßnahmen immer wieder auftreten, wenn die fachlich kompetente **Bauleitung** fehlt. Häufig treten Höhendifferenzen auf, weil z.B. der Aufbau der Fußbodenheizung nicht genau bekannt, die Gründung nicht tief genug oder die Bodenplatte zu hoch war. Es ist die Entscheidung des Bauherren, die Bauleitung selbst zu übernehmen oder diese Leistung in andere Hände zu geben. Ähnliche Probleme können bei der Untersuchung von Mängeln auftreten. Springt z.B. eine Scheibe in der Glasfassade, kann der Wintergartenbauer sagen, das liege am Fundament, und der Betonbauer schiebt die Schuld auf die nicht fachgerecht eingelegten Scheiben. Eine Klärung über einen Bausachverständigen kann teuer werden.

Besondere Beachtung verdient der Anschluss eines Wintergartens an eine Dachkonstruktion. Dabei sind sehr spezifische Lösungen gefragt. Diese sollten immer in den Verantwortungsbereich des Wintergartenbauers gelegt werden, da er die fachliche Kompetenz dafür besitzt. Der Bauherr ist in diesem Fall auch gut beraten, den ausführenden Betrieben für kreative Detaillösungen Spielraum zu lassen. Ebenso

Dieser Wintergarten im Souterrain eines Hauses entspricht der Angebotsbeschreibung auf Seite 64.

kann man von fachlich versierten Betrieben eine gute Beratung verlangen, um zu einem optimalen Ergebnis zu kommen. Beispielsweise wird vom Wintergartenbauer erwartet, dass er die Frage nach der Beleuchtung stellt und die notwendige Elektroinstallation vorsorglich in seiner Konstruktion unterbringt.

Vertragsabschluss

Es gab Zeiten, da wurde ein Vertrag zwischen den Parteien mit einem Handschlag besiegelt und es traten danach weniger Streitigkeiten auf als heute. Wird jetzt ein Vertrag abgeschlossen, gilt – wenn nicht anders vereinbart – das Bürgerliche Gesetzbuch, das für Bauleistungen aber als wenig geeignet erscheint. Es müssten zu viele bautechnische Details im Vertrag angesprochen und vereinbart werden. Die Folge wären noch umfangreichere Verträge mit noch mehr Kleingedrucktem. Deshalb wurde ein Grundsatzwerk, die **Verdingungsordnung für Bauleistungen (VOB)**, entwickelt. Die VOB enthält Festlegungen zur Vertragsgestaltung, Gewährleistung und zu den fachlichen Standards. Wird ein Bauvertrag auf der Grundlage der VOB abgeschlossen, gilt dieses Grundsatzwerk, ohne dass die dort festgelegten Aussagen im Vertrag wiederholt werden müssen. Für kleinere Baumaßnahmen existiert der Vordruck »VOB-Bauvertrag (Kurzfassung)«, in den neben Auftraggeber und Auftragnehmer nur der Bezug auf das Leistungsverzeichnis und die Termine aufgenommen werden. Alle nicht vereinbarten Punkte regelt die VOB.

Die Verglasung soll als Beispiel zur Verdeutlichung dienen. Ihr gesunder Menschenverstand sagt Ihnen, dass Ihre Wintergartenverglasung regendicht sein soll. Laut Bürgerlichem Gesetzbuch ist das aber nicht abgedeckt, Sie müssten das im Vertrag explizit vereinbaren. Schließen Sie einen Vertrag auf der Grundlage der VOB ab, gelten die dort getroffenen Festlegungen. Zu Verglasungsarbeiten finden Sie unter 3.1.2: »Außenverglasungen müssen regendicht sein und Windlasten nach DIN 1055 Teil 4 (Lastannahmen für Bauten; Verkehrslasten, Windlasten bei nicht schwingungsanfälligen Bauwerken) aufnehmen können«. Damit ist die Regendichtheit definitiv vereinbart. Es wird empfohlen, dass für alle Bauleistungen, die mit dem Wintergartenbau im Zusam-

Bis man sich wie hier entspannt im eigenen Wintergarten zurücklehnen kann, müssen viele fachliche Entscheidungen getroffen und auch rechtliche Aspekte berücksichtigt werden.

menhang stehen, ein Vertrag auf der Grundlage der VOB abgeschlossen wird. Oben genannte Kurzfassung ist für kleinere Baumaßnahmen eine geeignete Grundlage.

Punkt 3 des VOB-Vertrages (Kurzfassung) beinhaltet die verbindlichen Ausführungsfristen. Beginn der Ausführung und Endtermin sollten auf jeden Fall festgelegt werden. Punkt 5 vereinbart die Abschlagszahlungen. Der Auftraggeber sollte darauf achten, dass er bei den Terminen der Abschlagszahlung den entsprechenden Gegenwert bekommen hat. Eine Materiallieferung stellt keineswegs den Gegenwert der Kaufsumme des Materials dar. Sie wollen doch nicht mit dem Material handeln, sondern Ziel ist das Endprodukt, und damit kann der Gegenwert erheblich unter den Materialkosten liegen. Unter Punkt 9 können sonstige Vereinbarungen getroffen werden.

Abnahme und Abrechnung

Der Auftragnehmer wird in aller Regel nach der Fertigstellung eine Abnahme verlangen. Diese muss der Auftraggeber innerhalb von zwölf Werktagen mit dem Auftragnehmer durchführen. Wird keine Abnahme verlangt, so gilt die Leistung mit Ablauf von zwölf Werktagen nach schriftlicher Mitteilung über die Fertigstellung der Leistung als abgenommen. Hat der Auftraggeber die Leistung bereits genutzt, so gilt die Abnahme sechs Tage nach Nutzungsbeginn laut VOB als realisiert. Wegen wesentlicher Mängel kann die Abnahme bis zur Beseitigung

der Mängel verweigert werden. Diese Abnahmeverweigerung sollte immer schriftlich erfolgen.

Die Abnahme hat für den Bauherren zwei wesentliche Konsequenzen. Erstens kann die Schlussrechnung gestellt werden, und zweitens beginnt die Gewährleistungsfrist. Der Auftragnehmer hat seine Leistungen prüfbar abzurechnen. Das bedeutet die Abrechnung der Positionen des Leistungsverzeichnisses in der exakt gleichen Reihenfolge wie im Angebot. Damit ist eine schnelle und eindeutige Überprüfung möglich. Fehl- oder Zusatzpositionen sollten nur erscheinen, wenn diese mit dem Bauherrn vereinbart wurden. Bei der Bauausführung können immer unvorhersehbare Dinge auftreten, die Entscheidungen zur Veränderung beabsichtigter Bauleistungen verlangen. Zu den dann notwendigen Maßnahmen muss zwischen Auftraggeber und Auftragnehmer Konsens bestehen.

Die Schlussrechnung ist entsprechend VOB nach Prüfung, spätestens jedoch nach zwei Monaten zu begleichen. Eine Skontovereinbarung im VOB-Vertrag kann einen Anreiz zur kurzfristigen Bezahlung innerhalb einer vereinbarten Frist schaffen.

Gewährleistung

»Der Auftragnehmer übernimmt die Gewähr, dass seine Leistung zur Zeit der Abnahme die vertraglich zugesicherten Eigenschaften hat, den anerkannten Regeln der Technik entspricht und nicht mit Fehlern behaftet ist, die den Wert oder die Tauglichkeit zu dem gewöhnlichen oder nach dem Vertrag vorausgesetzten Gebrauch aufheben

oder mindern« (§ 13 Abs. 1 VOB Teil B). Die Verjährungsfrist beträgt laut VOB, wenn keine andere Verjährungsfrist im Vertrag vereinbart wurde, für die meisten Gewerke zwei Jahre. Der Auftragnehmer muss in der Verjährungsfrist auftretende Mängel, die er zu vertreten hat, auf seine Kosten beseitigen. Kommt der Auftragnehmer der Aufforderung zur Mängelbeseitigung in einer angemessenen Frist nicht nach, so kann der Auftraggeber die Mängel auf Kosten des Auftragnehmers beseitigen lassen. Das Problem ist jedoch, dass er diese Kosten beim Auftragnehmer eintreiben muss. Das kann mit Schwierigkeiten verbunden sein. Prinzipiell ist davon auszugehen, dass der Auftragnehmer, wenn schon Mängel aufgetreten sind, ein dringendes Interesse daran hat, diese zu beseitigen. Der Auftraggeber ist genauso an einer Mängelbeseitigung interessiert und sollte deshalb vernünftige und einhaltbare Fristen zur Mängelbeseitigung stellen. Die Fristen sollten sich neben der technischen Machbarkeit auch an der möglichen Beeinträchtigung durch den Mangel orientieren.

Auf einen Blick

➔ Mit Beginn der Planung für den Wintergarten ist das Genehmigungsverfahren zu klären.

➔ Für die Bauleistung sollte ein Vertrag auf der Grundlage der VOB abgeschlossen werden.

➔ Die Gewährleistung beträgt im Normalfall zwei Jahre nach VOB.

Beispielhafte Wintergärten

Neubau eines Einfamilienhauses mit Holzwintergarten

Einfamilienhaus mit Holzwintergarten

Der Freisinger Architekt Karl Sebastian Habermeyer erhielt im Jahr 2000 den Auftrag zur Projektierung eines Einfamilienhauses am Stadtrand von Freising bei München. Die Gestaltung geht von einem zur Straße liegenden Flachbau mit Garage und Arbeitsräumen aus. Über einen an der Ostseite liegenden Verbindungsgang gelangt man zum etwa acht Meter entfernten Hauptgebäude. Dieses ist zweigeschossig mit flachem Satteldach ausgeführt. An der Westseite wird der Flachbau mit dem Wohngebäude mit einem acht Meter langen und vier Meter breiten Wintergarten verbunden. Zwischen Wintergarten und Verbindungsgang der beiden Gebäudeteile entsteht dadurch ein Atrium (siehe Grafik). Dieses hat etwa die gleichen Abmessungen wie der Wintergarten. Die Grafik rechts unten zeigt die Ansicht des Wohngebäudes mitsamt Wintergarten und Flachbau von der Westseite.

Der Wintergarten sollte nach Wunsch des Bauherrn in Holz ausgeführt werden und auf maximal 15 °C beheizbar sein. Die Projektierung, mit allen Ausbaugewerken, die Auftragsvergabe und die Bauleitung wurden vollständig als Komplettleistung an das Freisinger Architekturbüro vergeben.

Konstruktionsprinzip des Wintergartens

Die Konstruktion ist als Rahmenkonstruktion mit Leimholzelementen ausgeführt. Insgesamt besteht der Wintergarten aus zwölf komplett vorgefertigten Rahmenbaugruppen (siehe dazu Seite 23). Die Verwendung von großflächigen Rahmen, die auf der Baustelle auch bei ungünstigen Witterungsverhältnissen schnell zusammengesetzt werden können, hat sich bei großen Wintergärten durchgesetzt. In unserem Beispiel war die Montage der Holzkonstruktion mit sechs Handwerkern in etwa vier Stunden abgeschlossen.

Die Konstruktion des Wintergartens ist so ausgelegt, dass er zwischen den beiden Gebäuden frei auf der Bodenplatte steht und die Kräfte über die Rahmen in das Fundament eingeleitet werden.

Die Rahmenteile werden mit Spannschrauben verbunden (siehe Bild Sei-

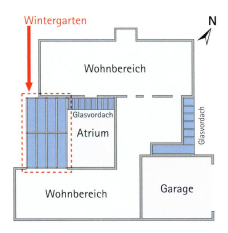

Großzügig gestalteter Grundriss eines Einfamilienhauses mit Wohn- und Aufenthaltsbereich einschließlich Wintergarten und Atrium.

te 72). Köpfe und Muttern der Schrauben sind versenkt. Nachfolgend wird mit kleinen Holzblättchen die Bohrung von außen verschlossen, sodass die Verbindungselemente unsichtbar sind. Bei der statischen Auslegung der Holzrahmen war zu berücksichtigen, dass an der Ostseite eine vierflügelige Falttüranlage mit einer Breite von 3,6 Metern den Wintergarten zum Atrium öffnen soll. Eine gleiche Falttüranlage ist an der Westseite als Öffnung zum Garten vorgesehen (siehe Bild Seite 44). Die Aufnahme der einzuleitenden Kräfte hätte auf Grund des geringen Widerstandsmomentes von Holz zu sehr wuchtigen Holzelementen geführt. Deshalb entschloss man sich, an der horizontalen Verbindungslinie der Rahmen einen Stahlträger im Holz verdeckt einzubauen. Die Holzkonstruktion ist ausgefräst, sodass der Doppel-T-Träger genau zwischen die Rahmenteile eingefügt werden konnte (siehe Bild Seite 72).

Gegen aufsteigende Feuchtigkeit wurden die Rahmenteile auf einer Gummidichtbahn auf den Rohfußboden aufgesetzt (siehe Bild Seite 72). Zur Höhennivellierung nutzte man Füllhölzer.

Die erforderliche Winkelsteifigkeit von Holzfachwerken ist im Prinzip mit Holzstreben im Eckverband erreichbar.

Die Westansicht zeigt die Verbindung der beiden Gebäudeteile durch den Wintergarten.

Im Wintergarten würden diese Streben jedoch stören, weshalb man Knotenbleche aus Edelstahl einsetzte (siehe Bild Seite 72). Die Holzrahmen wurden dazu geschlitzt, und die Knotenbleche wurden eingeschlagen. Nachfolgend verstiftet man die Holzkonstruktion mit den Knotenblechen.

Gleichfalls zur Erhöhung der Stabilität der Holzkonstruktion dienen Diagonalverstrebungen. Angreifende Windkräfte können sonst zu einer Parallelverschiebung des Fachwerks führen. Um dies bei großen Wintergärten zu verhindern, sind die Fachwerke entsprechend auszusteifen. Im gezeigten Beispiel wurden in einem Rahmen der Dachkonstruktion zwei Edelstahlseile diagonal von Ecke zu Ecke des Rahmens gezogen und gespannt. Mit speziellen Ankerplatten werden die Kräfte von den Seilen in die Holzkonstruktion eingeleitet.

Zur Verbindung des Wintergartens mit den Gebäudewänden dienen Schraubverbindungen zu den eingeschlagenen Wanddübeln. Der Spalt zwischen Holz und Wand wird ausgeschäumt und oberflächlich mit einer elastischen Silikonfuge geschlossen.

Die Farbe der Fuge kann der Fenster- oder Mauerfarbe angepasst werden, oder der Rahmen erhält eine Blechabdeckung, die gleichzeitig die Fuge schließt.

Die Aluminiumschienen und die EPDM-Dichtungen waren bereits werkseitig montiert. In der Mitte der Aluminiumschiene befindet sich ein Schraubkanal für die Befestigung der Abdeckleisten. An diesem erfolgt auch die Ableitung von Kondenswasser oder eingedrungener Feuchtigkeit, z. B. durch Schlagregen.

Die Dichtungen lagern die Scheiben elastisch auf der Konstruktion, über-

Extra-Tipp

Der Schutz der Wintergartenkonstruktion vor eindringender Feuchtigkeit ist von besonderer Bedeutung. Er muss durch eine qualitativ einwandfreie Montage gesichert werden. Systemhersteller bieten dazu spezielle Schulungen an.

nehmen die thermische Trennung und verhindern das Eindringen von Wasser. Wichtig ist, dass die Aluminiumprofile und Dichtungen ein dichtes und perfektes System der Wasserableitung von der höchsten Stelle bis zur Übergabe in die Regenrinne oder an das Schwellblech gewährleisten. Stoßen Längs- und Querprofile aufeinander, sind diese so zu verbinden, dass die genannten Grundsätze eingehalten werden. Stoßstellen sind mit Si-

Rohbausituation mit den beiden Fundamentstreifen für den Wintergarten.

Die in der Werkstatt gefertigten Holzrahmenteile werden auf der Baustelle zur Tragkonstruktion zusammengefügt. Durch die Vorfertigung kann die Montagezeit auf der Baustelle wesentlich verkürzt werden.

Einfamilienhaus mit Holzwintergarten

likon abzudichten, damit kein Wasser auf den Holzrahmen gelangen kann. Die EPDM-Dichtungen sind nach Vorschrift des Systemherstellers zu verlegen und zu verbinden. Im dargestellten Holzwintergarten wurden Profile des Herstellers BUG verwendet.

Am zweiten Tag der Montage wurden die Scheiben eingebaut. Im Dachbereich verwendete man Zweischeibenisolierglas in Stufenglasausführung mit folgendem Aufbau: innen 8 mm Verbundsicherheitsglas, 12 mm Zwischenraum, mit Argon gefüllt, und außen 8 mm Einscheibensicherheitsglas. Damit wird ein k-Wert von 1,3 $W/m^2 \times K$ erreicht.

Die Länge des Daches beträgt acht Meter. Es mussten deshalb zwei Scheiben hintereinander verlegt werden. Auch an der Stoßstelle beider Scheiben wurde Stufenglas eingesetzt, sodass ein rückstaufreies Abfließen von Regen-

Am zweiten Tag wurden alle Scheiben an den senkrechten Flächen eingesetzt, und es konnte mit den Blechverblendungen und Regenwasserableitungen begonnen werden.

Der Rahmen ist innerhalb von wenigen Stunden fertig montiert. Im Dachbereich sind die Scheiben bereits befestigt, die Handwerker bereiten nun das Einsetzen der Scheiben im senkrechten Bereich vor.

wasser möglich ist. Der Selbstreinigungsprozess wird dadurch nicht unterbrochen. Die Glasstufen wurden außen emailliert, um den Randverbund vor UV-Strahlen zu schützen. Die Verbindungspfette der Dachrahmen bietet von innen einen guten Sichtschutz an dieser Stelle.

Die senkrechten Fassaden wurden mit Zweischeibenisolierglas aus 4 mm Floatglas, 16 mm Zwischenraum und 4 mm Floatglas realisiert. Im Brüstungsbereich hat man ein spezielles Sicherheitsglas für die Außenscheiben eingesetzt, welches nicht so leicht beschädigt und zerschlagen werden kann. Alle angelieferten Scheiben waren auf Glastransportpaletten aufgestellt, gegen Beschädigungen geschützt und eindeutig bezüglich der Montagestelle gekennzeichnet. Vor dem Einsetzen der Scheiben wurden zwei Klötze eingebaut, auf denen die Scheibe steht. Für die Kranmontage verwendete man spezielle Anschlagmittel für Glas. Anschließend erfolgte das Absetzen der Scheibe auf der Verklotzung, und jede Scheibe wurde mit vier kurzen Halteprofilen jeweils an der Mitte einer Scheibenseite befestigt. Den Abschluss dieser Arbeiten bildete die Ergänzung der Halteprofile.

Lüftungskonzept

Neben den großen vierflügeligen Falttüren an der Ost- und an der Westfassade sieht das Lüftungskonzept zwei Diagonallüftungen vor. Dazu sind an beiden Seiten im unteren Bereich jeweils zwei Kippfenster 80 × 80 cm installiert. Diese fungieren als Zuluftöffnungen. Diagonal gegenüber, an der

Der Holzrahmen wird durch Isoliermaterial vor aufsteigender Nässe geschützt.

Knotenbleche aus Edelstahl geben der Holzkonstruktion die notwendige Winkelstabilität.

höchsten Stelle der Fassade, befindet sich jeweils ein Kippfenster als Abluftöffnung. Auf Grund der Höhe des Wintergartens wird durch die entstehende Kaminwirkung eine gute Lüftung erreicht.

Um die Stabilität zu erhöhen, wurden zwischen den Rahmenteilen Stahlprofile eingelegt und verschraubt.

Bei starker Sonneneinstrahlung im Sommer können im Atrium sehr hohe Temperaturwerte erreicht werden. Die Diagonallüftung von Ost nach West wäre dadurch beeinträchtigt. Es ist jedoch zu berücksichtigen, dass der Gesamtkomplex aus Gebäuden und Wintergarten eine kontrollierte Lüftung besitzt. Entsprechend den jeweiligen Klimaanforderungen erfolgt eine Absaugung der Raumluft über Rohrleitungssysteme. In einer Entfernung von zehn Metern zum Gebäude wird an der Nordseite Frischluft angesaugt. Über Filter und einen Kreuzstromwärmetauscher aufbereitet, gelangt sie in das Gebäude. Damit steht eine zusätzliche Lüftungskomponente für den Wintergarten zur Verfügung.

Die Kippfenster werden automatisch mit Linearkettenantrieben betätigt. Die Ansteuerung der Antriebe erfolgt in Abhängigkeit der Innentemperatur. Liegt diese über einer eingestellten Solltemperatur, erfolgt das Öffnen der Kippfenster. Vor- und Nachteile der Automatikfunktion wurden bereits beschrieben. In diesem Projekt taucht eine spezielle Anforderung des Bauherrn auf. Wenn die Raumtemperatur unter die Solltemperatur abgesunken ist,

Der Holzrahmen wird durch abgekantete Aluminiumbleche geschützt.

schließen die Fenster automatisch. Die Linearkettenantriebe realisieren eine Anpresskraft von 15 kg, damit die Fenster dicht schließen. Das Kippfenster als Zuluftöffnung befindet sich direkt über dem Boden. Wenn spielende Kleinkinder ihre Finger am Fenster haben, kann es beim automatischen Schließen zu erheblichen Verletzungen kommen. Daher sind zusätzliche Informationen in die Steuerung einzubauen. So können etwa Bewegungsmelder oder Einweglichtschranken vor den Fenstern die Automatikfunktion unterbrechen.

Technische Ausrüstung

Entsprechend den Anforderungen des Bauherrn wurde im Wintergarten eine Fußbodenheizung eingebaut. Diese übernimmt mit der kontrollierten Belüftung die Beheizung des Holzwintergartens. Die Problematik der kalten Hüllflächen kann hier bei sehr niedrigen Außentemperaturen auftreten. Die großen Falttüranlagen waren jedoch das Argument, auf Bodenkonvektoren zu verzichten.

Die Beschattung erfolgt durch Kassettenmarkisen im Dachbereich. Auf Grund der Dachlänge wurde die Beschattung in zwei separate Anlagen aufgeteilt. Trotz optimierter Führungs- und Haltesysteme ist die mechanische Beanspruchung von Konstruktion und Tuch bei höheren Windstärken zu beachten. Über die Messung der Windgeschwindigkeit wird bei Überschreitung des zulässigen Grenzwertes das Beschattungstuch automatisch aufgerollt und in der Metallkassette geschützt aufbewahrt.

Die obere Kassette ist direkt unter dem Dachüberstand installiert. Sie erhält damit einen zusätzlichen Schutz. Die zweite Markisenkassette befindet sich direkt über der Verbindungspfette im Dachverband. Sie ist vor hohen Schneelasten zu schützen. Ebenso kann am Satteldach des Gebäudes ein Schneefanggitter angebracht werden, damit nicht zusätzliche Schneemassen auf die Wintergartenkonstruktion rutschen können.

Im Atrium kann die Rückstauhöhe von 15 cm für Oberflächenwasser nicht eingehalten werden. Deshalb wurde ein Drainkanal mit Abdeckgitter installiert.

Extra-Tipp

Bei großen Wintergärten ist eine professionelle Bauleitung zur Koordinierung der Leistungen der beteiligten Gewerke unbedingt notwendig.

In die Holzkonstruktion wurden zusätzlich zu den bisher bekannten Elektroinstallationen Kabel für weitere, nachträgliche Anschlüsse eingelegt. Bei Holzkonstruktionen kann man diese unauffällig in einer Öffnung verstecken, die oberflächlich mit einem Holzblättchen verschlossen wird.

Noch ist der Wintergarten leer, doch hat der Raum für zukünftige Träume schon reale Formen angenommen. Mit etwas Fantasie kann man sich die Nutzungsmöglichkeiten nun schon vorstellen.

Beispielhafte Wintergärten

Wintergarten an einer historischen Stadtvilla

Baugeschichte

Der Dresdner Maler Gerhard von Kügelgen ließ 1820 auf einem Weinberggrundstück am Dresdner Elbhang ein Weinberghaus errichten. 1852 wurde an dieser Stelle die heute noch bestehende Villa mit einem dazugehörigen Remisengebäude errichtet.

Helas[1] beschreibt die Villa wie folgt: »Stattlicher palaisartiger Bau, ehemaliges Landhaus in einem Weinberge. Zweigeschossig, 5/5 Achsen, flaches Walmdach, Hanglage. In der Front die beiden äußeren Achsen als Risalite stark hervortretend, hohes Sockelgeschoss in der Flucht der Risalite, vor dem Mitteltrakt eine Terrasse bildend. Die Mittelachse überhöht mit gekuppeltem Fenster unter Attika. Das Sockelgeschoss mit Putzquaderung, die oberen Geschosse glatt, kräftig, aber schmale Ecklisenen. Gurtgesims zwischen den oberen Geschossen mit Rundbogenfries, im Obergeschoss des Mitteltraktes arabeskenähnliche Ornamente, unterhalb des Fenstersimses des ersten Obergeschosses stark plastische Reliefs, Kinder und Weintrauben. Die Fenster rechteckig, im Mitteltrakt rundbogig. Die Fensterrelieffassungen durch schmale Säulchen mit Kapitellen, über dem Sturz mit Rankenwerk. Zwischen den Fenstern des 1. Obergeschosses des Mitteltraktreliefs Figuren vor Rankenwerk.

An der linken Seite in einem vor einer Mauer mit Tor und Einfahrt abgeschlossenem, etwa quadratischem Hof der Eingang. Das Portal mit Stabwerk, glatter Leibung und geradem Sturz als Sitznischenportal ausgebildet. Über

---
1) Helas, Volker und Zadnicek, Franz:
   Das Stadtbild von Dresden. Lipp-Verlag, 1996

dem Sturz in einem Spruchband Datum der Erbauung und Name des Bauherrn.

Links im Hofe ein sehr schlichtes eingeschossiges Nebengebäude mit der Giebelseite zur Straße, an seiner Außenseite führt eine Treppe zu einer Terrasse, die auf der Rückseite des Hauses vor dem 1. Obergeschoss liegt. Als störende Veränderung ist ein zweigeschossiger Anbau von zwei Achsen an der rechten Seite des Hauses zu betrachten, weiter der Einbruch eines Garagentores in den rechten Risalit.«

Bauträger und Vorbereitungsphase

Häuser zu sanieren ist eine sehr reizvolle und interessante Aufgabe. Sie erfordert, ursprüngliche Gestaltungen möglichst zu erhalten und zugleich moderne Bautechniken und neuzeitliche Nutzungsanforderungen anzuwenden und zu berücksichtigen. Die Restaurierung der Stadtvilla an der Leonhardistraße in Dresden stellte eine ganz besondere Herausforderung dar, denn hier galt es, den drohenden Verfall dieses kulturellen Erbes Dresdner Baugeschichte zu verhindern. Wirtschaftliche Interessen mussten vollständig vernachlässigt werden. Die Gmach Bau- und Vertriebsgesellschaft stellte sich dieser anspruchsvollen Aufgabe. Die Gesellschaft wurde 1990 in Bayern gegründet und hat seit 1992 in Dresden einen Firmensitz, von dem aus jährlich 160 bis 200 Wohnungen in Dresden umgebaut und renoviert werden.

Im Oktober des Jahres 1999 wurde mit den Sanierungsarbeiten an der Villa begonnen. Zu diesem Zeitpunkt be-

fand sich das Gebäude in einem äußerst schlechten Zustand. Die Schönheit dieses Bauwerkes im Stile der italienischen Renaissance ließ sich nur noch erahnen. Die Stuckornamente der Fassade waren verwittert und zu großen Teilen zerstört. Erhaltungs- und Sanierungsmaßnahmen waren dringend geboten, um das Bauwerk vor dem völligen Zerfall zu schützen. Im Gebäude erinnerte kaum noch etwas an den repräsentativen Charakter des Hauses. Die Wohnungsgrundrisse wurden bei Umbaumaßnahmen 1920 und 1950 verändert. Dabei hat man durch Einsetzen von Zwischenwänden der jeweiligen Wohnraumsituation und den Ansprüchen der Zeit Rechnung getragen. Sämtliche Holzbalkendecken befanden sich in einem Zustand, der einen kompletten Ersatz der Decken notwendig machte. Im Ergebnis dieser Ausgangssituation erschien es sinnvoll, das Gebäude komplett zu entkernen und die Fassaden zu sanieren. Die Entkernung hatte den Vorteil, dass der repräsentative Charakter des Gebäudes auch im Inneren wiederhergestellt werden konnte. Zugleich war eine Raumaufteilung entsprechend der vorgesehenen Nutzung unter Berücksichtigung verschiedenster Anforderungen unserer Zeit möglich. Mit dem Einbau neuer Deckenkonstruktionen konnte gleichzeitig die gesamte Installations- und Haustechnik verlegt werden.

Der Anbau an der rechten Seite des Gebäudes stellte eine besondere Herausforderung dar, sollten doch Aspekte der möglichst originalgetreuen Wiederherstellung des historischen Bauwerkes und zeitgemäße Nutzungsansprüche in Einklang gebracht werden. Deshalb entschloss man sich an die Stelle des Anbaus einen Winter-

Beispielhafte Wintergärten

Bausatzwintergarten für die Selbstmontage

Am Ortsrand einer kleinen Gemeinde wurde ein Baugebiet ausgewiesen, auf dem Einfamilien-, Doppel- und Reihenhäuser längs einer Straße hinter den Feldern und Wiesen entstanden. In einem Komplex aus drei Reihenhäusern wurde eines rohbaufertig verkauft. Die Breite der drei Reihenhäuser beträgt jeweils etwa sechs Meter. Nach Süden, zum Garten und zur Straße hin, war an allen drei Häusern eine Terrasse vorgesehen.

Häufig entsteht in solchen Gebieten, die in kurzer Zeit bebaut werden, eine besondere Struktur und Gemeinschaft, die ihre Grundlage im etwa gleichen Alter der Bauherrn und ähnlicher Familiensituation hat. Trotzdem sind drei in einer Flucht liegende und aneinander grenzende Terrassen nicht jedermanns Geschmack. Der Käufer des rohbaufertigen Reihenhauses entschloss sich deshalb, einen Wintergarten statt der Terrasse zu bauen. Zielvorstellung dabei war die Verlängerung der Garten- und Freiluftsaison. Gleichzeitig bestand der Wunsch nach einem Überwinterungsraum für die Kübelpflanzen. Der Wintergarten sollte nicht wie ein Wohnraum beheizbar sein, sondern nur eine frostfreie Überwinterung der Pflanzen sichern. Da junge Familien häufig nicht über große finanzielle Reserven verfügen, überlegte man sich auch in diesem Fall, wo Kosten beim Ausbau des Hauses und beim Wintergarten durch Eigenleistungen zu sparen waren.

Entscheidung zum Fertigwintergarten

Im Beispiel sollte die Terrasse von etwa 5 × 3 Metern mit einem Wintergar-

ten überbaut werden. Große Schiebetürelemente waren vorgesehen, um einen fließenden Übergang zum Garten zu ermöglichen. Die eingeholten Kostenangebote in der Größenordnung um 30 000 DM überstiegen die Vorstellungen des Bauherrn. Deshalb wurden Alternativen gesucht.

Im Baumarkt wurde man fündig. Die schwedische Firma Santex bietet sowohl Holz- als auch Aluminium-Wintergärten zur Selbstmontage an. Die Dachneigung beträgt einheitlich 4° bei Holz- und 6° bei Aluminiumausführung. Es werden laut Prospekt neun verschiedene Grundmodelle angeboten. Auch Sondermaße sollen möglich sein. Die Dacheindeckung besteht wahlweise aus 3- oder 5-schichtigen Polycarbonatplatten, Farbe Opalweiß oder Klar. Das Dach wird mit Festeindeckung oder Schiebedach geliefert. Die Fassaden können mit Energieverglasung (k = 3,1 W/m² × K) oder Isolierverglasung (k = 2,4 W/m² × K) ausgerüstet werden. Es gibt zwei- und dreiflügelige Schiebetüren sowie ein Fensterelement mit kleiner Lüftungsklappe.

25 bis 30 % Kosteneinsparung schienen durch die Selbstmontage möglich. Auch wenn man unterschiedliche Konstruktionen und Ausführungen nicht fachgerecht finanziell bewerten kann, ist diese Differenz Anlass zum Nachdenken. Die nächste zu klärende Frage ist, welche Kenntnisse und handwerkliche Fertigkeiten für die Montage Voraussetzung sind. Solche Wintergärten stehen auch nicht an jeder Ecke, sodass man sich einfach erkundigen könnte. Die Firma Santex bietet deshalb ein Video an, das eine Montage zeigt. Daraus kann man einen ersten Eindruck über die auszu-

führenden Arbeiten gewinnen. Die Besichtigung eines Referenzobjektes und das Gespräch mit dem Erbauer sollten jedoch auf jeden Fall vor der Entscheidung zum Selbstbau erfolgen. Dabei ist neben allen anderen Aspekten die Montagefreundlichkeit zu hinterfragen. Werden Spezialwerkzeuge benötigt, sind die angelieferten Teile eindeutig gekennzeichnet, sind die Montageanleitungen und –zeichnungen leicht lesbar, wie ist die Unterstützung durch die Firma, wenn Fragen bei der Montage auftreten?

Ist die Entscheidung für einen Bausatzwintergarten gefallen, ist die Baugenehmigung einzuholen. Dazu sind der Grundriss und mindestens zwei Hauptansichten zu zeichnen. Der Nachweis für die statische Sicherheit muss erbracht werden. Im Beispiel existierte bereits eine Baugenehmigung für das Reihenhaus mit eingezeichneter Terrasse. Der Bauherr zeichnete die Ansichten auf der Grundlage der Prospektunterlagen in die vorhandene Bauzeichnung ein, legte die von der Firma Santex gelieferte Typenstatik bei und erhielt in spektakulär kurzer Zeit, ohne weitere Nachfragen, die Baugenehmigung für den Wintergarten. Nun wurde der Vertrag mit dem Baumarkt zur Lieferung des Wintergartens abgeschlossen, und die konkrete Bauvorbereitung konnte beginnen.

Bauvoraussetzungen

Eine zwei Meter breite Bodenplatte für die vorgesehene Terrasse war mit dem Rohbau realisiert worden. Entsprechend den Abmessungen des Wintergartens wurde ein Streifenfundament frostfrei gegründet und eine 5 cm starke Wärmeisolierung aus Styrodur eingebracht. Auf diese wird bei Terrassen verzichtet. Auch bei frostfreien Wintergärten hat sie Vorteile, da der Boden dann nicht so fußkalt ist. Anschließend erfolgen das Ausgießen und Komplettieren der Bodenplatte. Vom Fundament zum Garten ist die Rückstauhöhe für Oberflächenwasser von 15 cm zu beachten.

Für einen frostfreien Wintergarten ist eine Zusatzheizung notwendig. Bei zwei Glasaußenwänden mit einem k-Wert von $2,5 \text{W/m}^2 \times \text{K}$ und dem Dach aus 5-fach-Stegplatten mit einem k-Wert von $1,5 \text{W/m}^2 \times \text{K}$ wird die Heizleistung mit 1,5 kW berechnet. Der Heizkörper ist entsprechend auszulegen. Er sollte mit einem Thermostatventil ausgerüstet sein, das eine Frostschutzfunktion besitzt. Damit kann die Heizung nicht einfrieren. Die Ableitung der Regenrinne muss bekannt sein, um die Entwässerungsleitungen zu verlegen.

Die Montage beginnt

Das Material wird zum vereinbarten Termin ordentlich verpackt und nummeriert auf der Baustelle angeliefert.

> ### Extra-Tipp
> *Anbieter von Wintergärten zur Selbstmontage sollten neben ihrer Montageanweisung präzise Angaben zur Ausführung von Fundamenten, und zur Befestigung an dem Baukörper formulieren.*

Aufbauprinzip des Bausatzwintergartens: Zuerst montieren Sie die hinteren Pfosten und Balken an die Hausfassade.

Schrauben Sie die Balken an der Vorderkante des Wintergartens an und richten Sie dann die mittleren Dachstühle auf. Schon ist das Skelett fertig.

Dann bringen Sie die Sektionen mit den schrägen Ecken an der Vorderkante an und montieren die Giebelbalken.

Setzen Sie jetzt die Führungsprofile für die Glaspartien zusammen und montieren Sie sie fest. Schrauben sie die Dachplatten an. Die Dachentwässerung bildet den Abschluss.

Die zu unterschreibende Eingangskontrolle auf Vollständigkeit ist aus Zeitgründen praktisch meist nicht möglich. Spätere Nachforderungen wurden jedoch kurzfristig realisiert. Die Montagefolge mit den speziellen Bezeichnungen und Konstruktionsnummern ist zuerst etwas verwirrend, obwohl die Gesamtkonstruktion, wie aus dem Bild auf Seite 81 hervorgeht, einfach und anschaulich ist.

Hier hilft das nochmalige Anschauen des mitgelieferten Videos weiter. Sinnvoll wäre analog der Stückliste für die Konstruktionsteile eine Tabelle der wesentlichen Montagearbeiten in chronologischer Reihenfolge etwa in folgender Form:

1. Ausmessen und Anzeichnen der Lage für die Ankerprofile
2. Befestigen der Ankerprofile
3. Aufbau der zwei Wandstützen und des Dachbalkens
4. Befestigung der Konstruktion am Gebäude
5. Setzen der vorderen Stützen und des festen Fensterelementes
6. Auflegen des Rinnenbalkens
7. Verschrauben des Seitenbalkens
8. Einsetzen der Dachpfetten.

Mit diesen acht Montageschritten steht das Grundgerüst. Nun können die Eindeckung sowie das Einsetzen von Glas- und Türelementen beginnen. Bis auf die Arbeitsschritte 5 und 6 sind alle Arbeiten von einer Person ohne

Hilfeleistungen möglich. Für die vorderen Stützen, das Halten dieser und das Auflegen des Rinnenbalkens werden zwei Arbeitskräfte benötigt. Der erste Punkt verlangt eine sehr hohe Präzision, da nachträgliche Korrekturen mit einer Demontage verbunden sind.

Der Plan für die Lage der Ankerprofile wurde mitgeliefert. In einem weiteren Plan sind die Maße angegeben. Die Maße gehen von einem exakten 90°-Winkel aus. In dem Beispielwintergarten wurde die Trennung zur Nachbarterrasse als feste Mauer ausgeführt. Eventuell stimmte der Winkel nicht genau, es musste jedenfalls bei der Montage rückgebaut und der Standort des Ankers geringfügig korrigiert werden. Das kostet Zeit und ist ärgerlich. Leichte Abhilfe wäre zu schaffen, wenn man in der Zeichnung zusätzliche Diagonalmaße von Ecke zu Ecke angeben würde. Abweichungen wären dann sofort sichtbar. Bohrschablonen aus Papier oder zusammenfügbar aus Teilen der Konstruktion wären weitere Lösungsansätze zur Vermeidung solcher Probleme.

Nach dem Anzeichnen sind die Löcher zu bohren, Dübel einzusetzen und die Ankerprofile zu verschrauben. Die Ankerprofile sind ca. 6 cm hoch. Die Stützen passen genau über die Ankerprofile und geben für die Montage die notwendige Stabilität.

Die Montage der Wandstützen und des Dachbalkens – dritter Arbeitsschritt – erfolgt durch Verbindungsstücke, die an den Stützen angebracht sind. Die Konstruktion aus zwei senkrechten Stützen und Dachbalken wird auf die beiden Anker gestellt und an der Gebäudewand mit Schrauben befestigt.

Zu den Befestigungsmitteln gibt es in der Montageanordnung keine Aussagen. Man verweist auf die unterschiedlichen Mauerausführungen. **Für einen Bausatzwintergarten mit geprüfter Statik sollte eine ausführliche Befestigungsvorschrift,** mindestens für übliche Bauausführungen, **zum Lieferumfang gehören.**

Die Aufstellung der vorderen Rahmengruppe benötigt eine zweite Montagekraft. Die Stützen halten in den Ankerprofilen. Die feste Glaswand muss eingesetzt und der Rinnenbalken montiert werden. Das geht nur mit zwei Personen. Diese vordere Rahmengruppe steht auch noch nicht allein. Sie muss gehalten werden, während der »Obermonteur« die Pfetten in dem wandseitigen Dachträger verankert und am vorderen Dachträger, dem Rinnenträger, verschraubt.

Die Grundkonstruktion, aus hinteren und vorderen Rahmen, verbunden durch die Pfetten, steht jetzt stabil und selbständig, und die Arbeiten an der Hüllfläche können beginnen. Das Einlegen der Dichtgummis und der Polycarbonatplatten im Dach stellt keine größere Schwierigkeit dar. Anschließend erfolgt das Anschrauben der Abdeckleisten. Die Dachplatten sind damit abgedichtet und befestigt. Im Stehwandbereich werden je nach Größe weitere Glaselemente oder die Schiebe-

Materialliste (für die Vollständigkeitskontrolle)

Nr.	Anzahl	Bauteil	Material
1	1	Styropor zw. Seitenblech	
2	1	Unterdach	
3	1	Dachrinne Seite links	Alu
4	1	Dachrinne vorne Ecke re.	Alu
5	1	Rahmen in der Schräge	Alu
6	1	Rinnengiebel gegen Haus re.	Platisol
7	1	Rinnengiebel links	Platisol
8	1	Seitenblech links	Platisol
9	1	Seitenblech rechts	Platisol
10	1	Winkelleiste unter Dach	Alu
11	1	Pfosten für Seitenlicht	Alu
12	1	Seitenbalken links	Alu
13	1	Wandpfosten links	Alu
14	1	Wandpfosten rechts	Alu
15	2	Pfosten vorne	Alu
16	1	Balken vorne	Alu
17	5	Dachbalken	Alu
18	1	Hintere Balken	Alu
19	4	Balken zw. Dachbalken	Alu
20	1	Fallrohr	Alu
21	1	Blech an Dachrinne Seite	Platisol

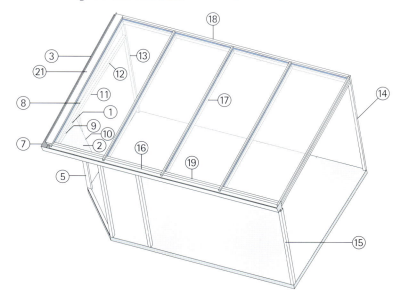

türanlagen montiert. Alle Glaselemente und Türen sind fertig in einem Aluminiumrahmen montiert und einbaufertig. Damit wird die Montage wesentlich vereinfacht und zugleich Transport- und Montageschäden vorgebeugt.

Die Dachrinne ist mit einfachen Aluminiumprofilen leicht und ausreichend stabil zu montieren. Ein kleines Detail soll den Qualitätsanspruch, der von der Firma auch an diesen Wintergarten zur Selbstmontage gestellt wird, unter Beweis stellen. Die Möglichkeit des Verstopfens von Dachrinnen ohne oder mit geringem Gefälle wurde bereits angesprochen. Wasser darf aber nicht unter die Konstruktion zurückstauen. Deshalb wurde am Ende der Dachrinne, der entferntesten Stelle vom Ablauf, ein sehr einfacher Überfüllungsschutz vorgesehen.

Die Belüftung des Wintergartens erfolgt diagonal über die sehr großzügig dimensionierten Schiebetüranlagen. Diese erlauben eine Öffnung von über 60 % der Stehwandfläche. Damit wird eine Atmosphäre analog einer überdachten Terrasse geschaffen.

Zwischen den Dachträgern lässt sich die Innenschattierung an Spannseilen befestigen. Die Ausrüstung dazu kann beim Lieferanten des Wintergartens mitbestellt werden.

Für die ständige Beschattung werden die Polycarbonatplatten in Opalweiß angeboten. Die Bestellung einer Innenschattierung in Stoffausführung mit komplettem Befestigungssystem für die Montage an den Pfetten ist möglich.

Eine Problematik ergab sich durch die Anbausituation des Wintergartens an das Reihenhaus. Das Satteldach des Reihenhauses endet ca. 2,5 Meter über dem Wintergarten. Abrutschende Schneemassen könnten zu einer Beschädigung des Wintergartens führen. Deshalb wurden spezielle Schneefanggitter auf dem Dach installiert, um den möglichen Beschädigungen vorzubeugen. Die wetterfesten Anschlussverbindungen zwischen Bau und Wintergarten, z. B. durch Winkelbleche, mussten durch Spengler realisiert werden. Ausführungsvarianten wurden nicht angegeben und sind auch nicht ganz problemlos realisierbar.

Ein Bausatzwintergarten zur Selbstmontage kann, handwerkliche Fertigkeiten vorausgesetzt, eine Alternative zum Bau des Wintergartens durch einen Spezialbetrieb sein. Die Optik wird sich nicht wesentlich von auftragsgebunden Spezialanfertigungen unterscheiden.

Der beispielhaft gezeigte Hersteller hat viele Ideen im Projekt verwirklicht, die eine einfache Montage sicherstellen. Individuelle Anpassungen und Ausführungen sind allerdings nur teilweise möglich. Der niedrigere Preis kann mit den Ausführungen und geringen

Als Dachmaterial wurde eine Stegfünffachplatte Opalweiß mit sehr guten Wärmedämmeigenschaften gewählt. Dieses Dachmaterial verringert auch die Lichttransmission.

Bausatzwintergarten für die Selbstmontage | 83

Ansprüchen an den Wärmeschutz begründet werden. Da auch regionale Handwerksbetriebe des Wintergartenbaus auf wenige Systemanbieter zurückgreifen, sind Preisunterschiede – neben den Montagekosten von etwa 20 % des Endpreises – auf Qualitätsunterschiede zurückzuführen.

Die Qualität des Wintergartens ist eigentlich erst nach mehreren Jahren Nutzung einzuschätzen. Der Laie hat zudem Schwierigkeiten, die einzelnen Qualitätsmerkmale fachgerecht zu beurteilen. Insgesamt kann man zusammenfassen: Der Bauherr muss wissen, was er vom Produkt erwartet und was er dafür bereit ist zu bezahlen.

Die Eigenmontage verlangt handwerkliche Fertigkeiten und ist bis auf die Dachmontage von einer Person zu bewerkstelligen. Im Bild steht das Dach bereits auf seinen Stützen.

Es ist geschafft. Der Eigenbau-Wintergarten ist fertig montiert, und der Besitzer kann in Ruhe auf sein Werk blicken. Mit der Nutzung verbindet sich dabei immer der Stolz auf die eigene Leistung.

Den Wintergarten bepflanzen

Das Erfolgsrezept für eine gelungene Wintergartenbegrünung: Im Vordergrund stehen die Bedürfnisse der Bewohner. Ist man sich über die eigenen Wünsche und Vorlieben im Klaren, wählt man den dazu passenden Temperaturbereich: kalt, lauwarm oder warm. Unter Beachtung der Lichtverhältnisse sucht man erst dann Pflanzen heraus, deren Ansprüche dem individuellen Wintergartenklima entsprechen.

Pflanzen

Es ist noch nicht sehr lange her, da verstand man in Mitteleuropa unter einem Wintergarten ein Anlehngewächshaus von vielleicht gerade mal 1,5 m Tiefe bei höchstens 4,5 m Breite. Ein erweitertes Blumenfenster eben, bei Pflanzenliebhabern sogar über die Terrasse gezogen. Es war nötig, um die viel zu vielen und inzwischen viel zu großen Kübelpflanzen zu überwintern.

Im Keller und Treppenhaus war längst kein Platz mehr.

Mancher Kübelpflanzenfreund stellte nun zu seiner Überraschung fest, dass sich sein verglastes Winterquartier bei entsprechender Witterung zum Hauptaufenthaltsort in der Freizeit entwickelte. Nicht nur, dass man dauernd etwas zu tun hatte, nein, als endlich einmal die veredelte Akazie blühte, verlockte sie zu einem entspannenden, wenn auch recht beengten Liegestuhlbad. Und als man dann ihren Duft wahrnahm, legte man die frisch aufgeschlagene Zeitung glatt wieder weg. Und das Mitte Januar, zu Hause.

Aus solchen Erlebnissen wird oft ein Wintergarten.

Dazu führen viele Wege nach Rom. Neben dem Standardweg der Pflanzenliebhaber gibt es auch andere Schlüsselerlebnisse. Der übliche Wintergartenbesitzer assoziiert seinen Wintergarten mit Urlaub. Winterurlaub im Warmen; egal wo, Hauptsache, man braucht keinen Wintermantel.

Manch einer, der fast sein ganzes Leben in der Stadt verbracht hat, erfolgreich und zufrieden, nur ganz schön gezeichnet vom täglichen Stress, gönnt sich vielleicht ein paar Tage in einem Tropic Ressort, unter Palmen. Und er stellt dort fest, dass abends ein Duft die Gegend durchzieht, den man weder dem Abendessen noch einem weiblichen Wesen zuordnen kann. Ob das von den Blumen kommt? Diesem dicken Aststück, von dem die weißen Blüten jetzt nachts so auffallend herüberleuchten? Und dahinter die Silhouette der Palmen, vor dem Mond ... Solche Momente muss man genießen, wo doch alles andere schon längst bekannt und fade erscheint. Und plötzlich bemerkt man auch, dass hier, wo man seine Ruhe hat, wieder Ideen kommen, die während der täglichen Routine undenkbar sind. Man kann Sachen aufarbeiten, für die man einen klaren Kopf braucht.

Der Wunsch, sich solche erholsamen Stunden auch in der vertrauten häuslichen Umgebung zu verschaffen, führt nicht selten zum eigenen Wintergarten. Und wer die Kreativität beruflich braucht, richtet hier bald sein Zweitbüro ein. Zudem lassen sich dort Gäste, die man einmal außerhalb der förmlichen Enge des Wohnzimmers begrüßen will, stilvoll bewirten.

Individuelle Wohlfühltemperatur

Schon bei der Planung der Wintergartenkonstruktion hat der individuelle Nutzen ganz im Vordergrund zu stehen. Damit ist weniger gemeint, dass der Wintergarten ästhetischen Standards entsprechen soll. Wichtig sind vor allem die richtige Auslegung und die entsprechende technische Ausstattung. Der eigene Wintergarten muss ein Klima ermöglichen, in dem sich die Bewohner wohl fühlen. Zu kalt, zu heiß, zu trocken sind Umschreibungen

Ein klassisches »grünes Zimmer«. Der Vorrang von unterschiedlich belaubten Immergrünen vor Blütenpflanzen spart viel Arbeit.

Kalthaus oder Warmhaus?

dafür, dass erstrebter Nutzen und technische Einrichtung nicht im Einklang stehen.

Häufigkeit und Dauer der Nutzung bestimmen die Wintergartentemperatur. Wer den Wintergarten braucht, um auch im Winter Gärtner spielen zu können, und sich dabei ständig bewegt, legt kaum Wert darauf, ins Schwitzen zu kommen. Wer sich höchstens am Sonntagnachmittag ein paar Liegestuhlstunden gönnen kann, hat wenig von einem Wintergarten, den er auf Zimmertemperatur halten muss.

Wer den Wintergarten wenig nutzt, ist also mit einem kalten Wintergarten oft besser bedient, weil der Pflegeaufwand dort geringer ist. Und sollte es tatsächlich ein Anlass erfordern, genügt ein Dreh am Thermostatknopf oder an der Zeitschaltuhr, und es herrscht die gewünschte wohlige Wärme.

Je länger man den Wintergarten passiv nutzt, desto eher liegt die Wohlfühltemperatur bei Zimmertemperatur – einem recht dehnbaren Begriff. Wer im kühlen Schlafzimmer ins Federbett gekuschelt stundenlang Romane lesen kann, kann dasselbe auch mit einer Decke im lauwarmen Wintergarten. Wer aber erst die Krawatte lockert oder das Jackett auszieht, wenn ihm der Schweiß auf der Stirn steht, der braucht's eben wärmer.

Wird der Wintergarten nur tagsüber genutzt, tut man sich leicht mit tiefen Nachttemperaturen. Wer oft erst nach Einbruch der Dunkelheit nach Hause kommt, will es dagegen manchmal gerne bis spät nachts zimmerwarm. Dazu müssen die technischen Gegebenheiten stimmen. Und damit dann auch das Gartengefühl im Wintergarten aufkommt, müssen die Pflanzen passen.

Wintergärten kann man gartenbauüblich in
- Kalthäuser (mit 0–10 °C Nachttemperatur),
- Lauwarmhäuser (12–16 °C Nachttemperatur) und
- Warmhäuser (über 18 °C Nachttemperatur) unterteilen. Dazu kommen
- Solarhäuser, in denen auch Temperaturen unter 0 °C vorkommen.

Die **Warmhaustemperatur** von 18 °C geht eigentlich auf die Festlegung der

Gelungene tropische Gärten leben von ihren Strukturpflanzen und den Accessoires.

Extra-Tipp

Pflanzen aus tropischen Höhenlagen stehen oft besser im **Lauwarmhaus**, *zusammen mit subtropischen Arten.*

Temperaturgrenze für die **Tropen** zurück, sie entspricht der Isotherme (Linie mit ganzjährig gleichbleibender Temperatur) des kältesten Monats und damit der minimalen Bodentemperatur. Da mit zunehmender Höhe über dem Meeresspiegel die Durchschnittstemperatur zurückgeht, ist bei 1200 bis 1300 m über NN die Grenze der Tropen erreicht. Deutlich wird dies in der Vegetation durch das Fehlen der meisten Palmen.

Die **Subtropen** unterscheiden sich von den Tropen durch ausgeprägte Jahreszeiten und entsprechend schwankende Temperaturen, durch warme bis heiße Sommer, frostfreie, milde Winter und absolute Temperaturminima um 5 °C. Die Vegetation ist meist durch den Wechsel von regenreichen und regenarmen Perioden im Jahresturnus geprägt. In diesem Bereich bewegen sich die Lauwarmhäuser.

Noch stärkere Ausprägung der Jahreszeiten und der Temperaturschwankungen findet man in den **mediterranen** oder **warm temperierten Gebieten**. Fröste können hier durchaus vorkommen, die Durchschnittstemperatur beträgt jedoch im kältesten Monat 5–10 °C. Dies entspricht einem **Kalthaus**.

Natürlich ist diese Temperatureinteilung im Prinzip willkürlich. Dem liegt aber zu Grunde, dass sich wärmeliebende Pflanzen bei Temperaturen weit über dem Gefrierpunkt »erkälten« können. Ab einer pflanzenspezifischen Minimumtemperatur kommt es zu Stoffwechselstörungen. Der Schaden tritt nicht sofort ein, wird aber bald sichtbar in einem langsamen Vergilben der Blätter. Eine Pflanze unter ihrer Minimumtemperatur halten zu wollen bedeutet, sie langsam verhungern zu lassen. Leider ist bei den meisten Pflanzen die Minimumtemperatur nicht genau bekannt, und schon gar nicht, wie lange sie einen Temperaturstress aushalten.

Nun ist bei 18 °C Bodentemperatur bzw. Nachttemperatur im Wintergarten keinesfalls Schluss: Zahlreiche Tropenpflanzen haben Temperaturminima über 20 °C. Will man diese Pflanzen im Wintergarten ziehen, muss man auch im Sommer heizen. Das ist sicher nicht jedermanns Sache. Viel leichter verzichtet man daher auf ein paar Pflanzen.

Der »exotische Look«

Viele mag es verblüffen: Der exotische Eindruck eines Wintergartens hängt nur wenig von seiner Temperatur ab. Tropische und subtropische Pflanzungen zeichnen sich aus durch luxuriöses Wachstum mit üppiger Pflanzendichte und tiefem Schatten, dem Vorrang der Belaubung vor den Blüten, dem Formenreichtum von exotischen Früchten, Blüten und Blättern, intensiven, brillanten und leuchtenden Blütenfarben anstelle gewohnter Pastelltöne und vor allem der Spannung in der Bepflanzung.

»Exotische Pflanzen« sind keineswegs auf die Tropen beschränkt. Sogar Palmen und Bananen halten mit gutem Winterschutz an klimatisch günstigen Standorten selbst in Mitteleuropa aus. Ob die 5 m hohe Banane nun eine fast winterharte Japanische Faserbanane *(Musa basjoo)* oder eine 5 m hohe tropische und entsprechend empfindliche *Musa × paradisiaca* ist, spielt für den optischen Eindruck keine Rolle.

Südliche Stimmung ist nicht immer eine Frage der Üppigkeit – hier ein Hotelgarten am Golf von Aquabah, Ägypten.

Der »exotische Look« | 89

Ein Dorf unter Glas

Zur Situation der Pflanzen in einem Solarbau gibt ein exklusives Bauvorhaben Aufschluss: Eine mittelständige Baufirma im Voralpenland wollte ihren Verwaltungstrakt mit Besprechungs- und Bemusterungsräumen in einem Großraumgewächshaus einer aufgelassenen Gärtnerei errichten. Bepflanzt werden sollten die zwischen 2 und 6 m breiten Flächen zwischen den Gewächshausstehwänden und den Umrissmauern der Gebäude, dazu der komplette Eingangsbereich, weitere Beete lagen in den Passagen. Die ganze Anlage ist durch breite Wege erschlossen, man kann um das Gebäude herumgehen.
Um die Wärmebilanz vor allem nachts zu verbessern, wurde eine Innenschattierung als Energieschirm eingebaut. Diese ist nachts geschlossen, tagsüber nur bei Bedarf im Bereich des Sitzdecks. Die Klimatisierung erfolgt ausschließlich durch die Lüftung. Über einen Zeitraum von fünf Jahren zeigte sich, dass in einem normalen Winter Temperaturen unter −5 °C kaum vorkommen, die tiefste gemessene Temperatur war −10 °C im kältesten Eck, bei geschlossener Schneedecke und Außentemperaturen um −25 °C. Keine einzige Pflanze fiel temperaturbedingt aus.
Ganzjährig dekorativ und mit Blüteschwerpunkt im Winterhalbjahr, wurde im Eingangsbereich ein Mediterrangarten angelegt. Dominierende Bäume sind hier ein Schlafbaum *(Albizia julibrissin)*, vor dem während der sommerlichen Blüte jeder stehen bleibt, und eine Olive. Dazu gesellen sich als Winterblüher der Mittelmeerschneeball und ein Erdbeerbaum, im Frühjahr blühen nach dem Rosmarin die Zistrosen, im Sommer der Oleander. Mastixsträucher, Zwergpalmen und als Bodendecker vor allem Mäusedorn runden das Bild ab. Weiter führt der Weg durch ein Lavendelfeld, in dem als Gehölze ein Granatapfelstamm und eine Feige dominieren. Es folgt eine Steingartenszenerie mit Pflanzen der südwestlichen USA, darunter stammbildenden Yucca-Arten, dem Flanellstrauch *(Fremontodendron)* und verschiedenen kalifornischen Säckelblumen *(Ceanothus)*.
Durch einen aus Felsbrocken erstellten Hohlweg erreicht man Ostasien, das sich über die gesamte Gewächshausbreite um das Sitzdeck zieht. Zum Abpflanzen des durch eine Glaswand abgetrennten Baustofflagers wurden verschiedene Bambus *(Phyllostachys-*Arten) verwendet. Im Schatten des Bambus finden sich auf der Hohlwegseite immergrüne Ostasiaten wie Aukuben, Zimmeraralien *(Fatsia)* und Klebsame *(Pittosporum)*. Die Seite mit dem Sitzdeck, ebenfalls im Bambusschatten, wird von einem Kameliensortiment geprägt, aus dessen Mitte ein fast 6 m hoher Tuff der Japanischen Faserbanane ragt. Die Lücken durch *Nandina* (»Heiliger Bambus«) gefüllt, ist dieses überwältigende exotische Bild inzwischen durch die ganze Fachpresse gegangen als beispielhaft für eine Tropenstimmung in ungeheizten Glasbauten.

Etwas Botanik

Die Grenzen des Wachstums

Wenn man vom recht freundlichen München ans Mittelmeer fährt, nach durchschnittlich 59 Sonnenscheinstunden im Dezember, kann man im Januar mit 150 Stunden Sonne rechnen. Da ist schnell klar, was uns und den meisten Pflanzen fehlt. Und nicht nur im Winter. Um die Sonnenstunden eines mediterranen Julis zu sammeln, braucht es bei uns den ganzen Herbst. Dass sich lichtliebende Pflanzen hier im Grenzbereich befinden, ist leicht einzusehen.

Ohne Licht kein Stoffgewinn, ohne Licht produzieren die Pflanzen nichts und können letztlich keinen Zuwachs bilden, bleiben also schwachtriebig und blühfaul. Der Stoffwechsel und damit die Veratmung geht aber weiter; Letztere braucht kein Licht, sondern ist allein temperaturabhängig. Bei gleichzeitig hohen Temperaturen und wenig Licht schießen die Pflanzen als eine Art Aufbäumen »ins Kraut«, sie bilden lange, dünne, kaum lebensfähige Triebe. Eine Pflanze unter ihrem Lichtlimit halten zu wollen bedeutet, sie langsam verhungern zu lassen.

Will man sich nicht mit einer (stromfressenden) Zusatzbelichtung im Winter anfreunden, sollte man nach Pflanzen mit geringerem Lichthunger Ausschau halten: Tropische Regenwälder werden allgemein als höchst dunkel empfunden, die Lichtintensität am Boden beträgt nur 0,5–1% des Tageslichts. Selbst die dunkelsten mitteleuropäischen Länder erscheinen hier heller.

Der Grund für dieses Phänomen ist, dass die in unseren Wäldern oft nur knöchelhohe Krautschicht in den Tropen eine Höhe von zwei Metern und mehr hat, wir dort also unter Farnen und Ingwergewächsen herumlaufen wie bei uns die Waldmäuse unter den Buschwindröschen. Dagegen herrschen in den oberen Schichten der Tropenwälder höchste Lichtintensitäten, weshalb diese Arten in Mitteleuropa oft an Lichtmangel leiden. Außerdem spricht die rasante Wuchsgeschwindigkeit gegen ihre Verwendung.

Der Natur abgeschaut: Wintergärten mit hohen Temperaturen und eher schlechten Lichtverhältnissen begrünt man mit Pflanzen des tropischen Unterholzes.

Extra-Tipp

Es gibt wintergartentaugliche, übermannshohe Pflanzen, die so geringe Lichtansprüche haben, dass diese auch im Winter in keinem Glasbau unterschritten werden – sehr tröstlich für Wintergartenbesitzer, die ihren Glasbau nicht nach Süden orientieren können. Eine ganze Reihe der schwächerwüchsigen gehört zu den beliebtesten Zimmerpflanzen: Blattbegonien, Tradeskantien, Aronstabgewächse oder die unverwüstliche Grünlilie. Sie halten selbst in der dunkelsten Ecke aus und gehen – da sie Wassergewebe in den Blättern haben – auch nicht sofort ein, wenn man sie einmal zu gießen vergisst.

Kompensationspunkt und Temperatur

Man kann davon ausgehen, dass bei **Schattenpflanzen** und Schattenblättern bei etwa 10% des vollen Tageslichts im Sommer der Punkt des maximalen Stoffgewinns erreicht ist, bei

Sonnenblättern und bei lichthungrigen Pflanzen erst bei etwa 45%. Für **lichtliebende Pflanzen** bedeutet eine Schattierung also fast immer eine Einbuße in der Stoffproduktion.

Die Anspruchslosigkeit von Schattenpflanzen beruht nicht nur auf einer besseren Ausnutzung des Lichts, sondern vor allem auf einer geringeren Veratmung. Aber auch bei Schattenpflanzen ist nicht der relative Lichtgenuss für den Stoffgewinn und damit den Zuwachs maßgeblich, sondern nur die Tageslichtsumme über dem individuellen Minimum. An trüben Tagen ist also auch bei Schattenpflanzen die Tagesbilanz nicht ausgeglichen, der Stoffverlust durch Veratmung überwiegt den Stoffgewinn.

Stoffgewinn und Stoffveratmung sind in unterschiedlichem Maß temperaturabhängig; eine Temperaturerhöhung um 10 °C bedeutet eine Zunahme der Veratmung um das 2,5fache, während der Stoffgewinn nur um den Faktor 1,2 steigt. Für unsere Wintergartenpflanze bedeutet dies – vorausgesetzt, das Temperaturminimum ist nicht unterschritten –, dass bei sehr wenig Licht der effektive Stoffgewinn bei einer möglichst tiefen Temperatur am höchsten ist.

Für den Wintergartenbesitzer heißt das: Im Winter höher zu heizen als die von den Pflanzen benötigte Mindesttemperatur kompensiert das fehlende Licht nicht, ganz im Gegenteil, die höhere Veratmung verstärkt den Lichtmangel nur gewaltig. Unnötig hohe Wintertemperaturen sind für lichtliebende Pflanzen eher Gift.

Wer also besonderen Wert auf die überwiegend lichtliebenden Blütenpflanzen legt, hält die Wintergartentemperatur während lichtarmer Zeiten so, dass die Mindesttemperatur gerade nicht unterschritten wird.

Wegen ein paar Tropenpflanzen, die 20 °C brauchen, auf die Winterblüte von Akazien zu verzichten, die mit 0 °C auch auskommen, macht wenig Sinn. Und wenn man dann im Sommer wegen ein paar falsch platzierter Schattenpflanzen die lichthungrige Akazie auch noch schattieren muss, hat man schon den zweiten Kardinalfehler gemacht.

Vor allem im Winter sollte der Wintergarten Attraktionen bieten: Für eine überreiche und lang anhaltende Blüte müssen Akazien und *Bougainvillea* zu dieser Jahreszeit kühl stehen!

Reservestoffe: Aufbau, Abbau und Funktion

Ein Wintergarten ist auf Dauer nur befriedigend, wenn er auch – oder gar vor allem – im Winter ästhetischen Grundanforderungen genügt. Wachsen die Pflanzen willig und nahezu übergangslos in den wieder zunehmenden Tag, kann man sich gratulieren: Pflanzenauswahl und Temperaturmanagement stimmen. Ist der Wintergarten aber im Spätwinter nur noch eine Ansammlung von Reisig, das hier und da mal einen grünen Austrieb zeigt, ist etwas danebengegangen. Mitteleuropäische Winter stellen die Leidensfähigkeit vieler Pflanzen auf eine harte Probe. Wenn man Leidensfähigkeit mit »mehr veratmen als neu bilden« übersetzt, zeigt sich, dass Pflanzen hierin ganz unterschiedlich belastbar sind.

Alle Pflanzen haben einen Reservestofftank. Die Reservestoffe werden im Stoffwechsel »verbrannt«. In Zeiten, zu denen nicht genügend Licht für eine Stoffproduktion vorhanden ist, also vor allem nachts, läuft der Stoffwechsel weiter, der Tank leert sich allmählich. Neben diesem Kurzzeitspeicher haben Pflanzen aber auch einen Langzeitspeicher, der ihnen hilft, Phasen mit schlechten Wachstumsbedingungen zu überbrücken. Man braucht hier nur an Kartoffeln oder Dahlienknollen zu denken. Bei den meisten Pflanzen befindet sich der Tank jedoch in den Blättern bzw. im »Holz«.

Blühfaule Tropenpflanzen

Pflanzen der feuchten Tropen haben oft wenig Speicherkapazität, denn Sie müssen auf Grund der gleichmäßig guten Klimabedingungen immer nur ein paar »graue« Tage überbrücken oder verlorene Gerüstteile ergänzen können. Manchmal beinhaltet dieser Speicher aber die Energie für den »Vermehrungszyklus«, also die Entwicklung von Blüten und Früchten. Hier liegt der Hauptgrund, warum viele lichtliebende Pflanzen der Tropen bei uns nicht zum Blühen, geschweige denn Fruchten kommen. Wenn man bedenkt, wie wenige Stunden ihnen zur Verfügung stehen, um bei einer Minimumtemperatur von 20 °C und gerade ausreichend Licht überhaupt erst etwas für ihre Reservestoffe tun zu können, kann man sich leicht ausrechnen, dass unsere Sommer zu kurz und unstabil für eine normale Entwicklung sind. Die Stoffreserven werden im Herbst und Winter für den Stoffwechsel, im Frühjahr für den Neutrieb wieder verbraucht, worauf der Zyklus von neuem beginnt.

Der haushälterischste Umgang mit pflanzlichen Reservestoffen wird unter Berücksichtigung der normalen Tageslänge durch hohe Temperaturen im Sommer und niedrige im Winter erreicht, jeweils bei maximalem Lichtgenuss. Eine nächtliche Temperaturabsenkung verringert in jedem Fall die Veratmung und kann die Blühfreudigkeit erhöhen.

Das Nichtberücksichtigen der individuellen Licht- und Temperaturansprüche bzw. das gedankenlose Aneinanderreihen dekorativer Pflanzen führt zwangsläufig dazu, dass ein Teil der Pflanzen recht bald ausfällt; der gedankenlose Umgang mit Schattierung und Heizung erledigt dann oft den Rest. Es ist deshalb vorteilhaft, Pflanzen aus Gegenden mit ähnlichen Klimabedingungen zu kombinieren. Entweder geht es dann allen gut, oder es geht allen schlecht. Im zweiten Fall kann man die klimatischen Bedingungen ändern.

Sonnenschutzverglasung und lichtliebende Pflanzen schließen sich aus.

Extra-Tipp

Wer einen möglichst hohen Nutzen von seinem Wintergarten haben will, zäumt das Pferd von vorne auf: Er klärt zuerst die Ansprüche der Bewohner an das Wintergartenklima und sucht sich dann die dazu passenden Pflanzen.

Die Elemente der Wintergarten-bepflanzung

Wenn ein Wintergarten eine Art Wohnzimmer im Grünen sein soll, wird man beim Einrichten genauso vorgehen wie beim Einrichten eines Zimmers. Man zeichnet sich einen genauen Grundriss im Maßstab 1:50 oder gar 1:25, nimmt Türen und Fenster und deren Öffnungsrichtungen auf, trägt Steckdosen, Wasseranschlüsse, Heizkörper und eventuelle Lüftungsklappen in den Stehwänden ein. Eine Sitzgarnitur mit Couchtisch oder ein Esszimmertisch mit Stühlen wird als Rechteck aus einem andersfarbigen Papier ausgeschnitten.

Dasselbe geschieht für andere Einrichtungsgegenstände: Schaukelstuhl, Zimmerspringbrunnen und Sandkasten, Katzenklo und Abstellflächen für Schlauch, Sonnenschirm, eventuell einen Kübel für den ständig anfallenden »Pflanzenabfall«. Das wichtigste »Möbelstück« und gleichzeitig das größte ist die Sitzgarnitur. Im kleinen Wintergarten nimmt sie den zentralen Raum ein, ansonsten wird man sie meist in die Nähe der Tür zum Haus legen.

Das grüne Mobiliar: Pflanzflächen festlegen

Mit dem in den Grundriss eingepassten erweiterten Sitzplatz sowie Papierschnipseln für die weitere Einrichtung zur Hand, sucht man jetzt nach Plätzen für die Großpflanzen. Durch die Lage der Türen vom Haus zum Wintergarten und vom Wintergarten ins Freie sowie die Lage des Sitzplatzes und des Wasseranschlusses ergeben sich Wege,

die nicht zugestellt werden sollten. Speziell im kleinen Wintergarten gilt, dass der gerade Weg immer der kürzeste ist. Im Großen wird man die Wege rechtwinklig bzw. schräg miteinander verknüpfen. Automatisch ergibt sich durch Einzeichnung der Wege die potenzielle Pflanzfläche. Wenn man jetzt die Weg- und Sitzflächen schraffiert und die anderen Einrichtungsgegenstände provisorisch verteilt, bleiben nur noch wenige Standorte für größere Pflanzen übrig.

Beckenbepflanzung oder Einzeltöpfe?

Den meisten Wintergartenbesitzern kommt es gar nicht in den Sinn, ihren Wintergarten so zu betreiben wie ihren Garten im Freien auch. Meist werden die Pflanzen in Kübeln aufgestellt, wobei diese oft mehr über den Besitzer aussagen und kostspieliger sind als das lebende Grün.

Extra-Tipp

Hat man zusammenhängende potenzielle Pflanzenstandorte von mehreren Quadratmetern, sollte man sich sehr überlegen, ob man anstelle von Einzelpflanzen nicht lieber Becken oder Bankbeete einbaut. Besonders wenn man seine Vorstellung eines Dschungels verwirklichen will, spart dies viel Gießarbeit.

Zu Orangeriezeiten, als die Pflanzen transportabel sein mussten und Zeit noch nicht Geld war wie heute, war das sinnvoll.

In der Innenraumbegrünung, dem großen Bruder der Wintergartenbegrünung, ist das inzwischen anders. Vor allem aus arbeitswirtschaftlichen Gründen werden die Pflanzen in der Regel in Beeten ausgepflanzt.

Auch ohne Automatisierung kann dann jede Hilfskraft gießen, sogar Kin-

Im kleinen Wintergarten beanspruchen Sitzplatz und Wege den meisten Raum – umso wichtiger ist die gekonnte Auswahl der Einzelstücke.

Unter dem Guavenbaum

Der großzügige Glasanbau sollte für Familie Winter zum zweiten Wohnzimmer werden. Eine leichte Nachtabsenkung der Temperatur auf 16 °C hilft, zusätzlich zu einem sehr gut dämmenden Wärmeschutzglas, Energie zu sparen. Sind am Abend Gäste geladen, kann ohne weiteres die Temperatur bei molligen 22 °C gehalten werden.
Eine wichtige Prämisse Winters' lautete »Pflegeleichtigkeit«.
Die Ansprüche an den Leitbaum waren rasch skizziert: Schatten spendend, nicht schädlingsanfällig, nicht zu hoch werdend. Dies erfüllt die Erdbeerguave *(Psidium littorale).* Auf die weißen, duftenden Blüten folgen im Spätherbst reifende essbare Früchte. Jederzeit gut schneidbar, erfreut diese Guavenart durch den vergleichsweise geringen Laubfall. Anders als die Echte Guave *(Psidium guajava)* wird die Erdbeerguave auch nicht von der Weißen Fliege heimgesucht.
Der Erkenntnis folgend, dass die Wirklichkeit in Wintergärten weit weniger blütenreich ist als die Bilder vieler Hochglanzmagazine glauben machen, bestimmen hier unterschiedliche Blattstrukturen das Bild. Beispielsweise kontrastieren großlaubige Alpinien zum filigranen Echten Papyrus. Über das ganze Jahr verteilt bieten dennoch einzelne Arten Blühhöhepunkte, beispielsweise violette Brunfelsien, die feuerrot blühende *Calliandra tweedii* oder orange/blaue Strelitzien.

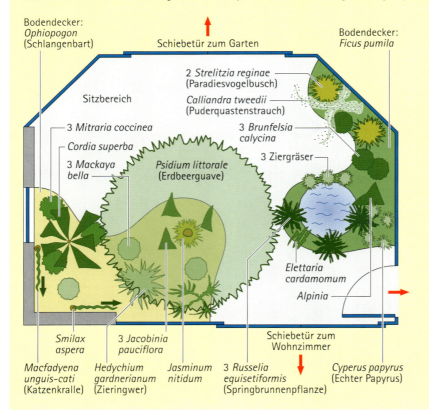

der. Mit Zeitvorgabe (»Mach die Brause voll auf und dann gieß mal 10 Minuten; erst von links nach rechts, dann von vorne nach hinten, dann dasselbe noch mal, bis 10 Minuten um sind«) kann eine exakte Wassermenge sehr gleichmäßig verteilt werden.

Wenn dann die Pflanzen angewachsen sind, übergibt man an die automatische (Tröpfchen-)Bewässerung. Der Gießaufwand reduziert sich auf die Kontrolle und einmaliges Auswaschen von Ballaststoffen pro Jahr. Da die Pflanzen im Vergleich zu Töpfen ein viel größeres Substratvolumen erschließen können, ist das Wachstum über Jahre hinweg kräftig, Wasser- oder Nährstoffmangel wie im Kübel treten kaum auf, jede Pflanze schöpft aus dem Vollen. Oft ist der Wintergarten bereits nach 2–3 Vegetationsperioden fertig, die gewünschte Höhe erreicht, es muss verstärkt geschnitten werden. Die gleichen Effekte haben wir beim Umtopfen auch, nur ist das zusätzliche Erdvolumen, gleichzeitig auch die Speicherfähigkeit für Wasser und Nährstoffe sehr begrenzt. Der »Tank« ist klein, man muss ständig nachfüllen! Leider lässt sich das Nachfüllen nicht zufriedenstellend automatisieren, die Pflanzen leiden häufig an Hunger oder Durst und wachsen entsprechend schwächer.

Als deutlicher Vorteil der Pflanzen im Kübel bleibt, dass ein Austauschen und eine individuelle Behandlung möglich ist und sich das Wachstum in Grenzen hält. Gerade in einstöckigen Wintergärten ist das oft entscheidend. Fehler bei der Pflanzenzusammenstellung lassen sich unschwer beheben, durch Umgruppieren oder sei es durch Entsorgen »nicht mehr so schöner« Pflanzen.

Bankbeete

Eine Beckenpflanzung muss nicht notgedrungen ebenerdig sein. Oft ist die Bodenplatte fertig, bevor die Beckenidee aufgegriffen wird. Dann setzt man das Becken eben auf die Bodenplatte, als so genanntes Bankbeet. Häufig zum Kaschieren von Heizkörpern verwendet, haben Bankbeete auch gärtnerische Tradition. Der Boden ist wärmer, vor allem im Vergleich zu Becken längs einer Außenwand, man braucht sich bei der Pflege auch nicht so zu bücken. In botanischen Gärten senkt man oft Pflanzen im Tontopf in solche Beete ein, das Wachstum bleibt gebremst, die Wasserver-

Pflanzen in Bankbeeten gedeihen üppiger, stoßen damit aber auch rascher ans Glas.

sorgung wird besser, kleine Pflanzen sind näher beim Betrachter.

Eine Bankbeethöhe von etwa 40 cm reicht meist aus, die Beetkante lässt sich dann als Sitzbank ausführen. Für kleine Wintergärten ist das ideal, weil man auf einen Teil der sperrigen Stühle verzichten kann.

Platzierung von Pflanzflächen

Bevor man nun Becken oder Bankbeete in den Wintergartengrundriss skizziert, gilt es, einige Dinge zu erwägen. Sind die Wege breit genug, sodass man sie eventuell mit einem Beet anknabbern kann? Welche Verschnittflächen, speziell in Ecken und Schmalseiten, sind vorhanden, und wie lassen sie sich nutzen? Wo muss die Bepflanzung besonders üppig sein? Und, was gerne übersehen wird: Wie viel Platz ist nach oben? Wenn man Becken baut, lassen sich Fehler bei den Wegeflächen nicht mehr ändern. Im Zweifelsfall macht man lieber das Becken kleiner. Höher wachsende Pflanzen haben wenig Respekt, was Beckenränder angeht. Sie ragen in den Weg, man streift mit Hüften oder Schultern an den Pflanzen, wenn man nicht ausweichen kann. Nicht nur, dass die ständige Beschädigung den Pflanzen nicht gut tut und öfter einmal etwas abbricht, hier sind auch Unfälle mit dem Serviertablett vorprogrammiert.

Die meisten Wintergärten sind mit ihrer Breitseite nach Süden orientiert. Deshalb weisen auch die meisten Becken mit ihrer Breitseite nach Süden. Da alle Pflanzen zum Licht wachsen, ist die Südseite auch die »Schokoladenseite« einer Pflanzung. Das heißt, dass ans Haus angelehnte Beete mit ihrer Schokoladenseite in den Wintergarten schauen, an die verglaste Seite angelehnte dagegen in den Garten! Wer einen großen Garten hat, der auch im Winter Freude macht, wird sich den Blick nicht durch ein Beet verstellen wollen, sondern die Pflanzenbecken ans Haus anlehnen, mit allen Vorteilen. Hier hat man die größte Höhe, der Boden ist wärmer, die Pflanzen orientieren sich zum Betrachter. In diesen Wintergärten sitzt man im Garten.

Leider ist diese Anordnung eher die Ausnahme, zumeist lehnt sich die Sitzgruppe ans Haus an und ist durch ein Beet vom Garten abgetrennt. In diesen Wintergärten sitzt man im »grünen Zimmer«.

Wohl vor allem aus psychologischen Gründen ist dies sehr beliebt: Nicht von der Hand zu weisen ist der Einwand, dass man ohne Abpflanzung an der Glasseite vor allem nachts wunderbar in den erleuchteten Wintergarten hineinschauen kann – man fühlt sich wie auf dem Präsentierteller. Bei dieser Vorstellung sträuben sich manchem die Nackenhaare.

Wer einen Garten hat, wird sich überlegen, ob er die glasseitige Abpflanzung nicht ins Freie legen kann und den Sitzplatz mit dem Schattenbaum, der dann auch im Freien steht und beliebig hoch werden kann, zur Verglasung verschiebt. Sehr oft geht das ausgezeichnet, der Wintergarten wirkt dann doppelt so groß. Den besten Zimmereffekt erzielt man mit winterharten Immergrünen, die zur Wintergartenbepflanzung passen. Eine Bambushecke mit einem wintergartenseitigen Beet voll japanischer Azaleen beispielsweise verträgt sich mit fast allen üppigen Begrünungen unter Glas.

Probleme mit Lüftung und Heizung

Die Wintergartenbelüftung verträgt sich oft schlecht mit glasseitig orientierten Becken. Wenn die Zuluftöffnungen über dem Sockel hinter der Bepflanzung verschwinden, streift bei offener Firstlüftung die kalte Außenluft zuerst einmal durch die Bepflanzung. Vor allem im Frühjahr zur Zeit des Austriebs kann das in warmen Wintergärten zu erheblichen Schäden führen. Deshalb bedient man solche Zuluftöffnungen in der Übergangszeit besser von Hand und nicht per automatischer Steuerung!

Eine Pflanzung längs der Glashaut des Wintergartens bietet Sichtschutz.

Nicht zuletzt soll erwähnt werden, dass bei gleicher Lufttemperatur die Bodentemperatur in einem Beet an der Außenwand um mehrere Grad tiefer liegt als in einem solchen an der Hauswand. Ist das Fundament nicht gut isoliert, kann es sogar hereinfrieren, mit katastrophalen Folgen!

Da es letztlich die Bodentemperatur ist, die für die Einstufung in Kalt- und Warmhauspflanzen verantwortlich zeichnet, muss also ein Wintergarten mit einem glasseitig orientierten Beet wesentlich höher geheizt werden, als wenn das Beet an der Hauswand liegt.

Schattierung am Sitzplatz

Sosehr von einer allgemeinen Schattierung für den Wintergarten abgeraten wird, der Sitzplatz muss während der heißesten Tageszeit im Schatten liegen. Wenn nicht gerade neben dem Wintergarten der Hausbaum steht und das Problem erst gar nicht auftaucht (siehe Beispiel Seite 45), braucht man entweder eine Schattierungseinrichtung, eine Schattierung durch unter dem Glas gezogene Pflanzen, einen Schattenbaum im Wintergarten oder einfach nur einen großen Sonnenschirm.

Da die Sitzgarnitur immer im Norden oder Nordosten der Schattierung liegt, deckt der schattierte Bereich eine größere Fläche als lediglich den Sitzplatz ab. Bevor man im Geiste einen Schattenbaum pflanzt, schaut man sich die Stelle, wo er stehen müsste, genau an. Wenn die lichte Höhe weniger als ca. 3–3,5 m beträgt, ist ein Baum,

Vorbildliche Platzierung des Sitzplatzes: Schatten während der heißen Tageszeit.

der bereits nach ein oder zwei Vegetationsperioden ans Glas stößt, keine Lösung. Also zunächst die verfügbare Höhe feststellen und dann die Baumart auswählen. Angaben dazu finden Sie auf den Seiten 124 ff. und 147 ff.

(Schatten-)Bäume im Wintergarten

Wenn es tatsächlich nicht möglich ist, den Schattenbaum für den Wintergartensitzplatz nach draußen zu verlagern, man aber auch nicht auf einen Sonnenschirm – oft tatsächlich die einfachste Lösung – zurückgreifen will, muss man sich näher mit dem Thema Baum beschäftigen.

Zur Beschreibung eines Baumes benützen Gärtner zwei Zahlen bzw. eine Zahl und ein Zeichen. Die Zahl gibt den Stammumfang wieder, das Zeichen, ob es sich um einen Halb- oder Hochstamm handelt.

- Ein **Halbstamm** hat eine Stammhöhe von 90 (bis 120) cm,
- ein **Hochstamm** eine solche von 180 (bis 210) cm.

Stämme werden in den gärtnerischen Baumschulen grundsätzlich so geschnitten, dass sie in dieses Raster hineinpassen.

Schattierung durch Spreizklimmer

An derart niedrigen Stellen findet lediglich ein Viertel- oder Fußstämmchen Platz.

Wenn ein Schattenbaum weder innen noch außerhalb Platz hat und technische Lösungen nicht akzeptabel erscheinen, macht man es wie früher. In vielen etwas angestaubten Gartenbüchern liest man: »... zieht man die Pflanzen am besten unter Glas ...«
Pflanzen unter Glas zu ziehen stellt man sich am besten wie ein Spalier vor, das parallel zur Stehwand verläuft, im Abstand von 20–30 cm, in Traufhöhe dann abknickt und parallel zur Dachverglasung weitergeführt wird – im Endeffekt nichts anderes als eine Innenschattierung mit Pflanzen.

Hier kommen hängende Blütenstände – man denke nur an Blau- oder Goldregen – ideal zur Geltung. Dasselbe gilt für Pflanzen, die längs oder an der Spitze überhängender Triebe blühen; so der Zylinderputzer *(Callistemon)*, die südafrikanische *Tecomaria* oder auch die goldgelbe *Allamanda*. Die Blütenstände hängen dann über dem Kopf frei in den Luftraum – besser kann man sie nicht platzieren.
Gerade licht- und wärmebedürftige Pflanzen gedeihen dicht unter dem Glas ganz ausgezeichnet. Ein Nachteil dieser Methode: Man braucht ständig

Als Schattenbaum im Wintergarten kommt eigentlich nur ein Hochstamm in Frage, man möchte ja unten durchgehen können. Bei Beckenbepflanzungen ist das auch gar kein Problem. Steht die Pflanze aber im Kübel, entschwindet der Kronenansatz in eine Höhe von deutlich über zwei Meter. In nur stockwerkhohen Wintergärten kann man daher Hochstämme nicht verwenden, Halbstämme wiederum sind zu niedrig.

Glücklicherweise sind auch Bäume keine Fabrikware, man kann bei der Suche nach einem Dreiviertelstamm oder einem hohen Halbstamm mit steil angesetzter Krone durchaus fündig werden. Bestellen lässt sich so ein Exemplar nicht, man kann aber nach einem Stammbusch fragen, die unteren Äste entfernen und den oberen Kronenbereich durch Schnitt formen.

Unter dem Glas gezogene Weinreben sind eine fast optimale Schattierung, bescheren aber viel Arbeit.

Leiter und Schere, sonst ist rasch die Entlüftung zugewuchert. In der Nähe der Lüftung haben die Triebe nichts zu suchen, schnell entfernen sie sich ins Freie, worauf die Lüftung beim Schließen klemmt. Ein weiterer, nicht zu unterschätzender Nachteil: Die Scheiben können kaum bzw. gar nicht mehr geputzt werden.

Richtige Kletterpflanzen sind zum Ziehen unter Glas oft wenig geeignet, weil sie, ineinander verwoben, schlecht zu schneiden sind. Pflanzen, die schlingen oder winden bzw. Kletterorgane haben, halten sich auch überall fest, vor allem an einer eventuellen Innenschattierung, die dann rasch außer Funktion ist. Dünntriebige Sträucher oder Spreizklimmer lassen sich demgegenüber leicht auslichten und sind, da ohne Kletterorgane, viel mehr der Schwerkraft unterworfen.

Diese Art der Schattierung durch Pflanzen darf man nicht zu dicht werden lassen. Besonders bei geschlossener Lüftung kommt es sonst schnell zum Wärmestau, bei Temperaturen über 45 °C können die Blätter verbrennen.

Wem das Ziehen von Pflanzen unter Glas zu aufwändig ist oder wer Bedenken wegen einer Innenschattierung hat, dem bleibt immer noch die Möglichkeit, sich über dem Sitzplatz eine Pergola zu bauen. Dann kann man zur Schattierung auch zahlreiche Kletterpflanzen verwenden, deren Einsatz direkt unter dem Glas nicht zu empfehlen wäre.

Sichtschutz

Wenn man im Wintergarten Sichtschutz braucht, kann man mit Pflanzen des oben genannten Typs leicht mannshohe Spaliere erstellen. Ein gerade 30 cm breiter Kasten reicht zur Aufnahme völlig aus, wenn man das Spalier senkrecht fixieren kann.

Aber auch ohne Spalier lässt sich durch eine geschickte Pflanzenauswahl eine sehr schmale Abschirmung schaffen, die nicht gleich wie eine geschnittene Hecke aussieht. Die Pflanzen müssen nur recht rasch und straff aufrecht wachsen, dazu schnittverträglich sein. Dass sie sehr dicht sind, ist nicht erforderlich. Der Gardineneffekt bewirkt, dass jedes Grün aus der Entfernung viel dichter aussieht als aus der Nähe. Aufrecht wachsen vor allem Gräser wie Bambus, das Pfahlrohr *(Arundo)*, Zuckerrohr *(Saccharum)* oder Papyrus.

Auch viele Gehölze eignen sich ausgezeichnet, es müssen keine Mittelmeerzypressen sein.

Unverwüstlich selbst direkt am Glas ist beispielsweise *Dodonaea*, die Sandolive, desgleichen die bis unten mit Ästen

Wegen der kleinen Grundstücke oft unerlässlich: Sichtschutz. Wesentlich stilvoller als Jalousien übernehmen ganz natürlich Pflanzen diese Funktion.

garnierten Olivensorten 'Cipressino' oder 'Pyramidalis'. Und wem auch das noch zu breit ist oder wer nicht warten kann, sät die raschwüchsige, aber nicht hoch werdende Zaunwicke *(Lathyrus odoratus)* oder die Schwarzäugige Susanne *(Thunbergia alata)*.

Auf einen Blick

→ Das Wechselspiel zwischen Lüftung, Heizung und Schattierung ist entscheidend für die Nutzungsmöglichkeiten eines Wintergartens. Hier gibt es viele Reibungspunkte, weil jeder Wintergarten in einer kleinklimatisch anderen Umgebung steht. Optimale Lösungen sind deshalb ganz individuell zu finden.

→ Auf keinen Fall darf man die Wirkung der Pflanzen unterschätzen: Ein Baum macht eine Schattierung überflüssig, Pflanzen können andererseits auch die Belüftung erheblich einschränken.

Der Stil der Bepflanzung

Es sei noch einmal darauf hingewiesen, dass der Stil einer Wintergartenbegrünung nur am Rande von der Temperatur abhängt. Man muss sich immer bewusst sein: Mit unseren üblichen Wintergartentemperaturen von durchschnittlich 5–15 °C im kältesten und 20 °C bis über 25 °C im wärmsten Monat bewegen wir uns nicht in den Tropen! Südafrika, Südaustralien, Florida, Kalifornien sind unsere Messlatte, nicht Bali oder Barbados. Dies bedeutet den Verzicht auf einige Stilelemente, die für diese Regionen typisch sind. Ein Sortiment von Tempelbäumen (Frangipani) unter Kokospalmen beispielsweise ist im gewöhnlichen Wintergarten nicht möglich.

Wer sich nicht nur vom persönlichen Geschmack leiten lassen, sondern sichergehen will, dass die Pflanzen auch in ihren Ansprüchen zueinander passen, lehnt sich an die Erfahrungen der botanischen Gärten an.

Hat man früher Pflanzen nach Familien zusammengefasst, also nach Verwandtschaft, ordnet man sie jetzt auch in den botanischen Gärten nach Herkunft. Man baut komplette Vegetationsbilder nach, also von Buche über Haselbusch bis zum Buschwindröschen als Beispiel für den Laubwald Mitteleuropas. Damit werden nicht nur Eindrücke wie am fernen Naturstandort möglich, sondern auch der Pflegeaufwand ist deutlich geringer.

Am Vegetationstyp orientierte Wintergärten

Natürlich darf man bei einer Wintergartenbepflanzung die Vorgaben der botanischen Gärten nicht als Muss ansehen. Genauso wenig, wie jemand auf die Idee kommt, seinen Garten ausschließlich mit nordamerikanischen Pflanzen zu bestücken, so wenig ist man bei der Anlage eines südostasiatischen Regenwaldgartens auf südostasiatische Pflanzen festgelegt. Gerade in den Tropen und Subtropen hat sich in den Gärten längst eine weltweit ziemlich einheitliche Mischung etabliert, deren Elemente beliebig austauschbar sind.

Man sollte jedoch nicht wechseln, also zwischen »wet« und »dry tropical look«, den niederschlagsbedingten Vegetationstypen, springen. Ganz egal, ob das ein asiatischer Zieringwer oder eine amerikanische Helikonie ist – diese Regenwaldpflanzen sind neben Kakteen und Yuccas deplatziert. Wer einen Kaktus in den Regenwald setzt oder ein Fensterblatt neben eine Agave, wird kaum erwarten können, dass beide gleich gut gedeihen.

Extra-Tipp

Für tropische und subtropische Gärten unter Glas ist der Londoner Kew Garden das Mekka. Beim Gang durch die verschiedenen Gewächshäuser kann man sich bestens informieren und inspirieren lassen.

Der gezähmte Dschungel (»wet tropical look«)

Als Muster für einen exotischen Wintergarten bietet sich immer der (tropische) Regenwald an, wie er von einer Lichtung oder einem Flusslauf anzusehen ist – mit hohen, von Kletterpflanzen überwucherten Bäumen, einer ausgeprägten Strauchschicht und zahlreichen, oft mannshohen Kräutern bzw. Knollengewächsen. Dieser Vege-

Vorbild für einen üppigen exotischen Wintergarten: ein tropischer Waldrand. Man beachte die Lichtverhältnisse.

tationstyp ist am leichtesten nachzuahmen, er macht aber auch viel Arbeit. Der harmonisch gezähmte Dschungel orientiert sich an der natürlichen Staffelung eines Urwalds: hohe Bäume, niedrige Bäume, Sträucher, Unterwuchs, Bodendecker und dazu einige Lianen. Dass wir im Wintergarten wegen der beschränkten Glashaushöhe immer die hohen und oft auch die niedrigen Bäume weglassen müssen, ist weiter kein Schaden.

Für ein geschlossenes Bild braucht man recht viele Pflanzen, die sich auch noch üppig entwickeln sollen. Will man die Pflanzen in Töpfen halten, folgt daraus ein nicht zu unterschätzender Gießaufwand. Ist man mit dem Gießen nachlässig, entwickelt sich aus dem Regenwald rasch ein Trockenwald. Das heißt nicht zwangsläufig, dass viele Pflanzen eingehen, doch werden die Pflanzen, die viel Wasser brauchen – also die meisten –, nicht zufriedenstellend wachsen und optisch unterdrückt. Eine »tropisch« üppige Stimmung bekommt man daher dauerhaft nur mit Becken oder mit Bankbeeten.

Bei niedrigen Wintergärten ist grundsätzlich fraglich, ob ein Ausschnitt aus einem »tropischen« Waldrand ein angepasster Stil ist. Der Verzicht auf große und kleine Bäume, von Kletterpflanzen überwuchert, schmerzt nicht so sehr, weil sich diese Etagen über Augenhöhe befinden. In niedrigen Wintergärten muss aber auch auf alle größeren Sträucher verzichtet werden, was schon erhebliche Lücken reißt. Nicht alle Pflanzen lassen sich jährlich bis auf das Gerüst zurückschneiden. Wenn man den Aufwand rechnet, bis man im Sommer wieder einen Dschungel hat, und den Aufwand, den Dschungel im Winter wieder wegzuschneiden, ist der Waldrandausschnitt also in diesem Fall nicht optimal. Für eine »echt tropische« Stimmung empfiehlt sich daher ein hoher, möglichst über zwei Stockwerke reichender Wintergarten.

Natürliche Strauchvegetation als Vorbild

In der Heimat unserer Wintergartenpflanzen gibt es dort, wo der Wald und meist auch das Wasser fehlt, eine Strauchvegetation. Den meisten vertraut ist die so genannte Macchia, die typische Strauchvegetation rund ums Mittelmeer. In allen anderen Erdteilen gibt es vergleichbare Vegetationstypen, nur heißen sie dort anders (Chaparral, Fynbos, Mallee) und enthalten andere Pflanzenarten.

Da die höheren Gewächse dieser Gemeinschaften in voller Sonne wachsen, der Baumschicht eines Regenwalds entsprechend, brauchen sie für ein arttypisches Wachstum mehr Licht als ähnlich stark wachsende Sträucher des Unterholzes. Zwar wachsen sie auch mit wenig Licht rasch, sind dann aber spindelig und blühen schlecht.

Es ist ein voreiliger Schluss, dass niedere Pflanzen zwangsläufig langsam wüchsen. Viele Pflanzen der Strauchgesellschaften – die im Übrigen von knöchel- bis fast haushoch werden können – erreichen in wenigen Jahren ihre Endhöhe. Dann werden sie nur noch breiter, im Gegensatz zu Bäumen, die noch nach einem Jahrhundert einen Höhenzuwachs zeigen können.

Vorausgesetzt, sie haben genug Licht, finden wir in Strauchgesellschaften deutlich mehr für Wintergärten geeignete Pflanzen als im Wald. Ihr Wachstum ist im Wintergarten oft stärker als in der Natur. Regelmäßig gegossene Pflanzen stellen es nicht so ein, wie sie das in der Natur wegen Wassermangel tun müssen. Nicht nur im Regenwald, auch in der Strauchvegetation ist des-

Der Wintergarten eines Pflanzenliebhabers und -sammlers. Diese tropisch wirkende üppige Pflanzenvielfalt kostet jedoch ihren Preis: viele Stunden Pflege.

Die Halbwüste (»dry tropical look«)

Strauchgesellschaften der wärmeren Gebiete liefern Wintergartenpflanzen, die nicht sofort das Dach sprengen.

halb die Schere der ständige Begleiter des Gärtners.

Was im Regenwald die Krautschicht aus Farnen, Ingwergewächsen und ähnlichen immergrünen Stauden ist, sind in den Strauchgesellschaften die Zwiebelblumen. Welche Pflanzenschätze es da – außer Tulpen und Narzissen – gibt, füllt ganze Bücher. Wenn es den Sträuchern außerhalb der Blütezeit auch manchmal daran mangelt – mit Zwiebel- und Knollenblumen bekommt man in jeden Wintergarten den gewünschten Schuss Exotik.

Die Halbwüste (»dry tropical look«)

Wem auch das Gießen und Schneiden eines »gezähmten Buschlands« zu aufwändig ist, hat noch eine Möglichkeit. Er tauscht »wet tropical look« gegen »dry tropical look«. Dies ist oft der Ret-

tungsanker für klimatisch verkorkste Wintergärten. Zu träge Heizung oder unzureichendes Lüften werden für Pflanzen, die Unterkühlen und Überhitzen nicht gewohnt sind, rasch zum Massengrab. Für unzureichende Bewässerung oder unzureichende Schattierung von Schattenpflanzen gilt genau dasselbe.

Der »dry tropical look« ist keineswegs weniger exotisch als ein Ausschnitt aus einem Regenwald.

Wer die Sukkulentengärten der Riviera einmal gesehen hat, wird dem sofort zustimmen. Allen diesen Pflanzen gemeinsam sind fleischige Organe, in denen sie Wasser speichern. Das können Zwiebeln oder Wurzeln sein, aber auch der Stamm und die Blätter (siehe Sei-

Sehr dekorativ, aber anspruchsvoll zeigt sich dieser Wintergarten. Die Palmen und palmenähnlichen Pflanzen machen zwar wenig Arbeit, doch die Höhe stellt schon bald ein Problem dar, das nur mit der Säge gelöst werden kann.

Extra-Tipp

Oft spricht nur das langsame Wachstum gegen eine Halbwüstenpflanzung. Mittelfristig ist das ein Vorteil, es spart zudem viel Arbeit. Nachteilig ist vor allem, dass die Pflanzen recht beschädigungsträchtig sind. Wehren sie sich nicht durch manchmal extrem verletzungsträchtige Dornen, haben sie in einem von kleinen Kindern und Haustieren bevölkerten Wintergarten einen schweren Stand.

te 169ff.). Eine weitere Gruppe wirft sehr rasch das Laub, sobald die Wachstumsbedingungen ungünstig sind. Sind sie wieder besser, werden – unabhängig von der Jahreszeit – frische Blätter nachgetrieben.

Ob Wasserspeicher oder Laubabwurf – beides dient dazu, die sommerliche Trockenheit am Naturstandort zu überstehen. Die Vermeidung bzw. Toleranz von Wasserstress läuft parallel zu Hitze- und Kältestress, dem die Pflanzen ausgesetzt sind. Luft- und Bodentemperaturen von tagsüber bis 50 °C und in der Nacht um den Gefrierpunkt zeichnen die Wachstumsbedingungen aus.

Halbwüsten lassen sich mit Agaven, Yucca und Kakteen mehr mexikanisch, (siehe Seite 173) mit Aloe und Kandelaber-Euphorbien südafrikanisch orientiert und eher noch exotischer bepflanzen (siehe Seite 169f.).

Die traditionelle Orangerie

Die **klassische Orangerie** als Vorbild traditioneller Wintergärten ist ein »Rein-Raus-Garten«: Im Winter wird gerade eben frostfrei gehalten, im Sommer stehen die Pflanzen draußen. Dies sind zumeist Immergrüne aus dem Mittelmeerbereich, oft in Form geschnitten zu Pyramiden oder Kugelbäumchen. Dazu Sauerorangen (Chinotto) oder andere Zitrusfrüchte, meist eine Kanarische Dattelpalme und das Sortiment der typisch mediterranen Blütensträucher, vom Oleander bis zum Mittelmeerschneeball. In diese festgefügte Phalanx konnten nur wenige Exoten einbrechen, beispielsweise die »Yuccapalme«.

Das Kunststück beim Herausräumen dieser Pflanzen ist immer der Zeitpunkt: Man muss den Austrieb so lange zurückhalten, dass er Opfer weder eines Spätfrostes noch von Sonnenbrand wird. Den Austrieb bremsen kann man nur über möglichst tiefe Temperaturen, was einer ziemlich intensiven Nutzung des Wintergartens genau entgegenläuft. Orangerien sollten bei hoher Sonneneinstrahlung gelüftet werden, selbst bei ein paar Grad Frost.

Wer mehr Wert auf die Wintergartennutzung legt, als nur ein bisschen darin herumspazieren zu können, muss den Austrieb nicht bremsen. Wenn man aber Pflanzen ins Freie stellen will, dann sollte dies erst nach dem letztmöglichen Spätfrost und nur mit einer Akklimatisierung im Halbschatten geschehen. Leider leidet aber auch dann der unter Glas erfolgende Neutrieb, jedoch nicht so stark.

Hier braucht man nicht vor Neid erblassen: Solche Wintergartenbilder sind Arrangements. Als Vorbild für einen Orangerie-Wintergarten mag diese Aufnahme dennoch dienen.

Was den Orangerie-Wintergarten heute noch wertvoll macht, sind die Winterblüher, die umso länger blühen, je kühler es ist. Das sind nicht nur Mittelmeerschneeball und Erdbeerbaum, sondern auch die Kamelien, die Citrus-Arten und viele Pflanzen vom anderen Ende der Welt, beispielsweise Akazien.

Für die »**warmen Orangerien**«, die erst im Mai ausgeräumt werden, steht ein größeres Pflanzensortiment zur Verfügung: alle Pflanzen, die niedrige Temperaturen, aber keinen Frost aushalten. Beispielweise Bananen, verschiedene Gummibäume, die australasiatischen Myrtengewächse und natürlich einige Palmen. Da diese Pflanzen auch drinnen gut wachsen, muss man sie nicht ausräumen. Aber man kann.

Der ideale Orangerie-Wintergarten sieht wohl so aus, dass alle Winterblüher im Sommer im Freien stehen. Die oft nicht sehr robusten, witterungsempfindlichen Sommerblüher wie *Bougainvillea*, *Lagerstroemia* und eine ganze Reihe von Oleander-Sorten lässt man besser ganzjährig drinnen stehen.

Thema Obst: Nicht nur Feigen und brasilianische Guaven, auch andere exotische Obstgehölze wie die Bergpapaya (kleines Bild) gedeihen im Wintergarten vorzüglich.

Themenorientierte Wintergärten

Bei themenorientierten Wintergärten steht nicht die Temperatur im Vordergrund, sondern die Vorliebe des Besitzers für eine bestimmte Pflanzengruppe. Das können tropische Obstgehölze sein, eine Bromeliensammlung oder der Wunsch, eine ganz bestimmte Vegetationsstimmung einzufangen. Sieht man von unseren Alpinenhäusern ab, sind es vor allem Pflanzen von der anderen Seite des Globus, die den Spieltrieb befriedigen.

Nicht unerwähnt bleiben sollen die hier so genannten **Ethno-Gärten**. Im japanischen **Zen-Garten** oder im maurisch-andalusischen Innenhof haben die Pflanzen zwar eine wichtige Funktion, stehen aber nicht im Mittelpunkt und sollen sich der Stimmung unterordnen. Hier sind die passenden Accessoires genauso wichtig wie die Pflanzen. Diese sind meist nur Symbol und können ersetzt werden. Nur dieses Ersetzen einer Art durch eine andere macht es möglich, dass ein chinesischer Garten im frostigen Peking nicht so viel anders aussieht als einer im tropischen Singapur.

Um solche Gärten nachzugestalten, braucht man einen guten Bildband. Solche Bildbände sind auch ein wertvolles Hilfsmittel für den, bei dem die Pflanzen im Mittelpunkt stehen.

Auf einen Blick

→ Zu stilecht braucht man bei der Wintergartenbegrünung nicht vorgehen. Zum maximalen Nutzen gehört, dass erlaubt ist, was gefällt.

→ Wintergärten im individuellen Stil lassen deutliche Rückschlüsse auf den Nutzer bzw. Besitzer zu. Wer den Wintergarten nicht nur privat nutzt, sollte sich einen Stilberater leisten.

Strukturpflanzen für den Wintergarten

Wenn eine Wintergartenbepflanzung gelingen soll, steht am Anfang die bewusste Auswahl der Strukturpflanzen. Strukturpflanzen sind die Pflanzen, die ganzjährig den Stil eines Wintergartens prägen. Blütenpflanzen zählen also nicht dazu, zumindest nicht wegen ihrer Blüte.

Strukturpflanzen sind meist keine Blickpunkte, vielmehr bilden sie den Rahmen für das Bild, das man in seinem Wintergarten malen will. In jedem exotischen Wintergarten hat die Formenvielfalt Vorrang vor der Blüte. Strukturpflanzen sind also repräsentative Vertreter der Formenvielfalt. Es sind vor allem Palmen, Yuccas, *Pandanus*-Arten, Bambus, Bananen oder Sukkulenten wie Agave, Aloe, große Kakteen und Euphorbien. Von den Laubgehölzen sind wegen ihrer prägnanten Blätter vor allem Araliengewächse gute Strukturpflanzen. Manchmal ist auch der einzigartige Habitus maßgebend, etwa bei Eukalyptus-Arten oder dem Peruanischen Pfefferbaum *(Schinus molle)*. Mit der Auswahl der Strukturpflanzen ist der Stil eines Wintergartens weitgehend festgelegt.

Strukturpflanzen müssen zusammenpassen, soweit sie nicht in deutlich getrennten Pflanzungen stehen. Für jemanden, der sich nicht ständig mit Pflanzen beschäftigt, hört sich das schwieriger an, als es ist. Gärtner benutzen deshalb als Eselsbrücke die Herkunft der Pflanzen. Wenn man Strukturpflanzen mit derselben Herkunft kombiniert, kann man mit einer ganz geringen Fehlerquote das gewünschte Bild mit Pflanzen derselben Herkunft auch ausmalen.

Da es nicht sehr viele Strukturpflanzen gibt, kann man nicht viel falsch machen. Die wichtigsten Gruppen sind Palmenartige, Bananenartige, Großgräser wie Bambus und als Familie prägnanter Blattschmuckpflanzen die Araliengewächse. Nimmt man noch die neuseeländische Keulenlilie und den Neuseeländer Flachs hinzu, die großen Agavengewächse und Kakteen Amerikas und die Säuleneuphorbie und Aloe des südlichen Afrika, sind wir schon fast am Ende. In diesen Gruppen lassen sich die Arten je nach Temperatur austauschen. Weitere Strukturpflanzen sind dann schon sehr spezifisch, so die Olive fürs Mittelmeer oder ein Elefantenohr für eine halbschattige Sumpfszenerie in irgendeinem tropischen Urwald.

Strukturpflanzen und Vegetationsbilder

Palmen in der Karibik – dazu braucht es keine Vorstellungskraft. Palmen in Afrika? Ja, aber eigentlich fällt einem hier nur die Dattelpalme ein, und die ist als Oasensymbol verbraucht, mit dem »echten« Afrika identifiziert man sie nicht. Palmen in Südostasien? Ja, natürlich, da stammen schließlich die Kokospalmen her, und auch der Rattansessel war einmal eine südostasiatische Palme, wenn auch eine kletternde.

Setzt man für Palme Banane, wiederholt sich das Spiel, Bananen kann man sich überall in den Tropen vorstellen. Setzt man jetzt aber Bambus für Palme, neigt sich die Waagschale schwer nach Südostasien. Zu Dattelpalmen und Sandsturm passt Bambus auch nicht, genauso wenig wie zu Agaven

Palmen zählen zu den wichtigsten Strukturpflanzen; hier die ostasiatische Hanfpalme.

und Kakteen. Mit den wenigen genannten Pflanzen lassen sich schon mehrere Rahmen schaffen, nur mit Afrika tut man sich manchmal schwer, zumal die uns nahe liegende Hälfte eigentlich nur ein großer Sandkasten ist. Für Südafrika gibt's dann die Strelitzien.

Ein mutiger Pflanzer kann sich aber durchaus auch einen von Palmen überragten mexikanischen Dorfgarten mit einer Banane vorstellen, auch wenn drum herum nur noch Agaven gedeihen.

Wieder ein Rahmen, der sich leicht ausfüllen lässt: Sowohl in die trockene Richtung mit Kakteen, in Richtung Ziergarten mit einem hartlaubigen Oleander oder in Richtung typischer amerikanischer Obstgehölze wie Guaven, Avokados und Papayas.

Platzierung von Struktur- und Großpflanzen

Welche Strukturpflanzen man verwendet und wie groß sie sind, ist immer in Verbindung mit dem Wintergarten zu sehen. So gibt das Unterholz eines mehrstöckigen Glasanbaus durchaus die Strukturpflanzen eines niedrigen Anlehnwintergartens her. Wobei man vorteilhaft die Möglichkeiten ausnutzt, die man hat. Wer sich im sechs Meter hohen Wintergarten nur mit Halbstämmchen und Bodendeckern umgibt, muss sich schon die Frage gefallen lassen, wozu er den riesigen Glaspalast braucht.

Häufiger ist das Gegenteil. Vielen Wintergartenbesitzern geht nur schwer ein, dass in ihren drei Meter hohen Wintergarten eine fünf Meter hohe Banane (ersatzweise Palme, Bambus usw.) nicht hineinpasst.

Da kann man nicht einfach den Kopf abschneiden, wenn die Pflanze zu hoch wird. Bei den meisten Laubgehölzen ist das nicht so krass, trotzdem ist leicht nachzuvollziehen, dass selbst der wunderschönste Tropenbaum überhaupt kein schöner Tropenbaum ist, wenn er ständig gestutzt werden muss. Strukturpflanzen sollten sich im Wintergarten artgemäß in Richtung volle Größe entwickeln können, wobei der Zeitfaktor zu berücksichtigen ist. Wenn eine Palme 100 Jahre braucht, bis sie zehn Meter hoch ist, wird sie während unseres Lebens kaum an das in sechs Meter Höhe befindliche Glasdach stoßen. Bis aber eine Banane sechs Meter hoch wird, braucht sie höchstens drei Jahre.

Bepflanzung der Restflächen

Zur Begrünung der restlichen Flächen geht man am besten von einem einfachen Schema aus. Man ordnet die Pflanzen in zwei oder drei Reihen an, aber immer versetzt zueinander, also entsprechend der Fünf eines Würfels. Die niedrigsten Pflanzen kommen in die dem Betrachter nächstgelegene Reihe, die höchsten in die entfernteste.

Die Pflanzenwelt dreier Kontinente in einem kühlen Wintergarten

In diesem Wintergarten fallen die Temperaturen nicht unter 8 °C. Jedes der drei Beete wurde mit Pflanzen eines Kontinents bestückt – Ostasien, Australien/Neuseeland und der Mittelmeerraum. Zwei Großpflanzen, eine Feige und ein »Neuseeländischer Weihnachtsbaum« *(Metrosideros)*, beide potenziell breitkronig, beherrschen das Bild. Durch die bewusst zurückgenommene Artenvielfalt strahlt die Pflanzung vor allem Ruhe aus. Die Feige muss selbst in einem zweistöckigen Wintergarten immer wieder zurückgeschnitten werden, weil sie sonst am Glas anstößt.

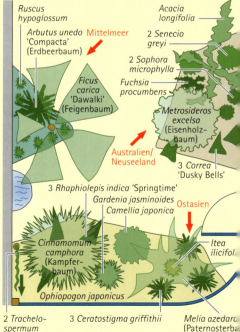

Auch der *Metrosideros* muss regelmäßig geschnitten werden, damit er nicht aus der Form gerät.

Ausnahmen sind erwünscht. Wer hier zu stur bei einem Schema bleibt, hat leicht eine Hecke gepflanzt. Währenddessen springt aber ein Waldrand in der Natur immer wieder vor oder zurück, er zeigt der Sonne möglichst viel Oberfläche.

Am besten arbeitet man mit **Füllpflanzen**. Damit die Pflanzung anfangs nicht kahl aussieht oder sich die Blickpunktpflanzen zu rasch bedrängen, ist am besten jede zweite Pflanze einer Reihe eine raschwüchsige Füllpflanze, die sofort dicht macht und dann nach und nach zurückgenommen wird.

Da die meisten größer werdenden Pflanzen wegen der zu erwartenden Breite ausgelichtet bzw. aufgeastet werden müssen, haben sie bald eine kahle Basis. Die versteckt man am besten hinter bzw. zwischen knie- bis hüfthohen, eher diskreten immergrünen Büschen. Hohe rasenartige Bodendecker wirken oft sauberer, da sie das Falllaub besser schlucken.

Das sind beispielsweise die niedrigen, kriechenden, im Wintergarten meist zu aggressiven Bambusarten (siehe Seite 117f.), der Kardamom oder verschiedene Aronstabgewächse der südostasiatischen Flora, ebenso die südamerikanischen Maranten.

Extra-Tipp

Hohe Bodendecker eignen sich auch vorzüglich, um ein Motiv zusammenzuhalten, das sich nicht an der natürlichen Vegetation orientiert, beispielsweise tropische Obstgehölze, eine Sammlung verschiedenfarbiger Croton *oder ein Kameliensortiment.*

Palmen

Palmen sind die Flaggenmasten der Tropen. Höchstes Glück sind weißer Sandstrand, Kokospalmen und Bacardi-Rum. Auch bei uns kommt man den Tropen näher in den Palmenhäusern der botanischen Gärten. Tatsächlich kann man die Palmen an den Tropen festmachen, stammen doch die meisten aus dem schmalen Streifen zwischen 10° nördlicher und 10° südlicher Breite.

Der Traum vom Süden: eine Hotelanlage unter Kokospalmen auf Bali. Doch Vorsicht beim Transfer solcher Pflanzen nach Mitteleuropa: hohe Ansprüche – hohe Temperaturen, hohe Luftfeuchte, hohe Glashäuser!

Genau diese Arten sind aber für den Wintergarten weniger geeignet, weil kaum jemand Wert auf richtiges Tropenklima legt. Viel wichtiger sind die Arten an den Grenzen der Verbreitung. Eine ganze Reihe davon hält sogar Fröste aus.

Fächer-, Fieder- und Buschpalmen

Gärtner unterscheiden Palmen nach ihrer Blattform in Fächer- und Fiederpalmen. **Fiederblätter** sind länglich und ähneln einer Feder, **Fächerblätter** eher rundlich und handförmig.

Für den Wintergarten ist neben der Höhe und Wachstumsgeschwindigkeit vor allem wichtig, ob es sich um eine einstämmige oder eine mehrtriebige Buschpalme handelt.

Hanfpalmen und Zwergpalmen, die beiden besten Terrassen-Kübelpalmen, kennt fast jeder. Beide sind Fächerpalmen und lassen sich in der Jugend kaum unterscheiden. Während aber die Hanfpalme im Lauf von Jahrzehnten einen mehrere Meter hohen Stamm macht (siehe Seite 109), bildet die Zwergpalme Kindel und wird zu einem vieltriebigen Busch, oft wesentlich breiter als hoch. Außerdem hat sie Stacheln (siehe Seite 150).

Die schwachwüchsige Zwergpalme braucht mittelfristig deshalb mehr Platz als die vergleichsweise starkwüchsige Hanfpalme.

Wer sich das Palmensortiment des Handels anschaut, ist überrascht, wie viele Arten als zimmergeeignet angeboten werden. Manche sind es nicht, trotzdem haben Palmen den Ruf, für eine Topfpflanze recht langlebig zu sein. Die Lichtansprüche sind vergleichsweise gering, in der Natur gedeihen die meisten Arten in ihrer Jugend nur im Schatten größerer Exemplare, andere zählen zeitlebens zum Unterholz.

Extra-Tipp

Bei Palmen sollte man sich ganz genau erkundigen, ob die gewünschte Art bei der angestrebten Temperatur gedeiht. Palmen wachsen in ihrer Jugend sehr langsam und sind deshalb zu teuer für einen Fehlschlag. Und leider zeigen Palmen oft erst dann, wenn es zu spät ist, dass sie mit den Bedingungen nicht klarkommen.

Die Silhouetten verschiedener Palmenarten vermitteln tropisches Flair. In Kübeln gezogen, lässt sich ihr Ausbreitungsdrang über viele Jahre hinweg bremsen.

Palmen | 113

Im Kübel oder ausgepflanzt, gehört die anspruchsvolle *Licuala* zu den beliebtesten Palmen der feuchten Tropen.

Größe von Palmen

Es ist nahe liegend, dass das, was im Zimmer gerade noch wächst, im Wintergarten hervorragend gedeiht.
Und genau hier liegt oft das Problem: Ausgepflanzt oder im großen Kübel werden viele Palmen im Wintergarten zu mächtig. Nicht umsonst sind die Palmenhäuser immer die höchsten Gewächshäuser der botanischen Gärten. Vorrangig ist es nicht einmal die Höhe des Wintergartens, die viele Palmen disqualifiziert, sondern die Breite. Alle Palmen entwickeln zuerst einen artgerechten Blattschopf, dann erst den Stamm in seinem endgültigen Umfang. Die bei uns häufigsten, weil raschwüchsigen und recht billigen Topfpflanzenpalmen sind hier kaum zu schlagen. Als kältetolerante Subtropenpflanzen fühlen sie sich auch im nicht zimmerwarmen Wintergarten wie zu Hause. Die Blätter der Kanarischen Dattelpalme werden dann 5–7 m lang, die der fächerblättrigen *Washingtonia* mit Stiel auch noch 3–4 m. Als Strukturpflanzen haben Palmen den großen Vorteil, dass sie berechenbar sind. Ob im Topf oder ausgepflanzt, die Proportionen bleiben gleich.

Palmenkauf, Preise und Qualität

Wintergartenpalmen und Palmfarne (siehe Seite 114) jenseits der Topfpflanzengröße kosten mehr als ein Taschengeld.
Selbst für Pflanzen, die noch kein einziges Blatt in Endgröße haben, werden nicht selten vierstellige Beträge verlangt.
In Gartencentern stoßen wir auf zwei völlig verschiedene Palmenqualitäten. Die Palmen, die im Süden Europas winterhart sind, werden gewöhnlich baumschulmäßig aufgepflanzt, nach Jahren mit oft sehr kleinem Ballen ausgestochen und eingetopft. Dann sollten sie zwei Jahre bis zum Einwurzeln stehen, in der Regel im Freien.
Palmen kann man mit winzigem Ballen umpflanzen, beraubt sie damit natürlich des größten Teils ihrer Wurzeln. Im relativ kleinen Topf gehalten, reichen die neuen Wurzeln oft gerade aus, die Pflanze, d.h. den reduzierten Blattschopf, am Leben zu erhalten. Auf ein Blatt, das sich neu bildet, kommt ein altes, das abstirbt. Den Zuwachs in der Höhe kann man die nächsten paar Jahre vernachlässigen.
Diese **Freilandpflanzen** sind Naturburschen und sehen nicht so aus, als kämen sie direkt vom Schminktisch. Jedes Hagelwetter, jeder Sandsturm

> ### Extra-Tipp
> *Freilandpflanzen sollte man unbedingt auf Schildläuse kontrollieren. Sehr oft sind sie schon bis tief ins Herz der Palme vorgedrungen. Man sieht sie erst, wenn sich neue Blätter entfalten.*

und jeder Schädlingsbefall des letzten Jahrzehnts ist im Schopf manifestiert. Dafür haben sie, wie der Gärtner sagt, viel Holz. Solche Pflanzen bekommen nicht so schnell einen »Schnupfen«.
Demgegenüber hat die Masse der **Zimmerpalmen**, wie andere Zimmerpflanzen auch, das Licht der Sonne noch nie ungefiltert gesehen. Sie haben ihr ganzes Leben im geheizten, schattierten Gewächshaus verbracht, haben deshalb großes, makelloses Jugendlaub. Und damit dieses nicht beschä-

Manche Palmen wie *Bismarckia* (Bild) und *Brahea* haben stahlblaues Laub.

Extra-Tipp

Generell sollte man lieber zu wenig gießen als zu viel – so vermeidet man nicht nur die gefährliche Wurzelfäule. Frisch eingetopfte Pflanzen werden dagegen durchdringend gewässert.

digt wird, werden die Pflanzen zum Transport in Cellophan-Schutzfolie eingetütet.

Leider bleiben diese Pflanzen oft nicht lange makellos. Solche Pflanzen lassen sich im Wintergarten Zeit, wenn er nicht optimal klimatisiert ist. Oft werden die neuen Blätter sogar wieder kleiner als die alten, das große Laub war nur die Antwort der Pflanze auf die Schattierung. Bis solche Zimmerpalmen auch nur einen Stammansatz machen, kann leicht ein Jahrzehnt vergehen. Man darf sich hier nicht täuschen lassen: Das, was der Laie gemeinhin als Stamm ansieht, ist fast immer nur das kompakte Bündel der Blattstiele. Einen Stammansatz kann man erst erwarten, wenn der Blattschopf voll entwickelt ist.

Palmenpflege

Palmen, deren Wachstum man nicht einschätzen kann oder die ausgepflanzt mittelfristig zu groß werden, lässt man im Kübel. Wichtig ist eine strukturstabile Erde ohne Kompostzusatz. Als Düngung erhalten sie pro Jahr 3–5 g/l (bezogen auf das Topfvolumen) eines 8–9 Monate wirkenden Langzeitdüngers. Um Palmen später im Wachstum zu bremsen, reduziert man den Dauerdünger auf ca. 1 g/l Topfvolumen/Jahr. Die Töpfe in Pflanzbeete einzusenken empfiehlt sich nicht: Man wird nicht vermeiden können, dass bei eingesenkten Palmen die Wurzeln durch die Drainagelöcher entfliehen. Um diese Wurzeln abzureißen, müsste man alle paar Monate den Topf drehen.

Will man Palmen im Kübel ziehen und darin ein anfangs möglichst rasantes Wachstum, spare man nie mit dem Dünger. Ganz wichtig ist eine 5–10 cm starke Drainageschicht, denn fast alle Palmen sind sehr empfindlich gegen Staunässe.

Man topft erst um, wenn die Wurzeln den Ballen aus dem Topf schieben und man nicht mehr gießen kann. Das vielfach empfohlene Verkleinern des Ballens ist die allerletzte Möglichkeit. Besonders bei zu niedriger Bodentemperatur können Palmen dann recht schnell eingehen.

Palmen sind ständig auf Schildläuse und Spinnmilben zu kontrollieren und notfalls zu behandeln. Die Schadschwelle ist praktisch null, weil die Blätter so lange halten und jeder Schaden deshalb jahrelang sichtbar ist.

Wenn keine Schädlinge vorhanden sind, die Palmen dennoch sichtlich kränkeln, liegt das fast immer an Störungen an der Wurzel. Das kann Staunässe sein, auch eine zu niedrige Bodentemperatur, oft beides zusammen. Sichtbare Abhilfe ist nicht möglich, einmal gelbe Blätter werden nie wieder grün. Hier hilft nur Geduld, wenn man die Störung abgestellt hat.

Palmfarne und Baumfarne

Diese Pflanzengruppen ähneln den Palmen sehr. Beide bilden häufig einen

An selbst für die meisten Palmen zu dunklen Standorten gedeihen die ähnlich wirkenden Baumfarne noch ausgezeichnet.

Extra-Tipp

Da Palmen nahezu keinen Schmutz machen, sind sie die idealen Pflanzen dort, wo es immer sauber sein muss. Oft pflanzt man sie deshalb neben Pools, was nicht nur sehr gut aussieht, sondern den Palmen wegen der hohen Luftfeuchtigkeit auch gut tut.

Stamm mit einer Krone aus Fiederblättern. Bei den Palmfarnen, die meist aus der Strauchschicht warmer Trockenwälder Asiens, Australiens, Afrikas und Amerikas stammen, sind sie lederartig. Die Baumfarne sind richtige Farne mit bis zu 20 m hohem Stamm und bewohnen nahezu ausschließlich die kühl-feuchten Regenwälder der Subtropen und der tropischen Höhenlagen. Sie sind die baumartigen Strukturpflanzen mit den niedrigsten Lichtansprüchen, wachsen selbst noch in hohen, nur oben verglasten Innenhöfen, in die nie ein Lichtstrahl fällt.

Bananen, Helikonien und Strelitzien

Wer will nicht, wenn der Wintergarten erst einmal steht, am liebsten schon morgen in den Tropen sitzen? Alles möglich, kein Problem. Nur hat nicht jeder das Budget für einen ausgewachsenen Palmenhain.
Trotzdem kein Problem. Es gibt ja Bananen. Wohl keine Pflanze spiegelt das luxuriöse Wachstum in den Tropen besser wider als diese großblättrigen Schopfstauden. Dabei gedeihen sie sogar im Kalthaus. Ihr Wintergarten ist zu niedrig? Auch kein Problem, manche Arten werden nur mannshoch. Sicher schwierig zu bekommen? Nein, im Supermarkt.
Wenn jetzt noch erzählt wird, dass Bananen zu den besten Schatten»bäumen« im Wintergarten zählen, sieht man von ihrer Auffälligkeit für Spinnmilben ab, fragt man sich, warum man sie so selten sieht. Manch einer hat zwar eine Banane im Wintergarten stehen, aber viel Tropenstimmung bringen die 2–3 zerzausten Blätter nicht.
Wenn wir uns bewusst machen, dass es sich bei der Bananenverwandtschaft um immergrüne Stauden des Regenwalds handelt und wie dort die Verhältnisse sind, kann man eigentlich nichts falsch machen.
Als Pflanzen des Unterholzes haben die Bananen recht geringe Lichtansprüche, wachsen also auch im Winter. Was im Regenwald heute Blatt ist, wird morgen schon Kompost und steht der Pflanze als Nährstoff wieder zur Verfügung – ein kontinuierlicher, sehr ausgeglichener, weitgehend temperaturabhängiger Stoffkreislauf.
Eine Störung für Pflanzen des Unterholzes ist der Wind. Ihre Blätter haben nur Fieder-, aber keine Netznerven. Das bedeutet: Wenn ein Blatt einreißt, geht der Riss gleich bis zur Mittelrippe durch, weil er nicht durch verstärkende Leitungsbahnen gebremst wird. Vorbeistreifende Wintergartenbesucher belasten die Blätter genauso. Das heißt, dass die Blätter der Bananenverwandtschaft umso schneller zerrupft aussehen, je näher die Pflanzen an einem Weg oder Sitzplatz stehen. Das führt dann zu der typischen Wintergartenbanane im Topf, mit gerade

Nur mit entsprechend großem Blattschopf können Bananen normal große Früchte entwickeln.

2–3 halbwegs heilen Blättern. Wobei durchaus 10–20 möglich wären!
Wer also im Wintergarten sein tropisches Wachswunder erleben will, stellt seine Bananen abseits der »Verkehrsflächen« auf, versorgt sie vielleicht mit Langzeitdünger und hat immer eine volle Kanne Wasser in Reichweite.

Echte und falsche Bananen

Echte Bananen haben einen kriechenden Wurzelstock, aus dem ständig neue Triebe hervorbrechen.
Nach der Blüte stirbt der Trieb ab, die Pflanze lebt weiter. Die falschen Bananen dagegen machen keine Ausläufer. Nach der Blüte stirbt die Pflanze ab. Zu dieser Gruppe der Terrassen und Stadtparks gehört die bekannteste **Zierbanane**, die *Ensete ventricosum*. Wichtig sind hier nur die echten Bananen, von denen die meisten aber reine Zierbananen sind. Für wenig Geld im Supermarkt gekauft, werden sie aus Unkenntnis nach der Blüte oft weggeworfen.

Bisher bei uns nur als Schnittblumen bekannt: Helikonien. Bei der Artenauswahl die Wuchshöhe beachten!

Wer länger wartet, entdeckt an der Basis des alten Stammes bald den einen oder anderen Schössling. Jetzt in einen großen Kübel mit nährstoffreicher Erde umgetopft, hat man bald einen mehrstämmigen Bananenbusch, mit Blüten und mit Früchten.

Den Show-Effekt bei den Zierbananen machen meist die großflächigen, grell gefärbten Blütendeckblätter aus.

Die kleinste Zierbanane ist *Musa mannii*, die **Rote Assambanane**. Sie wird gerade mannshoch, davon sind 70 cm Blatt. Größer, gleichwohl für niedrige Wintergärten brauchbar sind *M. coccinea*, *M. ornata* und *M. sumatrana*.

Die wichtigste Banane für hohe Wintergärten – sie ist gleichzeitig die mit den geringsten Wärmeansprüchen – ist die **Japanische Faserbanane** *(M. basjoo)*. Südlich der Alpen sieht man sie häufig in den Gärten, auch dort, wo der Blattschopf jeden Winter erfriert. Ausgepflanzt oder im Großkübel erreicht sie im Wintergarten rasch 4–5 m und mehr, bei entsprechender Breite. *M. basjoo* erhält man jedoch nie im Supermarkt.

Wer Wert auf **essbare Bananen** legt, muss sich an die unter dem Namen *M. × paradisiaca* (Syn.: *M. acuminata*) zusammengefassten Sorten halten. Für zumindest lauwarme Wintergärten kommt eigentlich nur die Sorte 'Dwarf Cavendish' in Frage, die Ladyfinger-Banane der Kanarischen Inseln und der wärmsten Stellen des Mittelmeeres. Mit gut 3 m Höhe bei gleicher Breite wirkt sie auch in großen Wintergärten füllend, besonders, wenn man – ganz wichtig zur Fruchtentwicklung – von einer möglichst hohen Blattzahl ausgeht. Und man hat ja nicht nur einen Trieb.

Helikonien

Die riesigen Blütenstände der Helikonien sind uns vor allem als kostbare Schnittblumen bekannt.

Im Wintergarten unterscheiden sie sich von Bananen vor allem in ihren geringeren Platz- und viel höheren Wärmeansprüchen. Helikonien sind echte Tropenkinder, unter 15 °C sind sie kaum über den Winter zu bringen. Auch im Sommer mögen sie es ständig zimmerwarm, sonst blühen sie sehr zögerlich.

Helikonien sind recht moderne Pflanzen, erst seit gut 20 Jahren beschäftigt man sich intensiv mit dieser Gattung. Es gibt um die 250 Arten und eine große, rasch steigende Zahl von Kreuzungen. Als Strukturpflanzen wie Bananen verwendet, sind Blätter und Blattstiele viel fester als bei diesen, die Pflanzen deshalb steifer und nicht so breit, die Stämme viel dünner.

Die kleinsten Helikonien werden knapp einen Meter hoch, die höchsten über sechs Meter, auch innerhalb einer Art sind sehr starke Schwankungen möglich.

Stärker noch als bei den Bananen stehen bei den Helikonien die Blütenstände im Mittelpunkt des Interesses. Auch hier sind es vor allem die fleischigen, in leuchtenden Farben strahlenden Blütenhüllblätter, die Aufsehen erregen.

Niedrige Helikonien verwendet man wie Indisches Blumenrohr *(Canna)*, höhere baut man in Gehölzpflanzungen ein, was ihrem natürlichen Standort an Waldrändern nahe kommt. Halbschatten vertragen sie ausgezeichnet.

Es ist vermessen, bei Helikonien von wichtigen Arten oder Sorten zu reden. Es gibt zu viele, das Sortiment ist noch gar nicht richtig gesichtet. Bei den stärker wachsenden sieht man sehr häufig den Formenkreis um *Heliconia bihai* mit gelbroten und *H. caribaea* mit orangeroten Deckblättern, alle mit aufrechtem Blütenstand. Von den Arten mit hängendem Blütenstand gilt *H. rostrata* (Bild S. 90) als schönste, sie ist mit die wichtigste Schnitthelikonie.

Paradiesvogelblumen *(Strelitzia reginae)* gehören zu den zuverlässigsten winterblühenden Exoten, sie werden nie zu groß.

Bambus im Wintergarten

Im Gegensatz zur Paradiesvogelblume (rechts) wird die Baumstrelitzie (links) gigantisch.

Strelitzien

Die dritte wichtige Gruppe in der Bananenverwandtschaft sind die Strelitzien oder Paradiesvogelblumen. Für den Wintergarten sind nur zwei Arten von Belang. Beide sind sie maßgebliche Strukturpflanzen des südöstlichen Südafrika, sind also bei einer Wintergartentemperatur von minimal 10°C angesiedelt.

Eine der besten Exoten für niedrige, lauwarme Wintergärten ist sicher die uns als Schnittblume bekannte **Paradiesvogelblume**, *Strelitzia reginae*. Sie hat viel härteres Laub als Bananen, macht keine Stämme und bildet einen höchstens brusthohen Busch. Die an oft meterlangen Stielen stehenden Blüten ragen aus den Blattmassen hervor. Strelitzien sind gut kalkulierbar, wachsen aber langsam. Sehr vorteilhaft ist die lange Blütezeit. Ab Mitte Winter bis Ende Frühjahr öffnen sich bei großen Pflanzen ständig neue, sehr haltbare »Paradiesvogelschnäbel« in Orange mit blau. Da diese Strelitzie sehr langsam an Masse zunimmt – bis zur ersten Blüte braucht sie etwa fünf Jahre –, ist sie trotz ihrer eigentlich idealen Höhe erst im Alter als Abschirmung zu gebrauchen.

Strelitzien können sehr lange im gleichen Kübel stehen, sind auch nicht sonderlich anspruchsvoll an Dünger und Wasser. Wenn sie nicht mechanisch beschädigt werden, sind sie äußerst pflegeleicht. Wie Banane und Helikonie vertragen sich wegen ihrer Sauberkeit auch Strelitzien gut mit Pools. Sie gedeihen ausgezeichnet selbst im Halbschatten.

Die zweite, nur für große, hohe Wintergärten wichtige Art ist ein Gigant: die **Baumstrelitzie**, *S. nicolai*. Sie wird 6–8 m hoch, anfangs mit einem, später mit mehreren bis oberschenkelstarken Stämmen. Aus windgeschützten Hotelgärten Teneriffas ist diese höchst eindrucksvolle Pflanze sicher vielen bekannt. Ihre 40 cm langen Paradiesvogelblütenstände sind weiß mit Blau und erscheinen im Frühjahr nahezu ohne Stiele in den Blattachseln voll ausgewachsener Blätter.

Bambus im Wintergarten

Zu den ausdauerndsten Strukturpflanzen des Wintergartens gehören die Bambus-Arten. In einer an Ostasien angelehnten Pflanzung nahezu unverzichtbar, gedeihen sie auch dort, wo man nur ein paar schöne Pflanzen will und sich wegen Licht und Temperatur nicht den Kopf zerbrechen mag.

Alle Bambus sind immergrün und ständig im Trieb, symbolisieren deshalb vorzüglich das kontinuierliche Wachstum in feuchtwarmen Gebieten. Mit ihrer großen Blattoberfläche können sie einen erheblichen Beitrag zur Verbesserung des Raumklimas leisten. Ihre Ansprüche sind gering, sie wachsen auch im Schatten bei nahezu allen Temperaturen noch gut. Selbst vielen tropischen Bambus-Arten machen kurzzeitige leichte Fröste wenig aus, im Kalthaus gedeihen sie problemlos. Schädlinge sind jedoch leider nicht selten, Blattläuse und Spinnmilben sind öfter zu Gast. Wenn man sie nicht

Bambusarten (hier: *Phyllostachys aurea*) sind Spezialisten für frisches Grün im Wintergarten.

gerade vertrocknen lässt, ist bei keiner immergrünen Solitärpflanze die Ausfallwahrscheinlichkeit ähnlich gering wie bei Bambus.

Drei Gruppen sind zu unterscheiden:

- **Horstbildende Bambus-Arten**
  Bei ihnen stehen die Halme sehr dicht, die Nebentriebe erscheinen im Horst oder wenig daneben. Ihr Ausbreitungsdrang ist gering. Für Wintergärten ist dies die wichtigste Gruppe. Bei einer Beckenpflanzung können diese Arten wie gewöhnliche Sträucher verwendet und unterpflanzt werden.
- **Hohe, mäßig wuchernde Bambus-Arten**
  Diese Bambus bilden frei wachsend Wälder von mehreren Meter Höhe. Neue Triebe erscheinen in einem Umkreis, der etwa der Pflanzenhöhe entspricht. Der ideale Standort für diese Arten sind größere Becken in der Innenraumbegrünung, wo man sie tatsächlich waldartig wachsen lassen kann. Im Wintergarten im Becken gepflanzt,

Extra-Tipp

Nahezu alle handelsüblichen Bambus sind Kalthauspflanzen. Im zimmerwarmen Wintergarten machen sie zu Beginn der Heizperiode häufig Ärger, weil sie viel Laub abwerfen. Ursache ist die schlagartige und dauerhafte Verringerung der Luftfeuchtigkeit. Die zusätzliche Verdunstung können die Pflanzen nur durch Verringerung der Blattfläche kompensieren, sei es durch Laubabwurf oder durch Eintrocknen der Blattränder. Reichlich Gießen kann diese Entwicklung nur verzögern, aber nicht aufhalten.

Im Kübel bleiben selbst starkwüchsige Bambus-Arten in »Wintergartengröße«.

brauchen sie eine stabile Rhizomsperre.

- **Wuchernde niedere Bambus-Arten**
  Diese Bambus sind das Unterholz vor allem ostasiatischer Wälder. Es gibt wintergartengeeignete Arten; wer sich aber nicht genau auskennt und keine zuverlässige Bezugsquelle hat, sollte auf sie verzichten.

Araliengewächse

Sichtet man die wintergartengeeigneten Gehölze auf ihre Eignung als Strukturelemente, stößt man immer wieder auf die Araliengewächse. Mit ganz wenigen Ausnahmen werden sie nur wegen ihrer Belaubung und des Wuchses herangezogen.

Das bekannteste Araliengewächs ist sicher der **Efeu** *(Hedera helix).* Auch wenn er als Kletterpflanze eine Sonderrolle spielt, ist er doch in seinen Ansprüchen repräsentativ für die Familie. Efeu gilt bei uns als typische Schattenpflanze. Wo sie wild oder verwildert wächst, sieht man sie oft über Mauerkronen hängen, voller Früchte, in voller Sonne. Mit den Füßen im kühlen Schatten, hält es der Kopf auch in der Sonne aus. Im Schatten wird das Laub aber viel größer.

Mit Araliengewächsen lässt sich der ganze Temperaturbereich vom Solarhaus bis zum zimmerwarmen Wintergarten abdecken, wobei die Arten mit geringen Temperaturansprüchen auch höhere Temperaturen vertragen. Als traditionelle Zimmerpflanze darf die aus Japan stammende **Zimmeraralie,** *Fatsia japonica,* gelten. Im Kübel kaum über zwei Meter hoch und breit, wird sie ausgepflanzt wesentlich größer. Sie gehört zu den besten Solitärpflanzen für absonnige Glasbauten in allen Temperaturbereichen, abgehärtete Pflanzen z.B. in Windfängen vertragen durchaus Fröste bis −10°C. Der Hauptschmuck dieser Immergrünen sind die 7- bis 9-lappigen, im Halbschatten bis 40 cm breiten Blätter an ebenso langen Stielen. Zimmeraralien geben ausgezeichnete kleine Bäume ab, sie verzweigen sich erst nach der Blüte und brauchen nie geschnitten zu werden.

Eine Kreuzung aus Zimmeraralie und Efeu ist die **Efeuaralie** (× *Fatshedera lizei*), gleichfalls eine beliebte Zimmerpflanze, die im Wintergarten die Funktion eines höheren Bodendeckers übernehmen kann.

Gelegentlich findet man die weißbunte 'Variegata', gut zum Aufhellen sonst düsterer Ecken.

Einen Gegenpol zu den ostasiatischen Araliengewächsen stellen die neuseeländischen *Pseudopanax*-Arten dar, die zwar keinen Frost mögen, gerade frostfrei im Kalthaus jedoch ausgezeichnet gedeihen. Sie haben ganz unterschiedliche Blattformen, oft ist, wie beim Efeu, das Alterslaub vom Jugendlaub verschieden.

Die Inseln des südlichen Pazifik und das pazifische Australien, also recht luftfeuchte Gegenden, haben noch mehr Araliengewächse für lauwarme Wintergärten zu bieten. So die **Fingeraralie**, *Dizygotheca elegantissima,* eine viele Jahre beliebte Zimmerpflanze. Sie ist etwas »aufs Abstellgleis« geraten, weil sie die niedrige Luftfeuchte bei gleichzeitig hohen Temperaturen zentralgeheizter Räume nicht verträgt. Wenn man ihn nicht entspitzt, wächst dieser Baum in der Jugend eintriebig, mit bis zu 40 cm breiten, aus 7–11 Fingern palmenblattähnlich zusammengesetzten Blättern.

Dizygotheca wird inzwischen als *Schefflera* bezeichnet, wobei uns aber als *Schefflera* recht groblaubige Pflanzen bekannt sind. Zwei Arten findet man in vielen Büros als Großpflanzen: *Schefflera heptaphylla,* den **Efeubaum**, und *Schefflera actinophylla* (Syn. *Brassaia actinophylla)*. Letzterer ist, meist als »Amate« bezeichnet, ein 1- bis 3-triebiger Solitär mit gehäuft an den Triebenden stehenden handförmigen Blättern, wobei die oft über zehn länglich-ovalen Einzelblättchen 30 cm erreichen können. Diese *Schefflera* sind ausgezeichnete Pflanzen für zumindest 12 °C warme Wintergärten, als Büropflanzen ist ihre Exotik leider etwas verbraucht. Pflanzt man sie im Wintergarten aus, erkennt man sie in ihrer Üppigkeit nicht wieder und wird sie jährlich schneiden müssen.

Auch für den ständig zimmerwarmen, niedrigen Wintergarten findet sich bei den Araliengewächsen Passendes. Vor allem aus Indonesien und von den Inseln der Südsee stammen die **Fiederaralien** *(Polyscias)*. Nicht nur in südostasiatischen Hotelgärten begegnet man ihnen auf Schritt und Tritt. Als Hecke wie Buchs, als Bodendecker, als frei wachsender Solitär, als winziger Bonsai oder großes Formgehölz, am besten in glasierter, chinesischer Terrakotta – für jeden absonnigen, warmen Standort gibt's passende Arten. Für warme Wintergärten sind als kleine Solitärs vor allem die farnartig belaubten Arten *P. filicifolia* und *P. fruticosa* wichtig, Letztere als »Ming-Aralie« bezeichnet. Beide werden nur 2–3 m hoch und wachsen langsam.

Nicht alle Araliengewächse sind Halbschattenpflanzen. Die südafrikanischen **Kohlbäume**, *Cussonia,* stehen oft allein auf weiter Flur. Ihr Verzweigungsmuster gleicht denen der neuseeländischen Kohlbäume *(Cordyline,* siehe Seite 160), mit denen sie sonst nichts zu tun haben: Sie machen einen Stamm, erst nach der Blüte gabelt sich der Trieb – ideale, kleinkronige Bäume, die man nie schneiden muss.

Starkwüchsige Araliengewächse wie *Tupidanthus* und *Schefflera* eignen sich auch für absonnige Wintergärten.

Cussonia gehören mit (Baum-)Strelitzien und Aloe zu den Rahmenpflanzen Südafrikas.

Trotz ihrer riesigen zusammengesetzten, vielfach gelappten, geschlitzten oder gebuchteten Blätter brauchen sie für eine Großpflanze wenig Platz. Man sagt: Braucht ein Südafrikaner eine Fahnenstange, setzt er eine *Cussonia.*

Strukturstauden

In allen Wintergärten hat man das Problem, dass strauchige Strukturpflanzen entweder zu groß werden, zu rasch wachsen und deshalb dauernd geschnitten werden müssen oder langsam wachsen und jahrelang »nichts her machen« bzw. sehr viel Geld kosten. Für exotische Wintergärten vom Regenwald-Typ ist hier die Lösung einfach: Nahtlos an niedrige Bananen und Helikonien schließen hier andere immergrüne Stauden an, die in zwei bis drei Vegetationsperioden ihre Endhöhe von 1–3 m erreichen. Nachfolgend die wichtigsten Vertreter.

Die Zimmeraralie wird oft unterschätzt, sie lässt sich sogar als Baum ziehen.

Ingwergewächse und andere Exoten

Was in Südamerika die Helikonien sind, sind in (Süd-)Ostasien die Ingwergewächse. Obgleich Pflanzen der unteren Vegetationsschicht, werden viele Arten doch so groß, dass sie im niedrigen Wintergarten die Funktion von Strukturpflanzen übernehmen können. Eine ganze Reihe gedeiht auch noch in absonnigen oder in fast durchgehend schattierten Wintergärten. Da die Herkunft vieler Arten subtropisch ist, können einige auch in Kalthäusern verwendet werden.

Eine Gattung mit sehr breitem Spektrum ist *Alpinia*. Findet man in tropischen Gärten vor allem den »**Red Ginger**« *(A. purpurata)* mit purpurroten Blütenständen, begegnet uns in kühleren Gegenden vor allem *A. zerumbet*, der Muschelingwer. Von dieser Art, die ihre hängenden porzellanrosa Blütenstände im Sommer zeigt, gibt es eine höchst attraktive 'Variegata'-Form, mit gelb und grün gestreiften Blättern. Ein Vorteil der *Alpinia* ist ihr seitlich geringer Ausbreitungsdrang.

Als zweite wichtige **Zieringwer**-Gattung gilt *Hedychium*. Die hierzulande häufigste Art, *H. gardnerianum*, ist wohl mit die beste. Im Kübel meist nur gut brusthoch, erscheinen ihre duftenden gelben Blüten mit lang herausragenden roten Staubfäden bereits im Spätsommer, die Blütenstände sind oft über 30 cm lang. Sie ist so wüchsig, dass sie Plastikkübel bald sprengt.

Nah verwandt mit den Ingwergewächsen sind die Costusgewächse. Vor allem in den Tropen Amerikas, aber auch Afrikas und Asiens verbreitet, tendieren die Temperaturansprüche schon Richtung Warmhaus. Die *Costus*-Arten (»**Spiralingwer**«) werden nur 1–2 m hoch und wirken schon von der Belaubung ganz ungewöhnlich, weil ihre Blätter spiralig um den gleichfalls spiralig gedrehten Stamm stehen. Das gibt den Eindruck einer Wendeltreppe. Bei *Costus* öffnen sich die großen Einzelblüten nur nach und nach, ein Blütenstand hält sehr lange. Vor allem sind aber die Blätter von hohem Zier-

Selbst im gerade frostfreien Wintergarten ist tropisches Ambiente möglich. Viele Exoten, wie hier der Kahili-Ingwer *(Hedychium gardnerianum*, vorne links), haben nur geringe Temperaturansprüche.

wert. Es gibt sehr großblättrige Arten, solche mit rotem oder panaschiertem (geflecktem) Laub.

Der **Blaue Ingwer** *(Dichorisandra thyrsiflora)* ist kein Ingwergewächs. Diese etwas sukkulente Staude hat jedoch ebenfalls rohrartige Stängel, und, wie *Costus,* spiralig angeordnetes Laub. Ihre aufrechten Blütenstände erscheinen im Herbst und Winter, die Blüten sind dunkelmalvenblau, eine sehr seltene Farbe.

Canna, das **Indische Blumenrohr**, gehört auch in diese Gruppe. Leider sind die vielen Sorten, die man in botanischen Gärten und Stadtgärtnereien findet, kaum erhältlich. Mit höheren Lichtansprüchen als die oben erwähnten Pflanzen hat das Indische Blumenrohr aber eine viel längere Blütezeit, ist ein völlig sicherer Blüher und verträgt durchaus Kalthausbedingungen.

Die *Costus*-Arten (Spiralingwer) gehören zu den Ingwergewächsen mit sehr geringen Licht-, aber hohen Temperaturansprüchen.

Wegen ihrer Blattzeichnung hervorzuheben ist die Sorte 'Tropicana', deren Laub die verschiedensten Rot-, Gelb- und Grünsprenkel aufweist.

Mächtige Blattschmuckpflanzen des Unterholzes – die Aronstabgewächse

Da der exotische Garten vor allem von den Blattstrukturen lebt, sind die zahlreichen Blattschmuckpflanzen genauso wichtig wie die Blütenpflanzen. Die meisten Arten gedeihen am besten im Halbschatten.

Mit Abstand die wichtigsten großwüchsigen Blattpflanzen des Unterholzes sind verschiedene Aronstabgewächse, eine Familie, die uns als Topfpflanzen recht vertraut ist. Genannt sein sollen nur **Baumfreund** *(Philodendron)*, **Efeutute** *(Epipremnum)* oder **Fensterblatt** *(Monstera)*, die sowohl als dichte Bodendecker wie auch als Kletterpflanzen Verwendung

finden. Selbst dort, wo es für viele andere Pflanzen des Unterholzes zu dunkel ist. Nur sollten sie keinesfalls länger bei Temperaturen unter 10 °C stehen; die Wüchsigkeit geht sonst völlig verloren, Blätter werden rasch gelb und fallen ab, zurück bleiben nackte Stängel.

Eher selten als Zimmerpflanzen – weil von der Blattsubstanz empfindlicher – findet man Vertreter von *Alocasia* und *Colocasia*, unter dem Überbegriff »Taro« eine Gruppe wichtiger Nahrungspflanzen. Sie stammen alle aus Südostasien. Als gigantische Strukturpflanze und wesentlich weniger temperaturempfindlich als vermutet sei hier der **Riesentaro**, *Alocasia macrorrhiza*, genannt. Blätter von oft über 1 m Breite mit ebenso langem Stiel an einem schenkeldicken Spross holen den Urwald in jedes Glashaus. Ähnliches gilt für die **Kris-Pflanze**, *A. sanderiana*, deren am Rand gewellte

Canna 'Tropicana' ist nicht nur eine höchst attraktive Blattschmuckpflanze, sehenswert sind auch die orangefarbenen Blüten.

Alpinia purpurata gehört zu den verbreitetsten Ingwergewächsen tropischer Gärten.

Blätter tatsächlich einem Malaiendolch ähneln.

Nur am Rande erwähnt sei, dass auch Zimmerhelden wie *Dieffenbachia* und *Aglaonema* zu den Aronstabgewächsen gehören. Ob man allerdings diese typischen Büropflanzen in seinen Wintergarten setzt, sollte überlegt werden.

Nun gibt es auch unter den Aronstabgewächsen einige auffallende Blütenpflanzen. Etwas schwierig in der Kulturführung – ohne Trockenphase blühen sie schlecht – sind die afrikanischen *Zantedeschia*, die **Zimmercalla**. Alle Arten halten selbst im wärmeren Kalthaus noch aus, ihre weißen, rosa oder gelben Blüten erscheinen aber nur, wenn man sie im Winter fast trocken hält.

Hauptsächlich als großflächige blühende Bodendecker in der Innenraumbegrünung, wo Licht wirklich Mangelware ist, trifft man auf weitere Aronstabgewächse: so die weißblühenden *Spathiphyllum* und die meist roten oder weißen **Flamingoblumen** *(Anthurium)*. Diese uns als Topf- und Schnittblume vertraute Pflanze sollte entsprechend ihrer tropischen Herkunft nicht unter 16 °C stehen.

Flamingoblumen *(Anthurium)* bringen selbst im tiefen Schatten noch Farbe.

Sehr exotisch mit hohem Platzbedarf: das Elefantenohr, *Alocasia macrorrhiza*.

Auf einen Blick

→ Strukturpflanzen sollten sich artgerecht üppig entwickeln können. Für niedrige Wintergärten bedeutet das den Verzicht auf alle Arten, die höher als 2,5–3 m werden.

→ Eine Strukturpflanze, an der ständig herumgeschnippelt werden muss, gibt kein schönes Bild.

Der warme Wintergarten

Die meisten Wintergärten sind heute als warme Wintergärten konzipiert, d. h. ganzjährig ganztägig nutzbar. Einen Wintergarten ständig zimmerwarm zu halten ist zwar Energieverschwendung; wenn die Nachttemperaturen aber hoch sein müssen, wachsen unter solchen Umständen »echte« Tropenpflanzen am besten. Problematisch wird »zimmerwarm« bei sehr hoher Sonneneinstrahlung. Tropenpflanzen sind nämlich nicht nur empfindlich gegen Kälte, sondern auch gegen Überhitzung!

Bäume für wärmere Wintergärten

Ging es bisher überwiegend um recht stabile Immergrüne, nämlich die Strukturpflanzen, treten jetzt mehr die Blütenpflanzen in den Vordergrund. Raschwüchsige Gehölze bedingen auch einen oft raschen Laubwechsel. Blüten und Blätter liegen ständig auf dem Boden oder in der Pflanzung. Wer Wohnraummaßstäbe anlegt, tut sich damit schwer. Es ist ähnlich wie im Kinderzimmer. Aber man kann die Reinigungsintervalle ausdehnen, indem man vor dem Fegen die jeweiligen »Kinder« kräftig schüttelt. Und die richtigen Pflanzen auswählt.

Da sie das oberste Stockwerk bilden, sind Bäume gewöhnlich Starklichtpflanzen. Wenn dennoch eine ganze Reihe unsere schlechten winterlichen Lichtverhältnisse aushält, handelt es sich entweder um Arten aus Gegenden mit ständig hohem Bewölkungsgrad oder um Pflanzen des so genannten zweiten, also unteren Stockwerks der Wälder. Diese sind allein schon wegen ihrer Größe wesentlich besser für Wintergärten geeignet als Jungpflanzen von Urwaldriesen.

Bei Licht und Wärme liebenden exotischen Blütenbäumen stellt sich ganz besonders die Frage, ob die Wärmesumme einer Vegetationsperiode ihnen für einen kompletten Wachstumszyklus ausreicht. Ein Beispiel: Der weltweit wohl meistgepflanzte Tropenbaum ist *Delonix regia,* der **Flamboyant**. In Teneriffa wächst dieser Baum im Norden wie im Süden. Allerdings blüht er im Norden nicht. Einige Grad Temperaturunterschied, ein höherer Bewölkungsgrad sind bereits ausreichend, dass es nicht zum Blütenansatz kommt.

Bei weniger lichtbedürftigen Arten wird dieser durch die winterliche Schwachlichtperiode nicht zwangsläufig bedingt. Viele blühen dann irgendwann, sie ähneln darin der kälteverträglichen Japanischen Faserbanane (siehe Seite 89 und 155). Diese wächst im Kalthaus wie im Warmhaus, wird auch gleich groß. Nur dauert es im Kalthaus bis zur Entwicklung des Blütenstands fast doppelt so lange.

Soweit nicht anders erwähnt, brauchen die auf den folgenden Seiten vor-

Die Auswahl der Leitpflanzen für den Wintergarten steht am Anfang der Pflanzplanung. Rasch wird klar: Vorsicht vor zu schnell wachsenden oder nicht zurückschneidbaren Arten!

Die gartenbauübliche Einteilung von Gewächshäusern ist über die tatsächliche Nachttemperatur definiert und kann für Wintergärten übernommen werden. Vorsicht: Die am Thermostat eingestellte Temperatur kann von der tatsächlichen Temperatur erheblich abweichen!
- Kalthaus: nachts 4–10 °C
- Lauwarmhaus: nachts 12–16 °C
- Warmhaus: nachts über 18 °C

Bäume für wärmere Wintergärten | 125

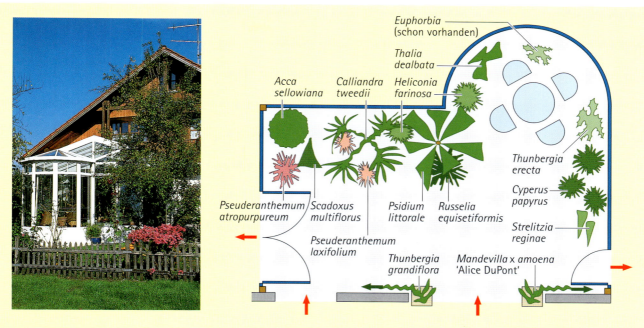

Ein warmer Wintergarten mit Papyrus

Wenn man großflächige, aber niedere Wintergärten ohne Becken oder Bankbeete intensiv begrünen will, artet das im Sommer rasch in Arbeit aus. Die Verwendung von großen Kübeln wegen des dann größeren Wasserspeichers hat nur einen temporären Effekt, er wird vom stärkeren Wachstum rasch aufgezehrt. Trotzdem, wenige große Kübel mit großen Pflanzen sind rationeller zu bewirtschaften als viele kleine. Niedrige, bodendeckende Pflanzen setzt man deshalb möglichst in denselben Kübel wie die Solitärpflanze.

Dieser zimmerwarme Wintergarten kann als recht durchdacht bezeichnet werden. Neben der Verwendung großer Kübel wurde Wert auf Pflanzen gelegt, die in der Bewässerung einfach sind. So wurden zum einen Pflanzen bevorzugt, die wie die Strelitzie wenig Wasser brauchen, gleichzeitig wurden Sumpfpflanzen wie Papyrus verwendet, die in einem glasierten Topf ohne Wasserabzug stehen können und deren »Tank« nur gelegentlich bis zur Topfoberkante gefüllt wird. Auch der Vorteil der Pflanzung in Kübeln wird in diesem Wintergarten deutlich. Stehen die Pflanzen auf rollenden Untersätzen, lässt sich der Wintergarten in wenigen Minuten umgruppieren. Man ist viel flexibler. Eine große Kaffeetafel für eine Familienfeier, ein Kindergeburtstag bei Regenwetter, ein Baustofflager für die Handwerker – hier ist das alles kein Problem.

gestellten Bäume Lauwarmhausbedingungen. Zwar gedeihen auch die meisten Kalthausbäume im Warmen, doch erschöpfen sich deren Reserven dort schneller.

Schmetterlingsblütler

Fast alle Bäume dieser Familie brauchen viel Licht. Schmetterlingsblütler kommen sehr oft auf eher schlechten Standorten vor, weil sie dort wenig Konkurrenz haben. Im Gegensatz zu anderen Pflanzen können ihre Wurzeln nämlich Stickstoff aus der Luft verwerten. Deshalb wachsen sie rasch, solange sie ausreichend Wasser und vor allem Licht haben.

Die meisten Schmetterlingsblütler werden wegen ihrer Blüten kultiviert. Sie sind oft so prächtig wie die des Goldregens *(Laburnum)* oder der Glyzine *(Wisteria)* – beides ebenfalls Schmetterlingsblütler.

Die Blüten der exotischen Schmetterlingsblütler können sehr verschieden sein. Eine Gruppe hat große, recht auffallende Blütenblätter. Hierzu zählen die Bauhinien. Bei der zweiten Gruppe fehlen die Blütenblätter, dafür sind die Staubfäden meist lang und intensiv gefärbt – der Puderquastenstrauch ist hier ein Beispiel. Die dritte Gruppe hat sowohl Blütenblätter als auch meist kontrastierende auffällige Staubfäden. Dazu gehört etwa *Caesalpinia.* Neben den Akazien, von denen die wegen ihrer Blüten gezogenen Arten durchweg besser im Kalthaus stehen, sind die **Bauhinien** *(Bauhinia)* die verbreitetsten kleinkronigen Zierbäume dieser Familie. Die wichtigsten Arten stammen aus dem wärmeren Himalaja. Ihre bis handtellergroßen weißen, rosa, roten oder lila Blüten ähneln einem Schmetterling oder einer Orchidee – deshalb ihr Name **Orchideen-** oder **Schmetterlingsbaum**. Auch ohne Blüten erkennt man sie sofort. Ihre im Grundriss fast runden Blätter sind dort, wo gewöhnlich die Blattspitze ist, tief eingekerbt, gleichen also einer aufgeklappten dicken Bohne.

Was bei uns als *Bauhinia* angeboten wird, sind meist Formen von *B. variegata*. Nur wenn die Blütezeit nicht im Spätwinter und Frühjahr ist, ist es eine andere Art. Die meisten Bauhinien werfen kurzzeitig das Laub ab, mit dem Verlust der letzten alten Blätter setzt der Neutrieb ein, gleichzeitig die Blüte.

Als buschige Kübelpflanzen sind einige *Cassia*-Arten **(Gewürzrinde)** bekannt. Kassien sind sehr weit verbreitet, sodass man für jede Temperatur eine geeignete Art finden kann. Die für uns wichtigen haben durchweg gelbe Blüten im Sommerhalbjahr bzw. solange es hell genug ist, sie sind also typische Dauerblüher. Ihre gefiederten Blätter ähneln ziemlich denen von Robinien (»Scheinakazien«). Die als Kübelpflanzen wichtigsten Arten, die robuste *C. corymbosa* aus dem subtropischen Amerika und die **Erdnussbut-**

Pflanzen mit fein gefiederten Blättern wie *Calliandra* haben meist hohe Lichtansprüche.

ter-Kassie *C. didymobotrya* (wegen des eindeutig duftenden Laubs) aus dem tropischen Afrika, sind als kleinkronige Stämme mit die besten. Da sie nicht höher werden als 3–4 m, das aber recht rasch, passen sie auch in niedrige Wintergärten. Wenn sie im Spätherbst unschön werden, schneidet man sie kräftig zurück und hält sie dann fast trocken. Sollten Kassien Samen anset-

Extra-Tipp

Extrem kleinblättrige lichtliebende Arten bzw. solche mit fein gefiedertem Laub, die niedrige Temperaturen vertragen, sollte man nicht in warme Wintergärten stellen. Sie fangen dann nämlich an zu rieseln. Das kann sich über Monate hinziehen, bis zum kompletten Laubverlust. Eine Ausnahme machen nur große Anlagen, wo ein höherer Bodendecker die kleinen Blättchen schluckt. Schlimme »Riesler« sind vor allem die fein gefiederten Akazien, aber auch Pfefferbäume (Schinus) und vor allem Jacaranda.

Für warme Wintergärten sind winterblühende *Bauhinia*-Arten Bäume erster Wahl.

Bäume für wärmere Wintergärten   127

zen – die Hülsen erinnern meist an grüne Bohnen –, entfernt man sie sofort. Sonst ist die Dauerblüte recht bald vorbei.

Ziemlich neu in der Wintergartenbegrünung ist die Gattung *Calliandra*, die **Puderquastensträucher**. Ihre Blätter sind sehr fein doppelt gefiedert, ähneln darin verschiedenen australischen Akazien. Eigentlich traut man diesen Pflanzen, die in den feuchten Tropen auch im Halbschatten gedeihen, nicht zu, dass sie in unseren Wintern selbst bei einer Temperatur von 10 °C fast durchblühen, mit einer wenig ausgeprägten Pause im Frühjahr. *Calliandra* fehlen die Blütenblätter, was wir sehen, sind nur intensiv gefärbte Staubfäden – ähnlich wie beim Zylinderputzer (*Callistemon*, siehe Seite 161). Sie bilden einen mehrere Zentimeter breiten Ball, der oft mit einem Nadelkissen oder einem Rasierpinsel verglichen wird.

Die Jacaranda gehören zu den wenigen Tropenbäumen, die auch bei uns recht zuverlässig blühen. Allerdings brauchen sie Platz.

Calliandra sind in den Tropen meist 4–6 m hohe und fast ebenso breite Sträucher. Sie lassen sich beliebig schneiden, auch als Stamm erziehen, wobei die unterschiedlichen Wachstumsmuster der verschiedenen Arten dann besser herauskommen als bei frei wachsenden Büschen. Alle brauchen viel Wasser. Sie sind praktisch schädlingsfrei. Die wichtigsten Arten sind die rote *C. tweedii*, die weiße *C. portoricensis* und die rosa *C. selloi*.

Bei den Wintergartenpflanzen Australiens und Südafrikas sind noch weitere baumartige Schmetterlingsblütler genannt, die sich jedoch hauptsächlich für Kalthäuser eignen (siehe Seite 160).

Bignoniengewächse

Wer Wert auf Farbtupfer in den oberen Regionen seines Wintergartens legt, sollte sich die Bignoniengewächse merken. Wobei es bisher fast nur Kletterpflanzen sind, die ihren Weg über südliche Baumschulen bis zu uns gefunden haben (kletternde wintergartengeeignete Arten dieser Familie siehe Seite 140f.). Auch in unseren Gärten gibt es Bignoniengewächse, so die Trompetenwinde (*Campsis*) oder den sommerblühenden Trompetenbaum (*Catalpa*). Im Süden sind es vor allem Jacaranda und der Tulpenbaum bzw. »Flame of the Forest«, *Spathodea campanulata*, die unsere Aufmerksamkeit auf sich ziehen.

Die meisten baumartigen Bignoniengewächse stammen aus Gebieten mit kurzer Trockenzeit. Sie verlieren dann nach und nach ihr Laub – um aber, wenn sie nicht kühl und trocken gehalten werden, sofort wieder auszutreiben. Was außer dem anhaltenden Laubfall gegen sie spricht, ist ihr ra-

Der afrikanische Tulpenbaum, *Spathodea campanulata*, ist eine Pflanze mit Blühchance.

sches Wachstum. Es sind zwar nur kleine Bäume, aber doch so groß, dass sie auch in einen zweistöckigen Wintergarten nur hineinpassen, wenn man von Jugend an die Kronenentwicklung korrigiert. Glücklicherweise bleiben sie mit Ausnahme der Jacaranda recht schlank.

Als einer der wichtigsten Alleebäume der Subtropen sind **Jacarandas** (*Jacaranda mimosifolia*, auch **Palisanderbaum** genannt) für jeden, der sie im Frühjahr blühen sah, ein unvergessliches Erlebnis. Ob in Ägypten oder in Südafrika, Jacaranda-Alleen prägen Anfang Frühjahr oft das Stadtbild. Manchmal sieht man sie auch in der Art einer Kugelrobinie beschnitten, sehr dicht und üppig belaubt, aber kaum blühend.

Jacarandas sollte man möglichst nur ihres Laubs wegen pflanzen. Dieses ist genauso fein gefiedert und üppig wie das vieler exotischer Schmetterlingsblütler, die weit empfindlicher sind. Man kann sie selbst zwischen 5 und 10 °C noch gut halten, während ähnlich belaubte Exoten mindestens 15 °C brauchen.

Ihre fliederfarbenen, fliederartigen Blütenstände entwickeln Jacarandas auch bei uns, oft schon drei bis vier Jahre nach der Aussaat. Ein gravierender Nachteil ist das Rieseln. Ab Herbstmitte zerfallen über Wochen und Monate die Blätter in Millionen kleinster Fiederblättchen.

Auch aus Südamerika, mit einem Schwerpunkt in der Karibik, stammen die *Tabebuia*-Arten, auch **Ipé-Baum** genannt. Alle haben über 5 cm breite Trichterblüten, die zu mehreren oder vielen in einem Büschel zusammenstehen. Von zartem Pastellrosa bis zu einem tiefen Gelb mit orangeroten Linien kommen die verschiedensten Schattierungen vor. Je nach Art blühen sie zwischen Winter und Frühsommer, oft am Ende nahezu laubloser Triebe. *Tabebuia* blühen auch bei uns, die Farbwirkung entspricht fast der einer Forsythie.

In den Tropen oft verwildert, blüht *Tecoma stans* im Wintergarten fast das ganze Jahr.

Der neben Jacaranda zweite Eliteblütenbaum der Bignoniengewächse ist *Spathodea campanulata*, der **Tulpenbaum**, ein echter Afrikaner. Man sieht ihn auf den Kanaren überall als Straßenbaum, wo wenig Autos fahren. Er ist recht brüchig. Dies in Verbindung mit starkem Austriebsvermögen und rasantem Wuchs führt dazu, dass *Spathodea* freiwillig keine regelmäßige Krone bildet, sondern oft pappelähnlich mit mehreren Leittrieben aufrecht wächst. Er lässt sich aber gut rundkronig formieren. Die riesigen Blütenbüschel sind tief orangerot und von gewaltiger Fernwirkung. Mit viel Glück erscheinen sie im Frühjahr und Sommer.

Ein zweiter Afrikaner ist *Markhamia lutea*, oft als **»Yellow Spathodea«** bezeichnet. Ihre großen gelben Trompetenblüten erscheinen bei uns zwischen Anfang Winter und spätem Frühjahr. *Markhamia* ist wesentlich stabiler immergrün als *Spathodea*, verträgt trotz ihrer tropischen Herkunft auch etwas niedrigere Temperaturen und wird nur 5–10 m hoch. Da sie aber in ihrer Jugend ebenso rasch wächst wie *Spathodea*, muss man sie frühzeitig zu bändigen versuchen.

Auch in Südostasien gibt es Bäume aus der Bignonienfamilie. Der für uns wichtigste, *Radermachera sinica*, ist aber trotz der großen Blüten vor allem eine Blattschmuckpflanze, die inzwischen auch einen Platz im Topfpflanzensortiment gefunden hat. Ihre im Umriss dreieckigen Blätter sind doppelt gefiedert und bis 75 cm lang, sie erinnern stark an einen Farn oder ein geschlitztblättriges Araliengewächs. *Radermachera* wirft zwar im Winter ihr Laub weitgehend ab, treibt aber rasch wieder aus. Besonders als Kü-

Im Gegensatz zur Erdbeerguave (großes Bild) wirft die Echte Guave (kleines Bild) im Spätwinter ihr Laub ab.

belbaum ist sie sehr wertvoll, weil sie sich erst in Überkopfhöhe sparsam verzweigt, dann aber nur noch langsam in die Höhe wächst.

Wenn im Spätherbst und Winter in den Subtropen beim Vorbeifahren aus allen Gärten »Forsythien« leuchten, ist das *Tecoma stans*, der **Trompetenbusch**, einer der bekanntesten subtropischen Blütensträucher. Rund um den Globus ist *Tecoma* zum Kulturflüchtling geworden. Neben *Tecomaria* ist *Tecoma* das einzige strauchige Bignoniengewächs, das als kleiner Baum auch im einstöckigen Wintergarten zu halten ist.

Myrtengewächse

Die Myrtengewächse sind eine sehr vielfältige Familie. Ein Teil sind typische Kalthauspflanzen, so die Eukalypten, die Zylinderputzer oder die chilenischen Lumamyrten (siehe Seite 161ff.). Andere eignen sich gut für warme Wintergärten.

Als baumförmige Arten für lauwarme Wintergärten sollen vor allem die **Guaven** erwähnt werden. *Psidium littorale* wird auch **Erdbeerguave** genannt. Meist strauchartig, wird sie von südlichen Baumschulen genauso häufig als dichter, kugelförmig geschnittener Halbstamm oder Stamm angeboten. Diese vollständig immergrüne Art hat im Frühjahr 2–3 cm breite weiße Blüten, die vor allem durch die großen Staubfadenbüschel und den köstlichen Duft auffallen. Je nach Unterart erscheinen später gelbe oder rote, bis 4 cm breite essbare Früchte. Frei wachsend bis 8 m hoch, lässt sie sich mit regelmäßigem Schnitt auch in einstöckigen Wintergärten halten, wobei sie selbst in absonnigen Lagen und unter Kalthausbedingungen noch gedeiht.

Die Blüten vieler Myrtengewächse (wie hier *Acmena smithii*) bestehen nur aus einem Staubfadenbüschel.

Dagegen braucht die **Echte Guave**, *P. guajava*, ein Lauwarmhaus. Sie gehört zu den wenigen Tropenfrüchten, die bei uns im Winter in erstklassiger Qualität geerntet werden können. Die Echte Guave wird zwar bis 10 m hoch, lässt sich jedoch mit entsprechendem Obstbaumschnitt leicht als 3–4 m hoher Baum halten. Auf die großen weißen Myrtenblüten, die mit einem Höhepunkt im Frühjahr nach der Wiederbelaubung den ganzen Sommer über erscheinen, bilden sich bei guten Herkünften bis 10 cm breite, runde bis birnenförmige gelbe Früchte. Allein schon der Duft einer aufgeplatzten reifen Guave ist ein Erlebnis. Nach der Reife der letzten Früchte werden die Blätter abgeworfen, danach schneidet man zurück. Leider stellt die Echte Guave einen Leckerbissen für Weiße Fliegen dar.

Auch *Eugenia uniflora*, die **Surinamkirsche**, stammt aus dem tropischen Südamerika. Sie ist ebenso immergrün wie ihre australischen Verwandten *Syzygium paniculatum* und *Acmena*. Alle werden sie nicht nur wegen ihrer ganzjährig dekorativen Belaubung und der Blüten, sondern auch ihres farbenfrohen Fruchtschmucks wegen gezogen. Obwohl sich die Pflanzen hervorragend schneiden lassen, wie Buchs oder Lorbeer, sind frei wachsende Stämme viel schöner. Die Seitentriebe hängen nämlich leicht über, wodurch die Pflanzen angenehm grazil wirken. Der Fruchtbehang ist oft überreich und zum Teil sehr langlebig, die birnen- bis hagebuttenförmigen Früchte sind meist nur 1–2 cm groß. Als Fruchtfarben kommen vom seltenen Weiß über Rosa, Magenta bis zum tiefen Purpurrot viele Schattierungen vor.

Bixa orellana, der Lippenstiftbaum oder Anatto, diente schon den Indianern zur Kriegsbemalung.

Alle genannten Gattungen können 10 m hoch werden, sie lassen sich mit regelmäßigem Schnitt im Kübel aber auch im einstöckigen Wintergarten halten. Halbschatten vertragen sie ausgezeichnet.

Sieht man von der Echten Guave ab, sind sie nahezu schädlingsfrei und machen nur dann viel Arbeit, wenn erst Verblühtes und im Spätherbst/Winter die reifen Früchte zusammengefegt werden müssen.

Maulbeerbaumgewächse

Unter den Maulbeerbaumgewächsen finden sich eine ganze Reihe bekannter dekorativer Obstgehölze, angefangen vom **Feigenbaum** *(Ficus carica)* bis zum **Brotfrucht-** *(Artocarpus altilis)* und **Jackfruchtbaum** *(Artocarpus heterophyllus)*.

Für lauwarme Wintergärten ist einzig die Gattung *Ficus*, also die **Gummibäume** oder **Feigen**, von Interesse. Wohl kein besseres Blumengeschäft hat nicht mindestens 3–5 Arten vorrätig, eine ganze Reihe weiterer – es

Der warme Wintergarten

Der Hauptschmuck des Meerträubels sind seine riesigen, fast kreisrunden Lederblätter.

gibt insgesamt ca. 800 – kann leicht beschafft werden.

Gummibäume lassen sich nicht ohne weiteres einer »Regenwaldstimmung« zuordnen. Es gibt Arten, die zusammen mit Agaven in den Halbwüsten Mexikos wachsen. Andere zeigen durch ihre hartlaubigen Blätter, dass sie einen hoch entwickelten Verdunstungsschutz besitzen und keinesfalls auf ständige Regengüsse angewiesen sind. Auch im innerstädtischen Bereich der trockenen Subtropen gehören die verschiedenen Gummibaum-Arten zu den wichtigsten Straßenbäumen bei minimaler Luftfeuchte.

Tropenbäume der Karibik

Die artenreiche Karibik liefert eine ganze Reihe wintergartengeeigneter kleinkroniger Bäume. Da die Karibik schon tropisch ist, wenn auch am nördlichen Rand, gehören ihre Pflanzen nur in den zimmerwarmen Wintergarten, brauchen also im Winter um 18–20 °C. Im Sommer vertragen sie ohne weiteres durchgehend offene Lüftung, auch wenn die Nachttemperaturen einmal auf 5 °C zurückgehen sollten.

Mit seinen Früchten ein ganz auffälliger Baum ist *Bixa orellana*, der **Lippenstiftbaum** oder **Anatto**. Nicht nur Lippenstiftfarbe, sondern vor allem Lebensmittelfarbstoff wird aus seinen dunkelroten Samen gewonnen. Schon die Indianer nutzten Anatto zur Kriegsbemalung. Die Form der Frucht erinnert stark an Bucheckern, sie sind rot, sitzen in dichten Büscheln zusammen und kontrastieren hervorragend mit dem hellgrünen pappelartigen Laub.

Gleichzeitig sind auch noch zahllose rosa-weiße Blüten offen. Der Lippenstiftbaum wächst recht rasch, wird aber kaum über 5 m hoch. Sehr häufig sieht man ihn als rundkronig geschnittenen Alleebaum, beispielsweise in Bali.

Die Amerikaner hatten schon immer griffige Namen: *Clusia rosea* heißt bei ihnen **Autogrammbaum**. Unter Jugendlichen ist es ein Spaß, seine Initialen in die jungen dickfleischigen Blätter zu ritzen und dann beim Wachsen zuzusehen. Bei uns wird *Clusia* meist nur um 3 m hoch, für einen Baum muss sie aufgeastet werden, sie wächst eher breitbuschig. Die etwa 5–8 cm breiten, trichterförmigen, weiß-rosa Blüten im Sommer sind sehenswert.

Obwohl *Coccoloba* bei uns kaum bekannt ist, hat sie einen deutschen Namen: **Meerträubel**, abgeleitet vom amerikanischen »Sea grape«. Die Früchte ähneln tatsächlich Weintrauben und sind essbar. Sonst ist **Coccoloba** aber ein immergrünes, im Alter bis 10 m hohes baumartiges Knöterichgewächs. Der Clou an der Pflanze sind die dickledrigen, bis 20 cm breiten, rundlichen Blätter. Sie wirken so exotisch, dass die Pflanze schwer zu kombinieren ist. Zu Hause ist sie in der Strandvegetation, in einer Halbwüs-

> ## Extra-Tipp
>
> *Je länger man mit Pflanzen lebt, desto eher treten Blattstrukturen und Wuchsformen in den Vordergrund. Blütenreichtum und -formen verlieren demgegenüber an Bedeutung. Einen guten Vorgeschmack dieses veränderten Stilempfindens gibt ein Blick in den nächtlich erleuchteten Wintergarten: Was dort noch zu sehen (und zu riechen!) ist, das ist zeitlos von Bedeutung.*

Statt der echten, aber empfindlichen Papaya *(Carica papaya*, Bild) verwendet man in Wintergärten besser die robuste Bergpapaya *(Carica pentagona)*.

Bäume für wärmere Wintergärten | 131

Wo es keine Fröste mehr gibt, sind Hibiskus ständige Begleiter.

tenstimmung würde sie wohl auch nicht stören.

Ein kleiner südamerikanischer Baum passt nicht zu den Blütengehölzen, er ist eher eine anfangs sehr schlanke Strukturpflanze: Die **Babaco** oder **Bergpapaya**, *Carica pentagona*, ist die robuste Schwester der Papaya. In den ersten Jahren wächst sie sehr rasch mit nur einem dicken Trieb straff aufrecht, ist mit ihren lang gestielten, handförmig geteilten großen Blättern eine prächtige Blattschmuckpflanze. Die schon in der Jugend erscheinenden Blüten rund um den Stamm entwickeln sich zu Fruchtkränzen, die Einzelfrüchte sind leicht 1 kg schwer, bis 30 cm lang, erst grün, mit zunehmender Reife orangegelb. Die Früchte werden wie Papayas verwendet.

Babaco wird rasch 5 m hoch, die Breite lässt sich durch Entfernen der Seitentriebe leicht begrenzen. Sie passt ausgezeichnet in jeden exotischen Wintergarten vom Typ tropischer ländlicher Innenhof, beispielsweise zusammen mit Bananen und anderem Obst. Sehr rasch sehr wirkungsvoll!

Aus der Karibik stammen auch die **Frangipani** *(Plumeria)*. Jeder Pflanzenliebhaber, der schon einmal in den Tropen oder Subtropen war, kennt sie und will sie haben. Meist als Büsche stehen sie in jedem Privat- und Hotelgarten, als kleine Bäume in Fußgängerzonen, in Kübeln vor Banken – wo man eben eine ganzjährig blühende exklusive Pflanze braucht, die kaum Schmutz macht, kontrolliert wächst und die man kaum gießen muss. Wie der Oleander am Mittelmeer, der mit der Frangipani nahe verwandt ist. Frangipani haben in den Tropen besenstieldicke Neutriebe und produzieren fortlaufend neue, bis halbmeterlange, 15 cm breite Blätter, ständig schließen Triebe mit Blütenknospen ab, verzweigen sich dann und so fort. Ohne Pause. Bei uns werfen Frangipani, ungeachtet der Temperatur, im Winter meist alle Blätter ab. Solange es ihnen zu kühl und zu wenig hell ist, stehen sie da wie verzweigte Besenstiele, monatelang. Dann bekommen sie kein Wasser. Um diese Zeit sind Frangipani höchst empfindlich. Die meist ziemlich spärlichen Wurzeln faulen leicht ab. In unseren Breiten ist *Plumeria* eine Kostbarkeit und nur für Fortgeschrittene zu empfehlen.

Während Frangipani die Pflanze ist, die uns durch die ganzen Tropengärten begleitet, begleitet uns **Hibiskus** durch die Subtropen. Ob als Busch, Halb-, Dreiviertel- oder Hochstamm – wer einen kleinkronigen, ganzjährig blühenden Wintergartenbaum braucht, nimmt einen Hibiskus.

Von *Hibiscus rosa-sinensis* gibt es zahllose Sorten, die ausgefallensten Farbkombinationen, tellergroße Riesen- oder auch gefüllte Blüten.

Hibiskus ist immergrün und blüht fast pausenlos, wenn er wärmer als 10 °C steht. Darunter baut er ab und verliert viel Laub. Wichtig ist ein Rückschnitt im Spätwinter auf ca. 1/3 des vorjährigen Triebes. Wer die ersten Blüten möglichst früh will, kann bereits im Spätherbst die Hälfte der Triebe einkürzen.

In den Tropen wohl der verbreitetste kleinkronige Baum, ist die Frangipani *(Plumeria)* bei uns eine etwas heikle Liebhaberpflanze.

Die Strauchschicht im warmen Wintergarten

Die Strauchschicht im Regenwald ist das, was bei uns als Baumschicht im Wintergarten steht.

Darunter ist es recht düster, weshalb es nicht mehr viele Blütengehölze gibt, schon gar nicht von kompaktem Wuchs. Eine ganze Reihe von strauchigen Blütengehölzen findet man jedoch an Waldrändern. Die meisten Sträucher, die in eine exotisch feuchte Pflanzung passen, sind deshalb fakultative Starklichtpflanzen. Je nach Exposition wachsen alle Waldrandpflanzen der Tropen ja im Extremfall ein halbes Jahr in der vollen Sonne, das andere halbe Jahr im Schatten. Viele Blütensträucher vertragen deshalb sowohl sonnige als auch absonnige Lagen, nur sind sie im zweiten Fall nicht sonderlich kompakt.

Exotische Blütensträucher

Eine ganze Reihe von exotischen Blütensträuchern kennen wir als blühende Topfpflanzen. Viele davon sind ausgezeichnet für den Wintergarten geeignet und können dort zu richtigen Schaupflanzen werden, besonders wenn man sie auspflanzt.

Akanthusgewächse

Die überwiegend halbstrauchigen Akanthusgewächse sind ausgezeichnete Blüten- und Blattschmuckpflanzen vor allem für kleine, annähernd zimmerwarme Wintergärten. Als Unterpflanzung sind sie fast ideal, wachsen sie doch am besten im Halbschatten. Viele gedeihen noch recht gut im Lauwarmhaus, werfen aber mit fallender Bodentemperatur viel Laub, werden schütter und erfordern frühzeitigen Rückschnitt. Ausgepflanzt erreichen die meisten Akanthusgewächse in wenigen Jahren ihre Endhöhe.

Die meisten als Zierpflanzen bekannten Vertreter stammen aus Süd- und Mittelamerika. Ein typischer, mit gut 2 m schon sehr hoch werdender Vertreter ist die *Sanchezia*. Zwar hat auch sie einen sehr auffallenden aufrechten Blütenstand an den Triebenden, Hauptschmuck sind aber die bis 30 cm langen, spitz zulaufenden Blätter. Mittelrippe, Hauptnerven und Blattrand sind hell- bis goldgelb gezeichnet, ein ausgezeichnetes Farbenspiel im Halbschatten. Recht ähnlich ist *Aphelandra squarrosa*, die **Zebrapflanze**. Der Blütenstand dieses höchstens mannshohen Strauchs ist gelb.

> ## Extra-Tipp
>
> Man sollte nicht zu viele Blütensträucher nebeneinander platzieren, viele Arten dulden während der Blüte keine optische Konkurrenz. Am besten lässt man sie als Blickfang aus einem einheitlichen Bodendeckerteppich herauswachsen oder bindet sie in eine immergrüne heckenartige Abpflanzung ein. Letzteres vor allem deshalb, weil eine ganze Reihe dieser Blütensträucher weichholzig ist, im Winter nicht gut aussieht und deshalb oft schon im Spätherbst zurückgeschnitten wird.

Sehr wüchsig, aber oft kaum kniehoch ist die im Spätwinter blühende *Jacobinia pauciflora*.

Die Strauchschicht im warmen Wintergarten 133

Ein ähnlich intensives Blau wie beim Tropischen Blauen Salbei *(Eranthemum pulchellum)* findet man nur beim Enzian.

Ganz anders die verschiedenen *Odontonema*-Arten. *O. schomburgkianum*, der »**Rote Regen**«, macht bis 2 m hohe fleischige, überwiegend aufrechte Triebe, von deren Spitze im Spätherbst und Winter die halbmeterlangen Blütentrauben herabhängen. Die Röhrenblüten erinnern stark an schlanke Fuchsien, sie sind leuchtend rot und bis 4 cm lang.

Die **Jakobinie**, botanisch *Justicia* (früher *Jacobinia*), war früher eine beliebte Topfpflanze, besonders *Justicia carnea*. In tropischen Gärten sieht man sie oft im Halbschatten als brusthohen Strauch, mit gut 10 cm langen, aufrechten Blütenköpfen. Leider gehen die zahlreichen rosa bis fleischfarbenen Blüten fast gleichzeitig auf, weshalb die Blütezeit kurz ist. Wenn man die alten Blütenstände rasch abschneidet, kann man aber zu 3 bis 4 Blühschüben im Jahr kommen. Wesentlich kleiner bleibt *J. pauciflora* (Syn.: *J. rizzinii*), ein fein verästelter, weichholziger Strauch. Wo man bei uns Einfassungsbuchs verwendet, nimmt man in den Tropen als kleines Formgehölz oft diese Pflanze. Viel wüchsiger als Buchs, wird sie alle paar Wochen mit der Schafschere »fixiert«. Diese »Jakobinie« hat im Spätwinter zahlreiche 2–3 cm lange Röhrenblüten, die je zu zwei Drittel rot, zu einem Drittel orangegelb sind. Ein sehr ähnliches Verzweigungsmuster hat *J. spicigera* mit roten Röhrenblüten, sie wird aber deutlich höher.

Eine der bekanntesten Topfpflanzen der Akanthusgewächse, inzwischen auch als Kübelpflanze angeboten, ist der **Zierhopfen** *(Beloperone guttata)*. Gestäbt oder zu Pyramiden gebunden gut meterhoch, erscheinen die hopfenähnlichen Blütenähren mit weißen Blüten und braunroten Deckblättern fast das ganze Jahr über.

Auch in den subtropischen Flusstälern des Himalaja gibt es Akanthusgewächse. Genannt sei *Adhatoda vasica*, ein anspruchsloser Deckstrauch, der viel zu wenig gewürdigt wird. Zwar hat er auch große, weiße, kerzenartige Blütenstände. Sein Vorteil ist aber die tropische Unauffälligkeit. Mehrfach wiederholt in einer heckenartigen Pflanzung, vermag er mit seinem auch im Winter üppigen, saftigen Laub blühende Blickpunkte voneinander zu trennen. *Adhatoda* ist ein ausgezeichnetes Füllgehölz, das sich Stück für Stück herausnehmen lässt, dabei aber nicht wuchert.

Aus Indien stammt auch der berühmte **»Tropische Blaue Salbei«** *(Eranthemum pulchellum)*, bei uns als blühende Topfpflanze nicht selten. Die Blüten, die im Herbst/Winter in aufrechten Ähren in den Blattachseln und an den Triebenden erscheinen, sind tiefblau, eine bei Pflanzen seltene Farbe.

Vor allem Blattschmuckpflanzen sind die *Pseuderanthemum*-Arten Südostasiens und Polynesiens. Zusammen mit Araliengewächsen wie *Polyscias* bilden sie das Unterholz bzw. die niedrigen Decksträucher der tropischen Hotelgärten. Am schönsten sind sie, häufig geschnitten bzw. weich entspitzt, mit neuem, farbenprächtigem Austrieb. Die wichtigsten Arten sind *P. atropurpureum* mit metallisch glänzendem purpurfarbenem Laub und *P. reticulatum*. Bei dieser Art ist oft die komplette Blattnervatur goldgelb gefärbt, sodass man bei manchen Blättern noch das Adernnetz sieht, andere sind knallgelb. Mit ihren oft 25 cm langen Blättern wirkt die Art sehr üppig, ein ausgezeichneter Farbfleck vor allem für Halbschatten.

Weitere Akanthusgewächse wie *Barleria*, *Thunbergia* und *Mackaya* finden sich im Kapitel über das Unterholz südafrikanischer Wintergärten (siehe Seite 168f.).

Hundsgiftgewächse

Gäbe es keinen Hibiskus, käme wohl den Hundsgiftgewächsen der erste

Pseuderanthemum purpureum ist als ständig geschnittene Blattschmuckpflanze in tropischen Gärten allgegenwärtig.

Tabernaemontana blühen fast ganzjährig. Ihr Duft kann sich mit dem von Gardenien messen.

Rang unter den Wintergartensträuchern zu. Wo es dem Hibiskus zu heiß wird, tritt Frangipani in den Vordergrund; wo es diesem zu kalt wird, der Oleander. Beide sind Hundsgiftgewächse.

Gemeinsam ist den Hundsgiftgewächsen ihre mehr oder weniger ausgeprägte Giftigkeit. Diese ist bei manchen Pflanzen gering, wie bei der als Obst dienenden *Carissa*, der **Natalpflaume**. Ganz nahe Verwandte, etwa *Acokanthera*, liefern aber ein höchst wirksames Pfeilgift.

Das wichtigste Hundsgiftgewächs exotischer Gärten ist zweifellos der **Frangipani** *(Plumeria)*, der eigentlich ein kleiner Baum wird und dort beschrieben ist (siehe Seite 131). Eine ganze Reihe von Jahren ist er aber nur strauchartig. Er erhält so lange einen Sonderplatz, wo man ihn im Winter trocken stehen lassen kann. Seine Wärmeansprüche sind hoch, er ist keine Pflanze für Anfänger.

Aus Südostasien stammen die *Tabernaemontana*. Diesen immergrünen, mittelfristig 2–3 m hohen Sträuchern sagen manche nach, dass sie schwieriger seien als Gardenien, andere betonen ihr Potenzial als Topfpflanze. Bei *Tabernaemontana* gibt es ein ziemliches Durcheinander mit den Namen. Hauptsächlich in Kultur sind zwei völlig verschiedene Formen. Die eine hat recht dünne Triebe, kleines, glattes, lederartiges Laub und einfache, etwas an ein Windrad erinnernde sternförmige Blüten, ganz ähnlich dem Sternjasmin oder weißem Zwergoleander. Die andere hat dicke Triebe, großes, gewelltes Laub ähnlich wie der Kaffeestrauch und gefüllte Blüten, die nicht nur aussehen wie Gardenien, sondern auch mindestens so stark duften. Dieser Typ, als 'Plena' im Handel, ist viel häufiger und für die meisten Zwecke auch besser. Eine ausgezeichnete Wintergartenpflanze, die höchstens einmal vom Dickmaulrüssler Besuch bekommt! *Tabernaemontana* blühen von Spätwinter bis Herbst.

Die afrikanischen Vertreter der Hundsgiftgewächse, *Carissa, Acokanthera, Adenium* und *Pachypodium*, gehören zu den Wintergärten mit südafrikanischen Pflanzen (siehe Seite 166ff.).

Wolfsmilchgewächse

Die Spannbreite der Wolfsmilchgewächse ist riesig, sie reicht von Wüsten- bis zu Regenwaldpflanzen.

Sieht man vom Weihnachtsstern ab – der im Übrigen ein ausgezeichneter Wintergartenstrauch ist, als Kurztagspflanze dort aber schlecht blüht –, ist die wichtigste Zimmerpflanze der **Croton** *(Codiaeum)*. Croton sind dichte, aufrechte, höchstens mannshohe Büsche mit großem, ledrigem, unwahrscheinlich buntem Laub, oft sind die Blätter gelappt.

Diese bekannten Zimmerpflanzen mögen durchaus ihre Berechtigung als pflegeleichte Sträucher zur Flankierung der Einfahrt eines tropischen Hotels haben, im Wintergarten wirken sie eher plump. Mit ihrer Farbe erschlagen sie jede dezente Tönung in der weiteren Umgebung. Vorstellen kann man sie sich aber im Kübel, in Begleitung gleich mächtiger Pflanzen.

Die Blattfarbe besticht auch bei einer Zierform des Manioks. *Manihot esculenta* 'Variegata', der **Maniok-** oder **Tapiokastrauch,** kann bis 3 m hoch

Da sie kaum verzweigt ist, hat die rasch übermannshohe *Jatropha multifida* nur geringen Platzbedarf.

Extra-Tipp

Wer kleine Kinder hat, sollte zumindest auf die besonders giftigen Vertreter der Hundsgiftgewächse verzichten, auch wenn sie noch so schöne Zierpflanzen sind.

werden. Er hat große, handförmig geteilte Blätter, die grün und gelb gezeichnet sind. Eine sehr schöne, raschwüchsige Pflanze, die man leicht zurückschneiden kann. Das ist im Spätherbst nötig, sie verliert ihr Laub, macht eine Ruhepause und sollte dann trocken stehen. Wenn man einmal in die Verlegenheit kommt, eine *Plumeria* mit passenden Begleitpflanzen zu einer karibischen Stimmung aufwerten zu wollen, wird man auch auf Wolfsmilchgewächse zurückgreifen.

Wer das Flair einer karibischen Bretterbudenstadt schätzt, mit Staubwirbeln bei jedem Luftzug, wird bei *Jatropha* fündig. Hecken aus der gut belaubten *J. curcas,* der **Barbados-Nuss;** kaum verzweigte Büsche von *J. multifida,* übermannshoch, mit Blattschöpfen aus 30 cm breiten, palmenartig gelappten, fein geschlitzten Blättern, darüber eine rote Doldenblüte; niedrige, dichtbuschige, ganzjährig rot oder rosa blühende *J. integerrima;* die bonsaiartige, kaum meterhohe *J. podagrica,* ein Kleinbaum mit ballonartig angeschwollener Stammbasis; darüber ein kleiner rizinusähnlicher Baum – *J. gossypifolia.* Die *Jatropha*-Arten, mit Ausnahme der bei uns gelegentlich als Topfpflanze angebotenen *J. podagrica,* werden hier völlig unterschätzt, obwohl sie in den gesamten Tropen und Subtropen zu den wichtigsten und unkompliziertesten Blütensträuchern zählen.

Aus den feuchten Gebieten Ostindiens und den Inseln des Pazifik stammen die *Acalypha.* Die *A. wilkesiana*-Sorten sind raschwüchsig, bis 2 m hoch und 1–2 m breit. In der Form ihrer Blätter von fast linealisch bis kreisrund, glatt oder gekraust, in allen Rot- und Gelbtönungen, sind die Pflanzen ziemlich

Die schrill gefärbte *Acalypha wilkesiana* ist nicht nur auf den Kanaren eine wichtige Heckenpflanze.

aufdringlich, trotzdem sehr beliebt. In Puerto de la Cruz in Teneriffa sind sie mit die wichtigsten Heckenpflanzen. Ganz anders *Acalypha hispida.* Im Alter bis 4 m hoch, war der **Fuchsschwanz** früher eine beliebte Zimmerpflanze. Die hängenden, karminroten, kätzchenartigen Blütenstände werden fast halbmeterlang und erscheinen schubweise zu allen möglichen Jahreszeiten. Für exotische Wintergärten eine Spitzenpflanze, die so schnell nichts krumm nimmt. Von *A. hispida* gibt es noch eine »Zwergausgabe«, *A. repens,* den **Kriechenden** oder **Erdbeerfuchsschwanz.** Er ist ein ausgezeichneter ausläufertreibender Bodendecker mit von Frühjahr bis Herbst erscheinenden, 2–3 cm langen, erdbeerfarbenen Kätzchen.

Krappgewächse – nur für Fortgeschrittene

Dass es nicht nur robuste Wintergartenpflanzen gibt, zeigen die Krappgewächse. In dieser Familie, zu der auch der Waldmeister gehört, finden sich beispielsweise **Gardenie,** *Ixora* und **Kaffee.**

Gardenie und **Kaffee** kennt jeder; und jeder, der einmal in den Tropen war, kennt *Ixora.* Sie ist dort mit die wichtigste Heckenpflanze, wo wertvolle Blütenpflanzen gewünscht sind. Am häufigsten ist die rote *I. coccinea,* die meist nicht viel höher wird als 1 m, und die stärker wachsende, gleichfalls rote *I. javanica.* Von *I. coccinea* gibt es eine ganze Reihe Zwergsorten, in Rot, Gelb und Kupferfarbe. Wenn sie blühen, und das tun sie fast ganzjährig, sieht man kein Laub mehr. Ohne Blüten gleichen sie unserem Einfassungsbuchs.

Besonders die Zwergsorten verlieren oft schlagartig ihr Laub, die Triebe sterben ab, vor allem im Winter.

In den Tropen ein ständiger dauerblühender Begleiter, wird die *Ixora* (»Dschungelgeranie«) bei uns meist nicht alt.

In der Natur wächst die Don-Juan-Pflanze, *Juanulloa aurantiaca*, wie unsere Misteln auf Bäumen.

Ähnliches erlebt man bei **Gardenien**. Passt ihnen der Boden oder das Gießwasser nicht oder ist ihnen zu kalt oder zu nass, werden sie sehr rasch gelb. Bodenpilze bringen erst einige Triebe zum Absterben, bald aber die ganze Pflanze. Dies gilt nur für *G. jasminoides*, die südafrikanische *G. thunbergia* ist von anderem Kaliber.

Auch *Coffea*, der **Kaffee**, wird gerne gelb; Ursache siehe oben.

Natürlich sind die genannten Pflanzen ausgezeichnete Wintergartenpflanzen, die den Vorteil haben, in jedem besseren Blumengeschäft erhältlich zu sein. Man muss aber ein Händchen haben, wobei der Schlüssel zum Erfolg oft das sparsame Gießen im Winter ist.

Das robusteste, fast ganzjährig blühende Krappgewächs ist eigenartigerweise hier ziemlich unbekannt. *Hamelia patens*, die **Hamelie**, bewohnt das ganze subtropische und tropische Amerika von Florida bis Paraguay. Sie ist ein lockerer, gut verzweigter immergrüner Strauch mit überhängenden Trieben, raschwüchsig und bis 4 m hoch. Mit einem Schwerpunkt im Sommer zeigt sie ihre Büschel gut 2 cm langer orangefarbener Blüten das ganze Jahr über.

Nachtschattengewächse: tropische Unkräuter

Vor allem als Kübelpflanzen sind uns die Nachtschattengewächse bekannt. Die **Engelstrompete** *(Brugmansia)*, der **Hammerstrauch** *(Cestrum)*, der **Enzianbaum** *(Solanum rantonnetii)* oder die **Baumtomate** *(Cyphomandra)*, auch *Iochroma*, der **Veilchenstrauch**, gehören dazu. Ebenso Kartoffel und Tomate. Vor den meisten dieser rasch wachsenden Pflanzen sei im Wintergarten gewarnt, es sei denn, man betrachtet sie als Provisorien. Nicht nur, dass sie im Winter so nach und nach ihr Laub abwerfen und dann wenig dekorativ sind, sie stellen fast alle im Frühjahr und Sommer richtige Schädlingsmagneten dar.

Glücklicherweise ist gerade die Art mit dem stärksten Duft fast vollständig immergrün und gut wintergartengeeignet: *Cestrum nocturnum*, der **Nachtjasmin**. Mit seinen gelbgrünen Röhrenblüten und seiner üppigen Belaubung sonst wenig auffällig, wird er weltweit gerne neben Sitzplätze gepflanzt, weil sein betörender Duft nachts die ganze Gegend einhüllt. Dabei wird er kaum mannshoch und auch nur so breit, wie man will – er ist höchst schnittverträglich.

Zwei Nachtschattengewächsen gebührt aber ein Vorzugsplatz im Wintergarten. Die **Don-Juan-Pflanze** *(Juanulloa aurantiaca)* ist eine Art Kletterstrauch, der in seiner Heimat Peru auf Bäumen wurzelt, ähnlich unserer Mistel. Frei wachsend wird er nur 1–2 m hoch, angebunden höher. Vollständig immergrün und mit seinen filzigen, eirunden Blättern nicht unattraktiv, verblüfft er mit ziemlich ungewöhnlichen orangefarbenen Blüten vom Spätwinter bis in den Herbst.

Vielen ist die **Brunfelsie** als Zimmerpflanze bekannt. Es gibt wohl an die 40 Arten, von denen einige zu den besten Wintergartenpflanzen zählen, zumal sie nie zu groß werden. Die blau blühenden Brunfelsien sind mit dem englischen Namen »yesterday, today and tomorrow« prägnant beschrieben. Die Blüten gehen tiefviolettblau auf, die Farbe verblasst innerhalb weniger Tage zu Reinweiß. Im Frühjahr und Sommer, der Hauptblütezeit, sind deshalb ständig Blüten der unterschiedlichen Farbabstufungen an der Pflanze, rein weiße neben blauen und violetten. Bei den weiß blühenden Arten vollzieht sich ein ähnlicher, aber nicht so auffallender Wechsel von Weiß nach Gelb.

Die handelsüblichen blauen Brunfelsien sind heute alle unter *Brunfelsia pauciflora* zusammengefasst, werden 1–3 m hoch und 0,5–1,5 m breit. In

Extra-Tipp

Die Brunfelsien wirken am besten als kleine Solitärs. Außerhalb ihrer süd- und mittelamerikanischen Heimat gedeihen sie optimal in Höhenlagen, wo das tropische Klima ins subtropische wechselt. In kühlen Wintergärten verlieren Brunfelsien im Winter viel Laub, oder die Blätter bekommen einen Gelbstich. Sonst sind sie das ganze Jahr makellos.

Die Strauchschicht im warmen Wintergarten

Anders als die meisten Nachtschattengewächse eignen sich die schwachwüchsigen Brunfelsien auch für kleine Wintergärten.

diesem Rahmen tummeln sich jedoch zahlreiche Varianten. Manche werden viel breiter als hoch, mit überhängendem Wuchs, andere wachsen straff aufrecht, fast pfeilerartig. Eindeutig definiert ist nur die var. *macrantha*, die als Topfpflanze eine große Rolle spielt. Sie hat die größten Blüten und Blätter, wächst aber sehr langsam und hat höhere Wärmeansprüche als die anderen. Alle Brunfelsien blühen auch im Kübel ausgezeichnet.

Von den weiß blühenden Brunfelsien findet man am ehesten *B. americana* und *B. lactea*, beide können im Alter große Sträucher werden. Gerühmt wird vor allem ihr unwahrscheinlich köstlicher nächtlicher Duft (»Lady of the night«).

Korbblütler

Vor allem aus den kühlen Regenwäldern Mittelamerikas stammen einige wichtige strauchige Korbblütler. Sie wachsen ähnlich rasch und üppig wie verschiedene Nachtschattengewächse, sehen aber im Winter viel besser aus, da sie ihr Laub weitgehend behalten und der Winter zur Hauptblütezeit gehört. Sie sind auch nicht so schädlingsanfällig, können aber fast ebenso rigoros wie die Nachtschattengewächse zurückgeschnitten werden. Am wichtigsten sind einige *Senecio*-Arten wie *S. petasitis* und *S. grandifolius* mit gelben Blüten. Sehr auffällig ist auch der **Mexikanische Dost**, *Eupatorium atrorubens*, dessen Blüten einem riesigen Ageratum ähneln.

Verbenengewächse

Von der Verbenenfamilie, zu der auch die Lantanen gehören, sind die *Clerodendrum*-Arten fast unverzichtbar, wenn man eine richtige Regenwaldstimmung im Wintergarten aufkommen lassen will. Neben einigen Vertretern im tropischen Afrika sind sie in Ost- und Südostasien zu Hause.

Manche Arten sind – trotz ihres tropischen Touchs – bei uns an der Grenze der Winterhärte, anderen ist das Lauwarmhaus schon fast zu kalt. Die ganzen strauchigen *Clerodendrum*-Arten gehören vom Frühjahr bis Spätherbst zu den herausragenden Blütenpflanzen, im Winter sind sie, soweit sie nicht blühen, unattraktiv. Von allen weichholzigen Blütensträuchern des Unterholzes sind die Clerodendren wohl die exotischsten.

Grandiose, 20 bis 30 cm breite, hell scharlachrote Blütenrispen zeigt der aus Java stammende **Pagodenstrauch**, *C. speciosissimum*. Im Laufe einiger Jahre 1 m hoch und breit, kann er bei zusagendem Standort auch 4 m erreichen. Nur wenige Pflanzen können so viel Tropenflair in den Wintergarten bringen wie diese Art und die ebenfalls aus Südostasien stammende **Pagodenblume**, *C. paniculatum*. Dieser lockere, straff aufrechte, kaum verzweigte Strauch entwickelt an den Triebenden im Sommer und Herbst riesige, über 30 cm lange, lockere, kegelförmige Rispen aus Hunderten von scharlachroten Blüten: ein Prachtstück von einem exotischen Blütenstand. Mehrere Blütenstände zusammen ergeben einen Farbfleck, den man auch auf eine Distanz von 50 oder 100 m nicht übersieht. Wenn schon das Besucherzentrum des Botanischen Gartens Singapur seinen Haupteingang mit weiträumig eingestreuten *C. paniculatum* bepflanzt, kann man sicher sein, dass man damit tatsächlich einen tropischen Blütenschatz hat.

Der dritte Lauwarmhaus-Ostasiat ist *C. philippinum*, früher als *C. fragrans* 'Pleniflorum' oder 'Turcamelia' bezeichnet. Diese weiß blühende Art kommt nur mit gefüllten Blüten vor, gerühmt wird sie wegen ihres starken Dufts. Als ziemlich sparriger, immer-

Der gigantische Blütenstand der Pagodenblume, *Clerodendrum paniculatum*, hat eine immense Fernwirkung.

grüner Strauch kann er bis zu 3 m hoch werden und blüht ganzjährig.

Sehr selten, aber gelegentlich als Topfpflanze zu finden ist *C. wallichii*, bis zu 2 m hoch, mit weißlichen Blüten im Winter in bis zu 35 cm langen Blütenständen. Dieses Potenzial sieht man der Topfpflanze nicht an, auch nicht, dass die länglich-lanzettlichen Blätter fast 30 cm lang werden können.

Als Vertreter aus dem tropischen Afrika gesellt sich noch der hellblaue *Clerodendrum ugandense* dazu, mit seinen usambaraveilchenblauen Schmetterlingsblüten. Er gibt das richtige Unterholz für afrikanische Tropenbäume, wie *Spathodea* und *Markhamia*, ab.

Auch zu den Verbenengewächsen gehört *Holmskioldia sanguinea*, die **Chinesenhutpflanze**. Als immergrüner Spreizklimmer kann sie in den Tropen bis 10 m hoch werden, man schneidet sie deshalb ständig. Die 2–3 cm breiten Blüten sind ganz ungewöhnlich radförmig bis glockig, rötlich bis orangefarben und erscheinen fast ganzjährig. Am besten zieht man sie als Pyramide oder am Spalier, sonst ist sie kaum zu kontrollieren.

In der Blütenfarbe erinnert *Clerodendrum ugandense*, der Schmetterlingsbusch, sehr an Usambaraveilchen.

Kletterpflanzen für den warmen Wintergarten

Exotische Pflanzungen kommen nur schwer ohne Kletterpflanzen aus. In der Natur sind nicht nur die Waldränder vorhangartig von ihnen bedeckt, sie klettern auch durch und über die Kronen der höchsten Bäume.

Alle Kletterpflanzen wachsen so schnell wie möglich nach oben. Werden sie in der Jugend nicht entspitzt, werden zum einen zusätzliche Triebe unterdrückt, zum anderen ist die Triebspitze rasch über Kopfhöhe entschwunden und blüht dann oft irgendwo im Gehölz. Unten bleiben nur noch die bald nackten Lianen. Eine Unterpflanze ist daher ratsam.

Nahezu alle Kletterpflanzen wollen einen beschatteten kühlen Fuß, aber den Kopf in der Sonne.

Wenn man sie nicht – schwer kontrollierbar – durch Bäume und Sträucher wachsen lässt, brauchen fast alle Kletterpflanzen ein Spalier oder ein Spannseil. In einer Ecke am Spannseil hochgezogen, die nackte Basis durch vorgepflanzte Sträucher versteckt, sind auch kräftig wachsende Kletterpflanzen im Griff zu halten.

Entsprechend ihrer Blattmasse brauchen die meisten Kletterpflanzen viel Wasser und Nährstoffe. Die im Frühjahr am alten Holz blühenden Arten schneidet man im Winter möglichst nicht.

Bougainvilleen

Sicherlich die verbreitetsten exotischen Kletterpflanzen sind **Bougainvilleen**. Zwei Arten sind wichtig: die

Kletterpflanzen für den warmen Wintergarten | 139

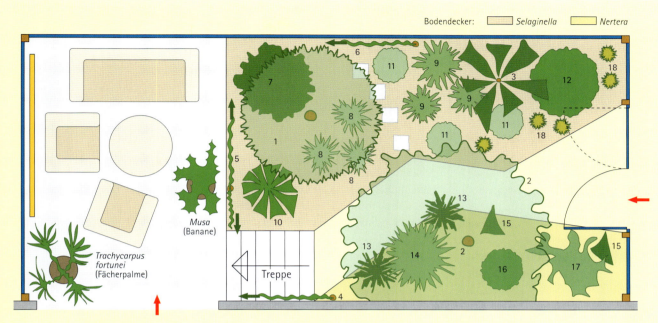

Leitpflanzen:
1 = *Brachychiton acerifolius*
2 = *Jacaranda mimosifolia*
3 = *Bauhinia variegata*

Kletterpflanzen:
4 = *Thunbergia grandiflora*
5 = *Pandorea pandorana*
6 = *Mandevilla x amabilis* 'Alice DuPont'

Begleitpflanzen:
7 = *Adhatoda vasica*
8 = *Hedychium gardnerianum*
9 = *Hedychium coronarium*
10 = *Alocasia macrorrhiza*
11 = *Murraya paniculata*
12 = *Clerodendrum fragrans*
13 = *Russelia equisetiformis*
14 = *Strelitzia reginae*
15 = *Jacobinia pauciflora*
16 = *Senecio grandifolius*
17 = *Alpinia zerumbet*
18 = *Elettaria cardamomum*

Hängende Gärten im warmen Glashaus

Selbst in unseren Breiten kann man sich einen Sitzplatz im Dschungel einrichten. Die richtige Pflanze am richtigen Ort, dazu das richtige Material und das richtige Mobiliar – wer hier Kleinigkeiten verbessert, denkt kleinkariert. Dass die Besitzer dieses Wintergartens nicht nur Stil haben, sondern auch eine hervorragende Pflanzenkenntnis, sieht man an der Verwendung der prächtigen *Thunbergia grandiflora* (siehe Bild Seite 138 unten).

Extra-Tipp

Kletterpflanzen gehören häufig zu den Farbflecken des Wintergartens, ihre Blütezeit ist oft lang. Man muss sich deshalb sehr genau überlegen, welche Pflanzen man kombiniert. Filigrane Pastellblüten in der Nachbarschaft schreiender Tropenfarben gehen leicht unter.

dichtverzweigte, recht dünntriebige malvenfarbene *B. glabra* mit ihrer Sorte 'Sanderiana' und die wesentlich lockereren, in allen Farben blühenden *B.*-Hybriden mit dicken Trieben und langen Dornen.

Während *B. glabra*, die man auch oft als dichte Kugeln, Stämme oder Pyramiden sieht, durchaus auch im Kalthaus gedeiht, sind die roten, gelben, kupferfarbenen oder weißen Sorten etwas anspruchsvoller. Man hält sie im Winter recht trocken, wobei sie viel Laub verlieren dürfen.

Bougainvilleen machen mehrere Blütenschübe im Jahr, vorausgesetzt, man schneidet sie bei nachlassender Blüte kräftig zurück.

Bougainvillea in ausgefallenen Farben, auch mit gefüllten Blüten, bekommt man fast ganzjährig als Topfpflanze. Stellt man sich diese als Großpflanzen vor, kann man sie nur mit Laubschmuckgehölzen kombinieren, da ihre Farbwirkung fast alles andere erschlägt.

Kletternde Bignoniengewächse

Mit einem Schwerpunkt in Süd- und Mittelamerika, stammen die kletternden Bignoniengewächse aus nahezu allen Kontinenten. Fast alle Arten vertragen eine Kalthausüberwinterung, sehen in Lauwarmhäusern aber besser aus und blühen früher.

Die robusteste immergrüne Art ist *Bignonia capreolata*, der **Kreuzwein** aus den südlichen USA. Er zeigt seine innen gelben, außen bräunlichen fingerhutähnlichen Blüten ab Mitte Winter über das ganze Frühjahr.

Robust ist auch die **Katzenkralle** *Macfadyena unguis-cati* (Syn.: *Doxantha*) mit gelben Blüten im Frühjahr und Frühsommer. Ihre Krallenranken halten sich an rau verputzten Wänden fest.

Gleichfalls aus Südamerika stammt die purpur blühende *Clytostoma callistegioides* mit ähnlicher Blütezeit. Von allen Bignoniaceen verliert sie im Winter am wenigsten Laub. Sie ist in der Belaubung auch die schönste, da

Die fast vollständig immergrüne *Bignonia capreolata* (Kreuzrebe) blüht bereits ab Mittwinter.

bis unten dichte Art. Viele ihrer Triebe hängen, ebenso wie bei *Bignonia capreolata*.

Das bekannteste südamerikanische Bignoniengewächs ist zweifellos der **Flammenwein** *(Pyrostegia venusta)*, von dem die Gärten nicht nur Teneriffas geradezu überwuchert sind. Dieses unwahrscheinlich leuchtende Orange mitten im Winter hat keine andere Pflanze zu bieten. Auch bei uns ist die Hauptblütezeit von Spätherbst bis Frühjahr, wobei nicht selten auch zu anderen Jahreszeiten eine Vollblüte möglich ist. Leider wirft *Pyrostegia* sehr viel Laub und kahlt rasch aus.

Zwei weitere wichtige kletternde Bignoniengewächse stammen aus Australien: *Pandorea pandorana*, der **Wonga-Wonga-Wein**, und die viel häufigere *P. jasminoides*, der **Laubenwein**. Mit kurzen Pausen blüht diese Immergrüne fast ganzjährig, mit großen Büscheln zartrosa überhauchter, 5 cm breiter Trichterblüten mit rotem Schlund. Es gibt von ihr eine ganze Reihe Sorten, so 'Lady Di', weiß mit gelbem Schlund,

Bougainvilleen sind robuster, als man denkt, bei ausreichend Licht bringen sie auch bei uns höchste Blühleistungen.

und verschiedene, intensiv gefärbte 'Rosea'-Auslesen. Der einzige Nachteil dieser auch im Kalthaus gedeihenden Art ist ihr relativ starker Laubverlust bei Lichtmangel.

Demgegenüber ist der Wonga-Wonga-Wein, von dem es ebenso Varianten gibt, sehr stabil immergrün und eine überlegene Blattschmuckpflanze. Die Blüten sind viel kleiner, cremegelb mit rötlichen Streifen, in zahlreichen grazilen Blütenständen im Winter und Frühjahr. Eine auffallend gefärbte Sorte ist 'Golden Showers'.

Kletternde Nachtschattengewächse

Wie die Bignoniengewächse haben auch die verschiedenen *Solanum*-Arten ihren Schwerpunkt in Südamerika. Sie vertragen zwar alle Kalthausbedingungen, sehen dann aber, wie viele raschwüchsige Vertreter der Familie, räudig aus.

Als schönste Art, dicktriebig, dornig und vollständig laubabwerfend, gilt der **Costa-Rica-Nachtschatten**, *S. wendlandii*. Seine bis 6 cm breiten purpur-

Der argentinische Trompetenwein, *Clytostoma callistegioides*, gehört wegen seiner Schleppen zu den wenigen nicht verkahlenden Kletterpflanzen.

Von allen kletternden Bignoniengewächsen hat *Pandorea jasminoides*, der Laubenwein, die längste Blütezeit.

blauen Blüten erscheinen in riesigen Büscheln im Sommer und Herbst. Allerdings ist er laubabwerfend, im Winter also kahl. Da er sich recht wenig verzweigt, kann man ihn wuchern lassen und beim Frühjahrsputz rigoros zurücknehmen.

Ganz anders der **Goldkelchwein**, *Solandra*. Alle Arten haben vasenförmige, goldgelbe Blüten mit oft purpur gezeichnetem Schlund, nicht unähnlich den bekannten Engelstrompeten. Die Kelche sind bis 25 cm lang und erscheinen besonders zahlreich von Anfang Winter bis weit ins Frühjahr, dann nur noch vereinzelt.

Wer einmal in Teneriffa *Solandra* als Kulturflüchtling gesehen hat, über Ödland wuchernd mit der blauen **Trichterwinde** *Ipomoea learii*, weiß, wie wüchsig diese dicktriebige Pflanze ist. Am besten schneidet man die abgeblühten Langtriebe ständig zurück, im Schmuck ihrer frischen, wie lackiert glänzenden großen Blätter wirkt sie besonders attraktiv. Während der Blü-

tezeit macht *Solandra* relativ viel Schmutz, neben Verblühtem wirft sie nach und nach auch ihr altes Laub ab.

Kletternde Akanthusgewächse

Starkwüchsige Kletterpflanzen findet man auch bei den Akanthusgewächsen. Am verbreitetsten ist die **Großblütige Thunbergia** oder **Himmelsblume**, *Thunbergia grandiflora*. Ihre etwa 8 cm breiten himmelblauen Trichterblüten erscheinen fast das ganze Jahr über. Sie sollte häufig entspitzt werden, sonst wächst sie rasch davon. Im Winter verliert sie viel Laub, blüht aber weiter.

Neben dieser aus Indien stammenden Art ist eine afrikanische interessant: Die eher halbstrauchige *T. gregorii*, die reinorange Blüten hat. Sie ähnelt der bekannten Schwarzäugigen Susanne

Solandra, der Goldkelchwein, ist mit seinen gewaltigen Trichterblüten ab Mittwinter ein Prachtstück für große Wintergärten.

(*T. alata*), wird mit 4 m etwa doppelt so hoch wie diese. Da sich diese Thunbergie zu einem unentwirrbaren Durcheinander entwickelt, im Winter mit vielen abgestorbenen Trieben und totem Laub, schneidet man sie Anfang Winter bodeneben ab.

Passionsblumen

Die meisten Passionsblumen werden wegen ihrer exotischen Blüten gezogen. Fast alle stammen aus Südamerika. Trotz ihrer Wüchsigkeit haben sich die *Passiflora*-Arten zu weit verbreiteten Liebhaberpflanzen entwickelt, sogar in deutscher Sprache gibt es gleich mehrere Fachbücher.

Welche *Passiflora* für welchen Wintergarten geeignet ist, kann man angesichts von über 400 Arten und zahlreichen Kreuzungen nicht sagen. Auch ist die Benennung oft verwirrend. Merken sollte man sich, dass die wichtigsten Obstarten **Maracuja** (*P. edulis*)

Wie alle rot blühenden Passionsblumen hat *Passiflora vitifolia* hohe Temperaturansprüche.

und **Granadilla** (*P. quadrangularis*) sehr hohe Wärmeansprüche haben, ebenso die beliebte rote, vor allem im Winter blühende *P. vitifolia*. Andere, wie die schon seit langem als Topfpflanze bekannte *P. caerulea*, vertragen erhebliche Fröste. Das Spektrum der Temperaturansprüche reicht von fast winterhart bis zu Tropenklima.

Zum Standardsortiment gehören sicher die Sorte 'Imperatrice Eugenie' (= 'Kaiserin Eugenie') mit bis zu 13 cm breiten weißen Blüten, der innere Blütenblattkranz rosa, – die Blätter immer mit deutlichen Anzeichen eines Virusbefalls – und die im Sommer und Herbst blühende 'Amethyst' mit purpurblauen Blüten. Als Topfpflanze findet man noch gelegentlich die Rote Passionsblume, *P. racemosa*, deren hellrote Blüten in großen Trauben ebenfalls im Sommer und Herbst erscheinen. Diese schwachwüchsige, wärmeliebende Art zeichnet sich wie ihre zahlreichen Abkömmlinge durch ledriges Laub aus, weshalb sie im Winter nicht so zerrupft aussieht wie weichlaubige Arten.

Wie alle raschwüchsigen Pflanzen müssen Passionsblumen rigoros geschnitten werden, der Austrieb aus altem Holz ist aber unzuverlässig. Dafür, dass sie so üppig sind, bekommen viele Passionsblumen nur wenig Schädlinge, selbst Blattläuse sind selten.

Kletternde Verbenengewächse

Ein südamerikanischer Schlinger ganz anderer Art ist der **Sandpapierwein**, *Petrea volubilis*, auch Purpur- oder Königinnenkranz genannt. Nicht leicht zu vermehren und in der Blüte nicht ganz zuverlässig, entwickelt er seine hän-

Der Sandpapierwein, *Petraea volubilis*, kann zu jeder Jahreszeit blühen.

genden Blütentrauben von Spätwinter bis in den Sommer, aber auch zu anderen Jahreszeiten. Während die tief violetten Blüten rasch abgeworfen werden, bleiben die fleischigen lila Kelchblätter lange erhalten, und damit der Blüteneffekt.

Die nahe verwandten *Clerodendrum* zeigen ein ähnliches Blütenmuster. Die schönste kletternde Art, wohl aber auch die empfindlichste, ist *C. splendens*. Im Lauwarmhaus erscheinen die leuchtend scharlachroten, über 10 cm breiten flachen Blütenrispen fast ganzjährig. Auch für kleine Wintergärten ist *C. splendens* ausgezeichnet geeignet, da er zwar recht rasch wächst, aber kaum höher wird als 3 m. Vor allem in der Jugend sollte mehrfach entspitzt werden, freiwillig verzweigt er sich schlecht.

Gleichfalls aus dem tropischen Westafrika stammt *C. thomsoniae*, die einzige bei uns als Topfpflanze verbreitete Art. Bei ihr ist der auffallende Kelch reinweiß, die relativ kleine Blüte karminrot, eine sehr attraktive Kombina-

Kletterpflanzen für den warmen Wintergarten 143

Extra-Tipp

Zusammen mit Blütenbäumen wie Markhamia *und* Spathodea *sind diese Clerodendren unverzichtbar, wenn man in seinen Wintergarten ein Flair von Zentralafrika bringen will.*

tion. Nur bis 4 m hoch, ist sie eine empfehlenswerte Art auch für niedere Wintergärten.

Als Kreuzung der beiden vorhergehenden Arten ist *C. × speciosum* entstanden. Sie ist nicht nur in Teneriffa – dort sieht man sie an jedem zweiten Zaun – weit verbreitet, weil sie robuster als ihre Eltern ist. Im Winter verliert sie allerdings viel Laub.

Ein Spreizklimmer ist der bis 4 m hohe veilchenblaue *C. ugandense*, der aber vor allem als Strauch Bedeutung hat und dort beschrieben ist (siehe Seite 138).

Im Gegensatz zu *Clerodendrum thomsoniae* sieht man die viel länger und auffälliger blühende *C. × speciosum* selten.

Jasmin-Arten

Fast alle verbreiteten Jasmin-Arten sind typische Kalthauspflanzen, halten aber auch Zimmertemperaturen aus. Sie sind recht verschieden, vor allem die schwachwüchsigen, aber alle ausgezeichnete Kletterpflanzen gerade für niedrige Wintergärten. Der den meisten Arten eigene Duft wird oft überschätzt, nur unser häufiger **Zimmerjasmin**, *Jasminum polyanthum*, macht da eine Ausnahme. Starkwüchsig und reichblühend, kann man vor seinem Duft, wenn er in Sitzplatzhöhe entströmt, oft nur noch die Flucht ergreifen.

Aus Südafrika stammt *J. angulare*, der langsam auf 3–6 m Höhe wächst. Er ist immergrün, die weißen, 3 cm breiten duftenden Blüten erscheinen im Sommer und Herbst, ähnlich wie beim offensichtlich nah verwandten *J. azoricum*.

J. humile mit seiner Form 'Revolutum' ist wohl der beste nahezu immergrüne gelbe Jasmin, die gut 2 cm breiten Blüten erscheinen in Büscheln vom Frühjahr bis zum Herbst. Dieser und der ebenfalls gelbe **Primeljasmin**, *J. mesnyi*, welcher allerdings nicht duftet, gedeihen besser im Kalthaus.

Der **Arabische Jasmin** (*J. sambac*) weicht in Wuchs und Belaubung stark von den anderen Arten ab. Nur mit Anbinden höher als 2–3 m, hat diese dicktriebige schwachwüchsige Art fast sukkulente breit-ovale Blätter. Dickfleischig und stark duftend sind auch die 2–3 cm breiten, in kleinen Büscheln zusammenstehenden weißen Blüten. *J. sambac* verzweigt sich schlecht. Im Winter mag er es wärmer als die anderen Arten, sonst wird das Laub gelb.

Mit seinen ledrigen, fast runden Blättern ist der schwach wüchsige Arabische Jasmin, *Jasminum sambac*, recht untypisch.

Kletternde Hundsgiftgewächse

Die wichtigsten Kletterpflanzen dieser Familie für warme Wintergärten sind die *Mandevilla*-Arten. So die langsam auf 3–6 m kletternde *M. splendens* mit bis zu 10 cm breiten roten Trichterblüten im Sommer und die nicht ganz so hohe *M. sanderi*, von der verschiedene Rosatöne im Handel sind. Beide sind vollständig immergrün und lassen sich im Gegensatz zu den folgenden Arten auch im niederen Wintergarten in Form halten.

Wohl die beliebteste *Mandevilla* ist 'Alice DuPont', die rasch 5–7 m er-

Mandevilla 'Alice DuPont' hat die größten Blüten der Gattung.

reicht. Vom Frühjahr bis zum Herbst erscheinen die 10 cm breiten Trichterblüten ununterbochen in bis zu 20-blütigen Trauben. Diese rosa Blütenmasse macht 'Alice DuPont' zu einem Mitglied der Top Ten der Kletterpflanzen. Leider verliert sie im Winter viel Laub und wird nur von unten dicht, wenn man sie in der Jugend öfter entspitzt.

Zentral- und Südamerika sind die Heimat der auch bei uns als Topfpflanzen verbreiteten *Allamanda*. In den Tropen ganzjährig blühend, erscheinen bei uns die leuchtend gelben Trompetenblüten vor allem im Sommer und Herbst. *A. cathartica*, die **Goldtrompete**, ist wohl mit *Bougainvillea* der wichtigste tropische Spreizklimmer, weil sie unter tropischen Bedingungen ganzjährig perfekt aussieht. Im Wintergarten wird beim Frühjahrsputz stark zurückgeschnitten, weil bei uns im Winter meist das Laub vollständig abfällt. *Allamanda* kann man sehr gut an Drähten unter dem Glas ziehen, ihre schweren, endständigen Blütenstände hängen dann bogig herab.

Als typischer Kalthausvertreter der Hundsgiftgewächse darf *Trachelospermum jasminoides*, der **Sternjasmin**, angesehen werden. Anfangs schwachwüchsig, erreicht diese aus Ostasien stammende Immergrüne im Alter fast 10 m. Schon im Bereich der oberitalienischen Seen wird sie häufig, wie bei uns der Efeu, zum Beranken von Mauern oder Schmiedeeisengittern eingesetzt. Die 2–3 cm breiten, stark duftenden weißen Blüten erscheinen vom späten Frühjahr bis in den Herbst in Büscheln in den Blattachseln. Der Sternjasmin gedeiht noch gut im Halbschatten. Eine schwächer wachsende Art ist der cremefarbene *T. asiaticum*.

Seidenpflanzengewächse

Von den Seidenpflanzengewächsen sollen noch drei relativ schwach wachsende Gattungen hervorgehoben werden. Zwei sind als stark duftende schattenverträgliche Kletterpflanzen als Topfpflanzen recht verbreitet. Dies ist zum einen die aus Madagaskar stammende *Stephanotis floribunda*, **Kranzschlinge** oder auch **Madagaskar-Jasmin** genannt, wegen ihrer wohlriechenden weißen, 3–5 cm breiten Blüten im Sommer und Herbst. Im Winter liebt sie es möglichst trocken und nicht zu warm, sonst stellen sich schnell Schädlinge ein.

Ganz ähnlich verhält es sich beim **Indischen Gummiwein** *(Cryptostegia)*, der gleichfalls aus Madagaskar stammt und gelegentlich fälschlich als »Purple Allamanda« angeboten wird.

Die zweite wichtige Gattung sind die **Wachsblumen**. Die bekannte *Hoya carnosa* stammt zwar aus Hinterindien, verträgt bei trockenem Stand im Winter gleichwohl Kalthausbedingungen. Sie ist eine am Stamm Wurzeln bildende Sukkulente, die sich an rauen Wänden festhalten kann. Ihre sternförmigen reinweißen Blüten mit roter Krone erscheinen in etwa 20-blütigen doldenartigen Blütenständen vom

In den Tropen dauerblühend, zeigen sich bei uns die *Allamanda*-Blüten oft erst im Spätsommer reichlich.

Kletterpflanzen für den warmen Wintergarten | 145

Weitere Kletterpflanzen

Kletterpflanzen findet man in vielen Familien, oft ist nur eine Gattung oder Art wichtig. Eine ziemliche Besonderheit ist beispielsweise die **Rangoon-Schlinge**, *Quisqualis indica*. Oder der **Carolina-Jasmin** *(Gelsemium sempervirens)*. Oder die schwachwüchsige tropische *Tristellateia australasiae* mit ihren gelben Sternenblüten. Leider sind all diese nur selten im Handel.

Ein weiterer gelb blühender Exot ist jedoch als Neueinführung hervorzuheben, auch er aus einer tropischen Familie, den Dilleniengewächsen. Aus dem nordöstlichen Australien stammt die immergrüne *Hibbertia scandens*, ein wüchsiger, aber kaum über 3 m hoher Schlinger. Er bringt seine 5–7 cm breiten, an Johanniskraut erinnernden Blüten fast ganzjährig, mit Schwerpunkt im Sommer. Auffallend ist sein hoher Wasserbedarf, er wächst auch im Schatten. Als Jungpflanze entspitzt man ihn einige Male, jedoch nicht die Triebe mit den dicken Endknospen, weil das Blüten werden.

Eine ganze Reihe von Kletterpflanzen wird ausschließlich wegen ihres Blattschmucks gezogen. Es sei hier noch einmal an die tropischen *Philodendron* oder *Epipremnum* (Efeutute) erinnert, desgleichen an zahlreiche Liliengewächse wie *Asparagus*, *Smilax* oder die mächtige, bis 20 m erreichende *Semele androgyna*.

Auch vom **Efeu** gibt es zahlreiche Formen: Vor allem in absonnigen kalten Wintergärten sind sie schwer zu ersetzen. Wobei hier, solange die Temperaturen ausreichen, dem **Kastanienwein**, *Tetrastigma voinieranum*, nebst anderen Weingewächsen *(Cissus, Rhoicissus)* der Vorrang gebührt.

Den Namen Sternjasmin trägt *Trachelospermum jasminoides* wegen seines intensiven Duftes und der Blütenform.

Frühjahr bis zum Herbst und duften vor allem nachts. Die Blätter und auch die Blüten scheinen wie von Wachs überzogen. *Hoya carnosa* wächst recht langsam auf 6 m und zieht einen absonnigen Standort vor.

Die als Zimmerpflanze häufige Kranzschlinge *(Stephanotis floribunda)* gedeiht auch noch im Halbschatten.

Der wüchsige, aber auch für kleine Wintergärten nicht zu große Goldwein *(Hibbertia scandens)* wird gelegentlich entspitzt.

Auf einen Blick

→ Auf die Stellfläche bezogen, bringen Kletterpflanzen viel mehr Blüten als andere Pflanzen, brauchen aber auch mehr Wasser.

→ Die meisten Kletterpflanzen sind sehr raschwüchsig und erreichen an Spannseilen oder Spalieren in kurzer Zeit das Dach. Damit sie von unten dichter werden bzw. nicht verkahlen, schneidet man sie schon in der Jugend mehrfach zurück. Zudem kann man vor die unten kahler werdende Basis niedrig wachsende Büsche platzieren.

→ Nicht zurückgeschnittene, ineinander verwobene Pflanzenpartien sind vor allem im Giebelbereich häufig Schädlingsnester (Rote Spinne, Weiße Fliege) – ein radikaler Rückschnitt ab und zu ist deshalb sinnvoll.

Der kalte Wintergarten

Der traditionelle Wintergarten war ein Kalthaus. Solange draußen Eis und Schnee lag, bildete er die Alternative zu einem Spaziergang. Er wurde aktiv genutzt, man ging umher, schaute sich die Pflanzen an und redete dabei. Gerade im Winter musste der Wintergarten für Gesprächsstoff sorgen, weshalb großer Wert auf Blütenpflanzen wie Azaleen und Kamelien gelegt wurde, ebenso auf die im Winter blühenden und fruchtenden Citrusgewächse.

Trotzdem wurden hohe Anforderungen an die Sauberkeit gestellt, laubabwerfende Gehölze oder Pflanzen mit sehr raschem Stoffumsatz wurden – ganz große Ausnahme Zwiebelblumen – kaum verwendet. Ein exotischer Wintergarten, so wie er heute beliebt ist, war der traditionelle Wintergarten nicht, weil es früher noch keine Wärmeschutzverglasung in unserem Sinn gab und es sehr schwer war, kleine Glashäuser zu klimatisieren.

Standen in mitteleuropäischen Wintergärten meist Pflanzen Ostasiens oder vom Mittelmeer, wurden in den Wintergärten der Kolonialmächte, vor allem Englands, vorwiegend die so genannten Neuholländer und Kappflanzen kultiviert. Worunter man vor allem Pflanzen der Buschvegetation Australiens und Südafrikas verstand.

Der moderne kalte Wintergarten

Richtige Kalthäuser sind heute selten, weil sich durch Isolierglas, Zentralheizung und beliebig große Öl/Gas-Tanks keine Notwendigkeit zu niederen Temperaturen ergibt. Nur im Ökosektor sind Kalthäuser immer in der Diskussion, weil sie, großzügig dem Haus vorgebaut, als Wärmeschleuse dienen und den Energiebedarf drastisch reduzieren können. Diese Solarwintergärten sind in der Regel nicht frostfrei.

Was heute noch für ein Kalthaus spricht

Wer bei der Bepflanzung seines Wintergartens die traditionellen Wintergartenpflanzen bevorzugt, ist mit einem Kalthaus auch heute noch gut bedient. Er kann so einen Wintergarten genauso betreiben wie einen lauwarmen, nur dass er nachts die Temperatur auf 5 °C absinken lässt. Das spart gegenüber einem Lauwarmhaus viel Energie. Wobei die Zahl 5 °C den Sicherheitszuschlag beinhaltet, die Temperatur sollte im kältesten Wintergartenecк nicht unter den Gefrierpunkt fallen.

Extra-Tipp

Manch lauwarmer Wintergarten ließe sich durch Verzicht auf oft unwesentliche Pflanzen leicht als Kalthaus betreiben. Dass die nächtliche Absenkung um mehr als etwa 5 °C den Pflanzen schadet, gilt nur für Pflanzen der feuchten Tropen.

Kalte Wintergärten lassen sich leicht gestalten, wenn man sich an die Vegetation italienischer Gärten anlehnt.

Wintergartenmotive

Wer sich einen Kalthauswintergarten zulegen will, richtet sich bei der Bepflanzung am besten nach einem Motiv. Das kann ein Hotel- oder Privatgarten am Mittelmeer sein, aber auch ein Ausschnitt aus dem australischen Busch, der exotischen Fjordvegetation Neuseelands oder einem Wasserloch in der Sierra Madre. Ein japanischer Teegarten lässt sich genauso gestalten wie ein chinesischer, in dem verschiedene Bonsaischalen sehr viel besser aufgehoben sind als im Wohnzimmer.

Ganz vorzüglich eignet sich ein Kalthaus für das »Bäumchen wechsele Dich«-Spiel! Die Winterszenerie aus weitgehend winterblühenden Immergrünen wechselt im Sommer in den Garten, die Zimmerpflanzen in den Wintergarten. Das tut beiden gut. Eine Schattierung ist dann allerdings unerlässlich.

Der mediterrane Wintergarten

Mediterrane Gärten unterscheiden sich von unseren vor allem durch den viel höheren Anteil an Immergrünen. Dies hat vor allem damit zu tun, dass im Mittelmeergebiet das Winterhalbjahr mit seinen Niederschlägen sehr viel bessere Wachstumsbedingungen schafft als der trocken-heiße Sommer. Mediterranpflanzen im weiteren Sinne machen oft zwei Wachstumsschübe, einen im Herbst und einen im Frühjahr. Alle vertragen kurze Fröste bis –5 °C klaglos, aber keinen gefrorenen Boden.

In mediterranen Gärten ist Terrakotta in irgendeiner Form fast ein Muss.

Der Mediterrangarten hat keine tote Saison. Selbst im Sommer und Herbst, der blütenärmsten Zeit, findet man allerorten Oleander, *Lagerstroemia* und die Immergrüne Magnolie in voller Blüte, abgelöst von Erdbeerbaum und Mittelmeerschneeball. Im Winter stoßen dann Orangen und Zitronen hinzu. Wo es im Sommer nicht allzu heiß wird, findet man an Weihnachten in jedem Garten blühende Kamelien; zwar nicht am Mittelmeer heimisch, aber ein gern gesehener Gast.

Und im frühen Frühjahr bewirken viel Licht und steigende Temperaturen einen Schub an Wachstum und Blüte wie bei uns im Mai.

Neben den typischen Mediterranen beherbergen die Gärten auch zahlreiche Pflanzen kalifornischer, südafrikanischer, südaustralischer und ostasiatischer Herkunft, das Klima ist dort ähnlich.

Stilechte mediterrane Gärten sind bei weitem nicht so »überfremdet« wie tropische und subtropische Anlagen. Heimische Gehölze haben einen sehr hohen Stellenwert, weil sie, an das Klima angepasst, im Sommer kein zusätzliches Wasser brauchen. Diese Eigenschaft macht Mediterranpflanzen höchst wertvoll: Im Winter kann man sie kaum übergießen, im Sommer vertragen sie auch mal Trockenheit. Mit ihrer Eigenschaft, auch noch bei sehr niederen Temperaturen einen Stoffgewinn erzielen zu können, sind sie den anderen Wintergartenpflanzen überlegen und deshalb meist langlebig.

Stilelemente von Mediterrangärten

Außer den Pflanzen bedingen noch einige Eigenheiten den Stil mediterraner Gärten. Überall steht Terrakotta, ob als Blumenkasten, auf jeder Treppenstufe ein Topf, als Kübel vor dem Haus und vor allem im Innenhof.

Selbst wenn man den Wintergarten als Becken pflanzt, um einen Löwenkopf oder ein paar Amphoren oder zumin-

Der mediterrane Wintergarten | 149

Die Kunst des Topiary macht selbst vor Fahrrädern nicht Halt.

Strukturgehölze für mediterrane Wintergärten

Das Mediterrangebiet ist definiert als Zone, in der ein ertragreicher Olivenanbau möglich ist.

Immergrün, schnittverträglich und nicht zu starkwüchsig, ist die **Olive** der ideale Wintergartenbaum für helle, kühle Anlagen. Weitere Strukturpflanzen sind im westmediterranen Bereich die Korkeiche und vor allem die für

Die im Winter das Laub abwerfende Feige ist ein ausgezeichneter Schattenbaum für kalte Wintergärten. Ausgelesene Fruchtsorten setzen auch ohne Bestäubung Früchte an.

dest einen Oleander im Kübel kommt man kaum herum.

Steinbänke, Pergolen und Natursteinmauern sind weitere Stilelemente.

Besonders auffallend sind die zahlreichen in Form geschnittenen Gehölze (topiary). Nahezu alle hartlaubigen Immergrünen, auch Nadelgehölze, findet man als Kugeln oft auf halbem oder ganzem Stamm, als Pyramiden, in Mühlsteinform oder, die moderne Version, als Hirsch, Flugzeug oder Dinosaurier.

Im islamisch-mediterranen Garten sind noch zwei weitere Stilelemente auffällig. Vor allem in den maurischen Gärten Spaniens, aber auch in der Türkei fällt die großflächige Verwendung von Kacheln auf, oft als arabeskes Mosaik. Ein weiteres Merkmal ist (bewegtes) Wasser. Ein Garten als Symbol des Paradieses auf Erden war ohne Wasser unvorstellbar. Wasser prägt deshalb alle islamischen Gärten von der Alhambra bis zum Tadj Mahal.

Der kalte Wintergarten

So beliebt Zitrusfrüchte als Wintergartenpflanzen sind, so sind sie doch in der Kultur nicht ganz einfach.

Wintergärten viel zu groß werdende Kanarische Dattelpalme.

Im ostmediterranen Gebiet ist für den Süden der Johannisbrotbaum typisch, der eine etwas höhere Temperatur braucht als die Olive. Auch fallen hier verstärkt zwei laubabwerfende Bäume auf, die zu den besten Großpflanzen für kalte Wintergärten gehören: die **Feige** und der aus Richtung Persien stammende **Schlaf-** oder **Seidenbaum**, *Albizia julibrissin*.

Beide sind ideale Schattenbäume für Wintergärten. Beide sind von Natur aus mit breitrunder Krone ausgestattet, die *Albizia* lässt sich sogar geradezu tafelförmig ziehen, mit einer einzigen Zweigetage.

Zitrusgewächse

Weniger strukturbildend, aber typisch sind *Citrus*-Arten, vor allem Orangen und Zitronen. Da sie nicht aus dem Mittelmeergebiet stammen, haben sie andere Ansprüche als die typischen Mediterranen. Zu viel Wasser im Winter vertragen sie schlecht.

Die in Orangerien früher gezogenen Orangen waren fast durchweg **Sauerorangen**. Sie blühen auch bei uns sehr reich, duften vorzüglich und setzen im Gegensatz zu veredelten Orangen auch problemlos Früchte an. Aus Sauerorangenfrüchten wird die bekannte Orangenmarmelade gemacht, zum Rohverzehr eignen sie sich nicht. Mit Ausnahme der Sauerorangen sollte man *Citrus* nicht als Hauptbaum in den Wintergarten setzen, auch alte Pflanzen können ganz plötzlich eingehen.

Palmen und Palmenartige

Zur Gartenflora bereits des nördlichen Mittelmeers gehören auch zwei Palmen: die häufig über 10 m hohe, aus Ostasien stammende Hanfpalme und die im Alter durchaus 3–4 m hohe und ebenso breite heimische Zwergpalme. Schon in Norditalien gibt es wohl keine Piazza, wo nicht mindestens eine dieser Palmen gepflanzt ist, beide halten Temperaturen um –10 °C aus.

Als palmenartige und auch für niedrige Wintergärten geeignete Strukturpflanzen leiht sich die mediterrane Gartenkunst zwei stammbildende *Yucca*-Arten aus: die weniger zu empfehlende *Y. aloifolia* mit nadelspitzen Blättern und aufrechtem, im Alter verzweigtem Stamm und *Y. gloriosa*, deren Stamm recht bald kippt und die dann meterbreite Gebüsche bildet.

Die Zwergpalme, *Chamaerops humilis*, lässt sich im Kübel ohne großen Zuwachs über viele Jahre halten.

Beim Erdbeerbaum trifft im Herbst das Ende der Blüte auf die beginnende Ausfärbung der vorjährigen Frucht.

Palmenartig ist auch die neuseeländische *Cordyline australis,* die bei uns unter dem Namen »**Keulenlilie**« eine wichtige Kübelpflanze ist.

Großsträucher für mediterrane Wintergärten

Typische immergrüne mediterrane Großsträucher sind Lorbeer, Mittelmeerschneeball, Erdbeerbaum und der Oleander.

Der gleichfalls weit verbreitete **Granatapfel** wirft das Laub ab. Granatäpfel gibt es meist als Busch, seltener als Stamm. Wichtiger als die Fruchtsorten sind die Ziersorten mit gefüllten Blüten, so die rote 'Flore Pleno' und die rotweiße 'Legrellei'.

Wenn sie zu dunkel stehen und zu gut ernährt werden, schießen Granatäpfel im Wintergarten ins Kraut, blühen schlecht und werden anfällig für Weiße Fliege.

Vom Granatapfel gibt es auch Zwergsorten, die, wenn nicht auf Stämmchen veredelt, höchstens 1 m hoch werden.

Lorbeer ist im Mittelmeergebiet vor allem eine Pflanze für hohe Hecken oder als Formgehölz. Für Wintergärten ist er fast zu ordinär.

Ganz anders der **Erdbeerbaum**. Im hohen Alter tatsächlich baumartig, ist er wohl einer der besten Solitärs für Wintergärten. Im Sommer frisch grün, fällt neben dem bizarren Wuchs vor allem seine attraktive Rinde auf, der Fruchtansatz bringt Vorfreude auf den Herbst. Dann verfärben sich die erdbeergroßen Früchte von gelb über orange in ein tiefes Rot, sie bleiben bis weit in den Winter hängen. Beim gewöhnlichen Erdbeerbaum (*Arbutus unedo*) erscheinen parallel zur Fruchtreife zahlreiche Rispen mit maiglöckchenähnlichen Blüten. Der Griechische Erdbeerbaum (*A. andrachne*) blüht dagegen erst im Frühjahr.

Der zweite exzellente Winterblüher ist der **Laurustinus** oder **Mittelmeerschneeball** (*Viburnum tinus*). Als Orangeriepflanze genauso traditionell wie *Citrus,* aber viel robuster, ist er für jeden Mediterranwintergarten ein Muss. Keine Pflanze blüht so reich vom Spätsommer bis ins Frühjahr. Besonders attraktiv ist die schwachwüchsige 'Eve Price' mit rosa Knospen.

Wenn man den Mittelmeerschneeball als Halbstamm oder zu Pyramiden geschnitten kauft, sollte man ihn möglichst selten umtopfen. Der Neutrieb ist dann nur kurz, die Pflanzen behalten ungeschnitten ihre Form.

Der **Oleander** gehört wohl mit zu den wichtigsten Ziergehölzen überhaupt. Ob als Zwerggehölz oder Straßenbaum, unter den über 200 bekannten Sorten findet sich für jeden Zweck etwas Passendes. Im Kalthaus-Wintergarten kann der Oleander von Ende März bis in den Dezember blühen, was von der Temperatur abhängt und davon, wie die Blütenstände über den Winter kommen.

Oleander ist eine ausgezeichnete Wintergartenpflanze. Auf einen Stammbildner veredelt, gibt sie einen vorzüglichen kleinen Baum ab, der auch dann erfolgreich geschnitten werden kann, wenn man nicht viel von Pflanzen versteht.

Viele Oleandersorten, die man bei uns kaum kennt, weil sie als Kübelpflanzen zu empfindlich sind, gedeihen im Wintergarten prächtig. Das sind nicht nur die großblumigen Sorten mit gefüllten Blüten, sondern auch Zwergsorten, die aussehen wie japanische Azaleen. Und die mit exklusiven Farben: Gelb, Lachs, Kupfer, Apricot und die ganzen Pastelltöne. Eine Pilzkrankheit, die diesen Sorten im Freien schwer zu schaffen macht, tritt im Wintergarten kaum auf, solange die Pflanzen trocken bleiben.

Gute Oleandersorten blühen von März bis Dezember. Gerade die duftenden gefüllten Sorten gedeihen im Wintergarten besser als draußen.

Dem köstlich duftenden Klebsamen begegnet man in Italien auf Schritt und Tritt, er stammt aber aus Japan.

Mediterrane Gartenpflanzen ostasiatischer Herkunft

Zu den beliebtesten Heckenpflanzen, häufig auch im Kübel, als Strauch oder rundkroniger kleiner Baum, gehört der **Klebsame**, *Pittosporum tobira*. Von ihm gibt es als 'Nanum' oder 'Compactum' eine ganze Reihe von Zwergtypen, die nahezu ohne Schnitt gleichmäßig breitrund wachsen, aber kaum blühen. Essenziell für japanische Gärten, werden diese Typen als Unter- bzw. Vorpflanzung und anstelle von zu Kugeln geschnittenem Buchs verwendet.

Im Schatten gedeiht die **Aukube** *(Aucuba japonica)*, vor allem die goldbunten Sorten 'Crotonifolia' und 'Variegata'. Sie bringt Farbe auch in Ecken, wo Blütenpflanzen kaum gedeihen. Prachtvoll im absonnigen Wintergarten, wird es ihr in sonnigen Südlagen zu heiß.

In mediterranen Innenhöfen findet man auch einen Großstrauch, der aussieht wie unsere Zimmeraralie, nur viel größer. Das ist eine **Zimmeraralie**! Pflanzt man sie aus, kann sie bis 5 m hoch und fast so breit werden, mit ihrer üppigen Belaubung ein richtiges exotisches Prachtstück.

Kleine Sträucher für mediterrane Wintergärten

Viele Kleinsträucher der Mediterrangärten entstammen der örtlichen Buschvegetation *(Macchia)*.

Die echte **Myrte** *(Myrtus communis)* hat bei uns vor allem als Brautmyrte Tradition. Trifft man sie in ihrer Heimat meist als Heckenpflanze, findet man sie im Wintergarten gewöhnlich als Formgehölz. Am beliebtesten sind Halbstämme, die man, um das Wachstum zu bremsen, im Kübel lässt.

In der Buschvegetation des südlichen Mittelmeers kommen Myrten häufig zusammen mit dem **Mastixstrauch** *(Pistacia lentiscus)* vor. Auch der Mastixstrauch lässt sich gut formen und zu Halbstämmen erziehen. Am besten ernährt man ihn nicht zu gut und erzieht ihn mit gezieltem Auslichtungsschnitt zum Großbonsai.

Typische Blütengehölze der mediterranen Strauchheiden sind die **Zistrosen**. Da sie sich leicht kreuzen, gibt es außer zahlreichen Arten auch viele Hybriden. Die großen Blütenblätter sind weiß, rosa oder rot und haben oft einen stark kontrastierenden gelben bis maronefarbenen Basalfleck. Im Wintergarten verhalten sich *Cistus* leicht unkrautartig, reagieren auf Dünger und Wasser mit sehr starkem Wachstum. Was in der Macchia die Schafe machen, muss im Wintergarten die Schere besorgen: *Cistus* sollten bis in den Spätwinter alle paar Wochen in Form geschnitten werden.

Vom **Rosmarin** gibt es es extrem flache, kriechende, ausgezeichnet als Bodendecker für sehr helle Standorte verwendbare Formen und solche, die straff aufrecht wachsen. Wichtig für den Wintergarten ist Rosmarin wegen seiner meist kurz nach Weihnachten einsetzenden Blüte, meist blau bis violett.

Wer für mediterrane Wintergärten eine immergrüne Unterpflanzung braucht, die auch in trockenem Boden und tiefem Schatten gedeiht, sollte sich *Danae racemosa*, den **Alexandrinischen Lorbeer**, und *Ruscus hypoglossum*, den **Mäusedorn**, merken. Beide sind höchst attraktiv belaubte Lilienverwandte. *Danae* wird ein meterhoher und -breiter Strauch mit überhängenden Trieben und ist ideal zwischen Sträuchern mit auskahlender Basis. *Ruscus hypo-*

Myrten gehören zu den traditionellen, fast unverwüstlichen Orangeriepflanzen.

Zistrosen sollte man wie andere raschwüchsige Macchia-Gehölze nur sparsam düngen.

glossum wird höchstens 50 cm hoch, durch Ausläufer aber langsam bis 1 m breit. Auf seinen »Blättern« findet man manchmal gut erbsengroße Beeren.

Schwerpunkt Fernost

Die Stimmung fernöstlicher Gärten lässt sich mit wenigen Begriffen umschreiben: Tee, Zen-Buddhismus, Bambus, Kamelien, Azaleen, Bonsai, Steinlaternen ...

Nirgendwo gibt es eine höher entwickelte Stufe der Gartengestaltung, vor allem, wenn es um kleinste, eng umschlossene Räume geht. Verglichen mit japanischen Teegärten sind unsere Wintergärten oft riesig. Die für einen stilvollen Wintergarten so wichtigen »Bilder« sind aber mit feinstem Pinselstrich gemalt, sie haben nichts von einer Prachtstaudenrabatte englischer Prägung.

Leider ist der höchst sensible Umgang nicht nur mit Pflanzen, sondern auch mit den typischen Stilelementen Holz, verarbeitetem Bambus, bearbeitetem und naturbelassenem Gestein und oft abstrahiertem Wasser einem Mitteleuropäer genauso fremd wie der Zen-Buddhismus, der die Wurzel der japanischen Gartenkunst darstellt.

Der japanische Garten entnimmt seine Vorbilder der Natur im Maßstab 1:1, wobei er die Elemente auf das Wesentliche reduziert, oft abstrahiert. Typisch ist hier das Bild von einem See mit einer Insel, was im japanischen Garten zum Felsblock in einem geharkten Sandbeet werden kann.

In das Abstrahieren werden auch die Pflanzen einbezogen. Die für viele japanische Gärten typischen halbkugelig oder wellenförmig geschnittenen Immergrünen stehen stellvertretend für eine Gruppe aus Findlingen, wobei die Zen-Symbolik immer 3 – 5 – 7 erfordert.

Extra-Tipp

Ein Wintergarten, in dem man vom Sitzplatz alle vier Ecken sieht, wird auch mit teuren Bonsai und Steinlaternen nicht fernöstlich. Wer sich seinen Wintergarten chinesisch/japanisch einrichten will, sollte zuerst in eine gute Buchhandlung oder Bibliothek gehen und in der reichlich vorhandenen Fachliteratur schmökern.

Demgegenüber lebt die chinesische Gartenphilosophie von Kontrasten, von Yin und Yang, strebt immer den Ausgleich an. So findet man überall Gegensätzliches gegenübergestellt: Raues und Glattes, Hartes und Weiches, Hohes und Niederes.

Wer als Mitteleuropäer sein Leben unter der Devise fristet: Der gerade Weg ist der kürzeste, beißt nicht nur in Fernost auf Granit, ihm fehlt auch je-

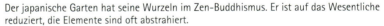

Der japanische Garten hat seine Wurzeln im Zen-Buddhismus. Er ist auf das Wesentliche reduziert, die Elemente sind oft abstrahiert.

Ein kühler Wintergarten mit Ostasiaten

Der Wintergarten Schaller ist ein sehr kaltes Kalthaus mit Minimum bei 1 °C. Die einfache Holzkonstruktion und der Verzicht auf jede Schattierung lassen viel Licht in den ungewöhnlich hohen Baukörper, konstruktionsbedingt ist im Winter mit Temperaturstürzen zu rechnen. Im Rahmen der Temperaturen – im Durchschnitt 5–10 °C – war eine möglichst exotische Pflanzung gewünscht. Die Schattierung des Sitzplatzes sollte über Bäume erfolgen, was wegen der Höhe nicht schwierig war. Zwei Arten wurden verwendet: Die japanische Wollmispel *(Eriobotrya japonica)*, die wohl noch einige Jahre bis zum Schattenbaum braucht, und ein Kampferbaum. Dieser reicht schon fast ans Glas, lässt sich aber wie andere Lorbeergewächse gut schneiden. Auf Dauer trotzdem zu hoch, hält er bis zum Heranwachsen der Wollmispel die Stellung.

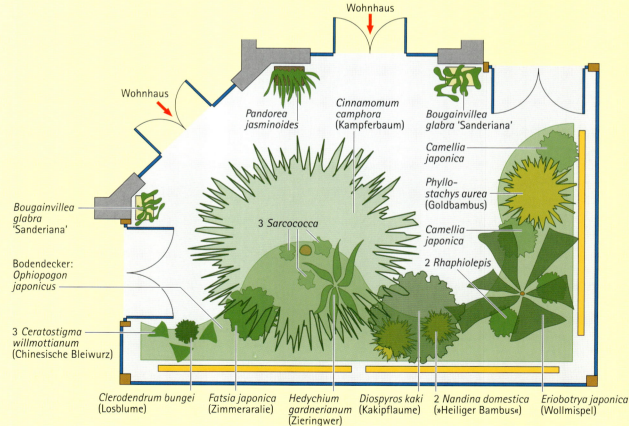

Immergrüne Bäume Ostasiens | 155

Durch die niederen Wintertemperaturen wird sein Wachstum zusätzlich gebremst.

Die Verbindung zum Garten hält auf der einen Seite die robuste *Bougainvillea glabra* aufrecht, auf der anderen ein hoher Bambus, *Phyllostachys aurea*. Die Platzierung des Bambus darf als ausgesprochen geglückt gelten, die Holzkonstruktion ist nicht mehr sichtbar, der Übergang ins Freie fließend. Einen exotischen Touch erhält die Bepflanzung durch die Zimmeraralie, der es im noch jungen Wintergarten fast zu hell ist. Sie strotzt zwar auch in der Sonne vor Kraft, im Halbschatten hat sie aber deutlich größere Blätter und damit einen höheren Schmuckwert. Der sommerliche Clou des Wintergartens ist ein Zieringwer (*Hedychium gardnerianum*), der genügend Platz hat zum Verwildern. Kritisch könnte nur lange anhaltender Dauerfrost sein, wenn es über das Fundament hereinfriert. Auch die *Bougainvillea* erscheint etwas gefährdet, steht aber im Kübel. Zur Sicherheit kann man ein paar Hölzchen unterlegen, man hält sie im Winter fast trocken.

Es mag überraschen, dass für einen so hellen Wintergarten mit *Hedychium*, *Fatsia* und den bodendeckenden *Liriope* recht schattenverträgliche Pflanzen gewählt wurden. Da jedoch mittelfristig vier raumhohe Pflanzen Schatten werfen, war dies durchaus angebracht.

des Gefühl für fernöstliche Philosophien. Ein chinesischer Garten ist ein Labyrinth teilweise geschlossener Räume, der japanische Garten arbeitet mit der Illusion, dass ein Weg oder Bach hinter dem nächsten Felsblock oder Busch weiterläuft. Viele Stilelemente sind hinter herabhängenden Zweigen teilweise versteckt, was erhebliche Spannung erzeugt.

Fernöstliche Gärten haben den gewaltigen Vorteil, dass es für alle Temperaturbereiche, vom Freiland bis zum Warmhaus, geeignete Arten gibt. Deshalb sieht ein chinesischer Garten in Peking nicht so viel anders aus als einer in Singapur. Übergangslos kann man den Wintergarten im Freien weiterführen, muss nur auf die richtigen Arten achten. Diese »geborgte« Szenerie ist ein weiteres typisches Element fernöstlicher Gärten.

Strukturpflanzen für Fernost-Wintergärten

Ob chinesisch-japanisch oder einfach nur fernöstlich-exotisch, ist **Bambus** eine fast unverzichtbare Strukturpflanze. Er fühlt sich im Kalthaus wie zu Hause und stößt bei der Wahl der falschen Art bald am Glas an. Die Triebspitzen werden dann dürr, man schneidet sie ab. *Phyllostachys*-Arten sind am verbreitetsten, ihre zahlreichen Triebe werden im formalen Wintergarten bis auf die stärksten ausgelichtet.

Im kalten Wintergarten ein sicherer Kandidat ist die **Japanische Faserbanane**, die aber rasch 5 m Höhe erreicht. Ein Ausweichen auf schwächer wüchsige Arten erfordert eine Mindesttemperatur von 7–10 °C.

Der ostasiatische Kampferbaum, *Cinnamomum camphora*, ist durch seine ätherischen Öle vor den meisten Schädlingen gefeit.

Bei den Palmen ist die aus Norditalien bekannte **Hanfpalme** kaum zu ersetzen. Pflanzt man sie wegen ihres mäßigen Wachstums im hohen Wintergarten aus, eignet sie sich hervorragend als Schattenbaum. Eine straff aufrechte Buschpalme ist die **Bambus-** oder **Zwergfächerpalme**, *Rhapis excelsa*, ein Prachtstück auch für niedrige Kalthäuser.

Immergrüne Bäume Ostasiens

In sehr hohen Wintergärten und in der Innenraumbegrünung spielt die Lorbeerverwandtschaft eine führende Rolle. Sie sind reine Blattschmuckpflanzen und zeichnen sich durch einen geringen Lichtbedarf aus. Klare Nr. 1 ist der **Kampferbaum**, *Cinnamomum camphora*. Es gibt zwar Hoch-

Anfangs schmal pyramidal, stehen die Astquirle fast waagrecht vom Stamm ab. Viel lichter als die vorgenannten Lorbeergewächse ist sie während des Austriebs recht empfindlich gegen Überhitzung und Trockenheit.

Wie unsere Obstbäume ein Rosengewächs ist die aus mediterranen Gärten bekannte **Wollmispel**. Schon in Südtirol sieht man diesen 5–7 m hohen und fast ebenso breiten Baum mit annähernd halbkugeliger Krone häufig. Wüchsige Pflanzen sind sehr üppig belaubt, Blätter mit 30 cm Länge fast die Regel. Dieses im Winter blühende Gehölz liefert das erste Obst der Saison, die Nespoli. Veredelungen sind meist nicht wüchsig und werden oft von den Unterlagen überwachsen.

Hervorragende kleine Schattenbäume auch für niedere Wintergärten sind als Stamm gezogene **Zimmeraralien** (Fatsia). Als Tuff gewöhnlich bis 5 m hoch, lassen sich die Pflanzen leicht auf einen oder mehrere Stämme reduzieren und bis zur gewünschten Höhe aufasten. Es entsteht dann eine prächtige, mit den riesigen Blättern höchst exotische Schirmkrone. Richtig üppig wird Fatsia vor allem im Halbschatten.

Die japanische Wollmispel *(Eriobotrya japonica)* bringt das erste Obst der Saison: Nespoli.

Kamelien – wohl die farbenfrohesten Winterblüher mit langer Blütezeit.

stämme, von Natur aus ist er aber mehrstämmig. Ausgepflanzt rasch 10 m hoch und bis zum Boden beastet, sollte man sich frühzeitig überlegen, wie viele Triebe man belässt. Leittriebe später herauszunehmen führt zu einer kahlen Seite.

Wesentlich eleganter und mit überhängenden Ästen ist der **Kokkelstrauch**, *Cocculus laurifolius,* der bis 15 m Höhe erreichen kann, aber langsam wächst. Vermutlich weil die Pflanzen bei uns aus Stecklingen gezogen werden, sind fast nur breitlagernde Büsche im Handel.

Noch wenig gebräuchlich ist die nur 6 m hohe und 3 m breite *Neolitsea sericea.*

Auch der **Klebsame** *(Pittosporum tobira)* wird statt als Busch gelegentlich auch als Stamm gezogen. Hat er das gewünschte Kronenvolumen erreicht, lässt man ihn am besten etwas hungern. Er wächst dann kaum mehr, die Krone macht eine perfekte Halbkugel und wird von Jahr zu Jahr dichter. Diese Halbkugeln sind ab Spätwinter so voller Blüten, dass man kaum noch Laub sieht.

Kamelien

Kamelien sind neben Azaleen die wichtigsten winterblühenden Sträucher des kalten Wintergartens.
Anders als den Azaleen haftet ihnen der Nimbus einer schwierigen Pflanze an. Tatsächlich sind sie nicht schwieriger. Nur vertragen sie, besetzt mit Knospen und Blüten, den Umzug vom kühlen Gewächshaus ins warme, lufttrockene Wohnzimmer schlecht und werfen oft alle Knospen ab.
Im Kalthaus – je kühler, desto länger hält die Blüte – gibt es diese Umstellung nicht.
Von den über 200 Sorten, die beispielsweise in Norditalien gängig sind, blühen die ersten ab Ende Sommer, die letzten Ende Frühjahr. Nur wenige aufeinander abgestimmte Sorten reichen für einen durchgehenden Flor aus. Das Farbspektrum reicht von Weiß über Rosa zu tief dunklem Rot, wobei zahlreiche Sorten zweifarbige Blütenblätter haben. Der Blütendurchmesser beträgt bei miniaturblütigen Kamelien weniger als 6 cm, bei großblumigen über 13 cm.
Mit ihrem kleinen Wurzelballen hält man Kamelien meist im Kübel, was den Vorteil hat, dass man sein Sortiment alle paar Wochen neu arrangieren kann.

Schmucksträucher aus Fernost

Wie die Kamelien haben auch andere wichtige Sträucher Ostasiens ihre Hochsaison im Winterhalbjahr. Von den Immergrünen sind dies vor allem verschiedene *Osmanthus, Rhaphiolepis* und Mahonien.
Die *Osmanthus* sind auch für die Bepflanzung von Mediterrangärten bedeutend, vor allem *O. fragrans* ist wegen seines Dufts in Italien sehr häufig. Neben dieser etwas steifen, im Alter bis 6 m hohen Art ist vor allem der zuverlässig blühende *O. delavayi* zu empfehlen, ein schwachwüchsiger, eher breit lagernder Strauch.
Bei uns Winterblüher sind auch die *Rhaphiolepis,* recht langsam wachsende, sparrige, schwer zu formierende Rosengewächse.
Mit zu den großartigsten Blütensträuchern Ostasiens gehören **Mahonien**. Im Gegensatz zu den Mahonien unserer Gärten handelt es sich hier um nur wenig verzweigte aufrechte Sträucher mit sehr geringen Platzansprüchen. Unten völlig kahl, ragen sie aus einer

Bei den ostasiatischen Mahonien sind nicht nur Laub und Blüten, sondern auch die Früchte attraktiv.

Soll *Nandina,* der »Heilige Bambus«, Früchte ansetzen, braucht man dazu zwei Pflanzen.

Strauchpflanzung mit ihren mächtigen Blattschöpfen heraus. Sie alle haben steife, 40–60 cm lange Blätter, die sich aus zahlreichen stechpalmenähnlichen Fiederblättchen zusammensetzen. Je nach Sorte zwischen Spätherbst und Spätwinter erscheinen an den Triebspitzen Büschel aus gut 20 cm langen Trauben leuchtend gelber, maiglöckchenähnlicher Blüten. Besonders wirkungsvoll sind diese Mahonien, wenn sie angestrahlt werden; nur wenige Pflanzen haben ähnlich markante Silhouetten.
Noch ein zweites Berberitzengewächs hat in der ostasiatischen Gartenkultur eine überragende Bedeutung, die *Nandina.* Wegen ihres nahezu unverzweigten aufrechten Habitus und ihrer grazilen Belaubung auch »**Heiliger Bambus**« genannt, ist sie ein höchstens

2 m hoher immergrüner Strauch, der sich langsam über Ausläufer ausbreitet. Seine bis 90 cm langen mehrfach gefiederten Blätter sind im Austrieb purpurrot, im Winter stellt sich die Farbe erneut ein. Die 1 cm breiten weißen Blüten sitzen in einer ganz lockeren, etwa 40 cm langen endständigen, aufrechten verzweigten Traube, gefolgt von roten Beeren.

Der »Heilige Bambus« lässt sich vielseitig verwenden. Sei es als kleiner Solitär im Kübel oder, wie in China häufig, als niedere Hecke. Im Wintergarten ist er eine ausgezeichnet kontrastierende (Yin & Yang!) Zwischenpflanzung bei edlen, schwachwüchsigen, großlaubigen Immergrünen wie Kamelien oder *Osmanthus*.

Ostasiatische Decksträucher und Bodendecker

Diese Pflanzengruppe ist in Ostasien gut vertreten, eine ganze Reihe der wichtigsten schattenvertragenden Kalthaus-Bodendecker stammt von hier. Ihre Bedeutung geht weit über ihre Heimat hinaus, manche, wie die *Liriope*, gehören selbst in den Tropen zum Standard.

Sieht aus wie Gras, ist aber ein kriechendes Liliengewächs: *Ophiopogon*, der Schlangenbart.

Häufige Sträucher der schattigen Dickichte vom Himalaja bis China und Südostasien sind die mit dem Buchs verwandten *Sarcococca*. Je nach Art werden diese höchst genügsamen Immergrünen zwischen 60 cm und 2 m hoch und etwa ebenso breit. Ihre auffallenden, sehr stark duftenden kleinen weißen Blüten erscheinen im Winter, gefolgt von schwarzen, purpurnen oder roten Beeren.

Man kann sie flächig verwenden und beliebig schneiden, am schönsten sind sie aber frei wachsend als Vor- oder Zwischenpflanzung von auskahlenden Gehölzen. Man mag darüber streiten, ob der kriechende Gummibaum nicht eine Kletterpflanze ist, die Hauptverwendung von *Ficus pumila* ist aber eindeutig als Bodendecker. Bodenaufliegend breitet sich diese Art, von der es eine ganze Reihe von Sorten gibt, praktisch unbegrenzt aus.

Als besonders exzellenter Blattschmuckbodendecker soll hier *Farfugium japonicum* genannt werden, besonders die gelbbunten Formen.

Zu den wichtigsten Bodendeckern von den Tropen bis zu den temperierten Gebieten gehören genauso wie im Wintergarten die grasartigen *Liriope* und *Ophiopogon*, beides Liliengewächse. Während die niederen Varianten, speziell *Ophiopogon japonicus* mit seinen nur 5–10 cm hohen Sorten 'Minor' und 'Nanus', eine nahezu rasenartige Bodendecke ergeben, wird die höchste, *O. jaburan*, oft als Beeteinfassung verwendet. Dazwischen liegen verschiedene Sorten mit unterschiedlich gefärbtem Laub.

Die Blüten der *Liriope muscari* ähneln tatsächlich Traubenhyazinthen (*Muscari*), mit Ausnahme von 'Monroe White' sind sie blau. Mit die beste

Die panaschierten Sorten von *Farfugium japonicum* (hier 'Aureomaculata') verwendet man meist als Bodendecker im Schatten.

Blütenfarbe hat 'Royal Purple'. Von den buntlaubigen Arten sind vor allem 'Gold Band' und 'Variegata' weit verbreitet. *Liriope spicata* ist nur wenig verschieden, hat vor allem schmalere Blätter. 'Silver Dragon' ist hier die neben der Art verbreitetste Sorte.

Wintergartenpflanzen vom anderen Ende der Welt

Neuseeland hat eine ganze Reihe markanter Pflanzen. Mit den beiden gängigsten, der **Keulenlilie** *(Cordyline australis)* und dem **Neuseeländer Flachs** *(Phormium tenax)*, zwei Kübelpflanzen des Standardsortiments, braucht man für seinen Neuseeland-Wintergarten keine weiteren Strukturpflanzen mehr.

Es ist noch nicht lange her, da hatten neuseeländische Pflanzen ein Imageproblem. Nicht nur, dass sie als schwierig galten, beklagt wurde auch das Fehlen von exotischen Blüten.

Parallel zur Kübelpflanzenwelle war's dann mit den Vorurteilen vorbei, die Stärken der Neuseeländer lagen klar auf der Hand: Wo, wenn nicht im kühlen Neuseeland, findet man exotische Pflanzen, die auch in unseren oft verregneten »Sommern« ihr Bestes geben?

Neuseeländische Pflanzen sind echte Kalthauspflanzen. Sie gedeihen dort besser als im lauwarmen Wintergarten, im Sommer stehen sie am besten draußen. Werden sie zu warm gehalten, blühen manche Arten schlecht. Beispielsweise der Neuseeländische Weihnachtsbaum, der ohne Kühlphase nicht immer blüht.

Neuseeland liefert prächtige, höchst haltbare Strukturpflanzen. Der Neuseeländer Flachs (Bildmitte) ist bald übermannshoch.

Struktur- und Großpflanzen Neuseelands

Der bekannteste Neuseeländer ist ohne Zweifel die **Keulenlilie** *(Cordyline australis)*. Ihren englischen Namen Kohlbaum trägt sie wegen ihrer kugeligen Blattschöpfe. Diese bestehen bei *Cordyline* aus oft über 100 schwertförmigen Blättern, die bei der wichtigsten, *C. australis,* etwa 1 m lang sind. Sie hängen über, so dass die Pflanze, so-

Der kalte Wintergarten

Die Kombination von rot- und grünlaubigen Keulenlilien und Neuseeländer Flachs: eine klassische, extrem pflegeleichte Kalthauspflanzung.

Metrosideros excelsa, der »Neuseeländische Weihnachtsbaum« – fast schädlingsfrei und stets makellos.

lange sie sich nicht verzweigt, nicht breiter als 1,5 m ist, bei recht raschem Höhenzuwachs. Damit passt sie in die meisten Wintergärten viel besser als jede Palme, ist deshalb **der** Palmenersatz.

Cordyline australis, bei uns fast immer fälschlich als *Dracaena* oder *Cordyline indivisa* angeboten, kann durchaus 7 m Höhe erreichen. Notfalls lässt sie sich köpfen, wird dann oft von der Basis mehrtriebig. Nach einigen Jahren, die Pflanzen sind dann über mannshoch, blüht *C. australis* zum ersten Mal und verzweigt sich, sie bildet mittelfristig eine kleine Krone.

Die Strukturpflanze Nr. 2, der **Neuseeländer Flachs** (*Phormium tenax*), hat gleichfalls schwertförmige Blätter, die aber bis 3 m lang werden können und in schwertlilienartigen Horsten stehen. Wenn diese Horste an Breite zunehmen, sprengen sie leicht den Rahmen eines Wintergartens. Glücklicherweise gibt es eine ganze Reihe von Sorten, die wesentlich kleiner bleiben und sich vor allem in der Blattfärbung unterscheiden. Alle denkbaren Varianten von Längsstreifung in Weiß, Gelb, Grün, Purpur und Kupfer sind vorhanden, leider oft nicht sehr stabil.

Auch der **Neuseeländische Weihnachtsbaum**, *Metrosideros excelsa*, findet sich neuerdings im Kübel, ja sogar im Topfpflanzensortiment. Aus Stecklingen gezogen, blüht dieser große Baum bereits als Jungpflanze im Frühsommer. Die nur aus einem Büschel leuchtend roter Staubfäden bestehenden Blüten zeigen die Myrtenverwandtschaft. Auch als Blattschmuckpflanze braucht sich Metrosideros nicht zu verstecken, das Laub und der Neutrieb sind silbrigfilzig behaart, die langen, rutenartigen Triebe hängen elegant über.

Bei den Blütenbäumen darf man natürlich nicht die neuseeländische Nationalblume, den **Kowhai** *(Sophora tetraptera)* unterschlagen. Dieser fast immer rundkronige Baum mit fein gefiederten Blättern bringt ebenso wie die ähnliche, aber schwächer wachsende *S. microphylla* zahlreiche Büschel hummerscherenartiger gelber Blüten im Spätwinter und Frühjahr. Auch

Wer in einen warmen Wintergarten Neuseelandstimmung zaubern möchte, nimmt statt Neuseeländer Flachs (siehe Bild Seite 159) besser verschiedene *Pandanus*.

ohne Blüten ist das Zweigmuster mit der grazilen Belaubung sehr attraktiv, die schwächer wachsenden Sorten, die es bei beiden gibt, haben allein schon deswegen einen Solitärplatz als Großbonsai verdient. 'Little Baby' findet man nicht selten als Topfpflanze.

Wintergartensträucher Neuseelands

Den Übergang von den Bäumen zu den Büschen decken die neuseeländischen **Klebsamen-**(*Pittosporum-*)Arten ab. Hier und in Australien gibt es eine ganze Menge sehr verschiedener Wuchsformen, alle robust, immergrün, schnittverträglich und oft buntlaubig. Wobei die manchmal durchaus sehenswerten Blüten eine untergeordnete Rolle spielen. Alle Arten sind ausgezeichnete Füller ohne schwache Jahreszeit, nicht nur für Neuseelandpflanzungen. Vor allem die niederen Sorten von *P. tenuifolium* sind, flach geschnitten, wichtige Bodendecker unter Strukturpflanzen wie *Cordyline*.

Letzteres gilt in noch höherem Maß für die *Coprosma*. Zwar gibt es auch bei ihnen bis 8 m hohe Bäume, die meisten werden aber nur 1–2 m, manche kriechen. Sie vertragen, wie die oben erwähnten *Pittosporum,* durchaus Halbschatten, die Blattfärbung ist aber in der Sonne besser.

Unter den niederen Sträuchern Neuseelands sind die Korbblütler, also Verwandte unserer Margeriten, in einer kaum überschaubaren Fülle vertreten. Ganz bedeutend und schon in küstennahen Gegenden Englands weit verbreitet sind die Gänseblümchenbüsche, *Olearia*. Auch hier gibt es Riesen bis 15 m und andere, die kaum 1 m hoch werden. Von der Blattform sind

Blütenhöhepunkte in einem kühlen Wintergarten

Der lichtdurchflutete Anbau an die Stadtvilla von Familie Bergmüller sollte ganzjährig attraktiv begrünt werden, selbst wenn er in den Wintermonaten wegen der kühlen Temperaturen nicht immer zu nutzen sein wird. Nach Abzug der Freiflächen für den Sitzplatz und die beiden Türen blieb nicht mehr viel Raum für Pflanzen – umso wichtiger die gekonnte Auswahl von Einzelstücken: Frühsommerlicher Blütenhöhepunkt – siehe die beiden unteren Bilder – ist ohne Zweifel der rotblühende Zylinderputzer, *Callistemon »laevis«*. Der Flor des momentan gerade zurückgeschnittenen *Bougainvillea*-Halbstammes schließt sich fast lückenlos an, nicht zurückgeschnitten, blüht dieser Stamm fast ganzjährig in Schüben. Im Spätwinter leuchten die blauen Blütendolden der Immergrünen Säckelblume (im oberen Bild rechts). Der *Melaleuca*-Solitär (im Bild unten rechts, ganz rechts an der Wand) wirkt auch ohne Blüten durch seine Blattstruktur interessant.

Der kalte Wintergarten

Den neuseeländischen Klebsamen *(Pittosporum tenuifolium)* gibt es in den unterschiedlichsten Laubfärbungen.

sie so verschieden, dass man sie kaum auf Anhieb einer Gattung zuordnen kann.

Zahlreiche Kübel-, Zimmer- und Wintergartenpflanzen sind bei den Myrtengewächsen zu Hause, deren größter Vertreter der Neuseeländische Weihnachtsbaum ist.

Die im Zierpflanzenbau wichtigste Art ist der **Manuka** oder **Teebaum**, *Leptospermum scoparium*, mit zahlreichen Sorten. Im Spätwinter und Frühling sieht man diesen Strauch als Topfpflanze oder Halbstamm in jedem Blumengeschäft. Über nadelartigen, gerade 1 cm langen Blättern sitzen in den Blattachseln über die ganze Länge des vorjährigen Triebs die einfachen oder gefüllten Blüten. Letztere erinnern stark an unsere »Mandelbäumchen«.

Der Teebaum wird frei wachsend 3–4 m hoch, die Sorten sind durchwegs niederer. Sie wachsen aber rasch auf ihre Endhöhe von maximal 2 m. Daneben gibt es Zwergsorten, die flächig verwendet werden können, nur 30 cm hoch bei einem halben Meter Breite.

Eine weitere in ihrer Vielfalt kaum überschaubare Gattung sind die **Strauchveronika** *(Hebe)*. Es gibt etwa 100 Arten mit zahlreichen Kreuzungen. Fast alle sind sie immergrüne, eher breit lagernde Sträucher, 0,5–2 m hoch. Die Blüten stehen in Trauben, Ähren oder Köpfchen meist am Ende der Triebe. Ihre Farbe umfasst neben Weiß alle Schattierungen von Blau und Rot, sie erscheinen im Sommerhalbjahr. Als kleine Kübelpflanzen, Füller oder Bodendecker in absonnigen Bereichen sind *Hebe* als Blütenpflanzen kaum zu übertreffen, vorausgesetzt, es ist nicht zu heiß.

Eukalyptus und Akazien – Wintergärten mit Australtouch

Wer sich im Mittwinter in einem Blumengeschäft nach preiswerten Schnittblumen umschaut, wird oft geradezu magisch von »Mimosen« angezogen. Gelb wie die Sonne. Mittwintersonne – unter diesem Aufmacher läuft die Werbung für diese Pflanzen, die botanisch Akazien heißen.

Veredelte Akazien sind als »Mimosen« beliebte Schnittblumen. Im Warmen halten sie nicht lange, in kühlen Wintergärten stellen sie jedoch hochwinterliche Blütenwunder dar.

Fragt man den Floristen, erfährt man, dass die »Mimosen« aus Südfrankreich kommen und kleine Bäume sind, die wie bei uns der Flieder dort zum Schnitt gezogen werden. Ihre Heimat ist Australien.

Würde man sich im Blumengeschäft nach einer preiswerten Topfpflanze erkundigen, keinesfalls etwas Gewöhnliches, wird man vielleicht bei *Chamaelaucium* landen oder gar *Anigozanthos*. Heimat Australien.

Und wer ein Trockengesteck braucht, darin die eigenartigen urnenförmigen Früchte bewundern, weiß bald, dass diese vom Eukalyptus stammen. Heimat Australien.

Desgleichen die exotischen, nadelkissenähnlichen Blüten, Proteen, Banksien. Heimat Australien.

Wenn man daraus ein Resümee zieht, dann scheint es in Australien höchst ungewöhnliche und attraktive Pflanzen zu geben, die offensichtlich auch bei uns gedeihen. Und viele blühen im Winter.

Problematik der westaustralischen Wintergartenpflanzen

Der größte Teil des westlichen Australien ist sehr trocken, aber nicht so trocken, dass es für eine Wüste reicht. Entsprechend niedrig ist der Bewölkungsgrad und entsprechend hoch die Einstrahlung.

Wer die einleitenden Kapitel gelesen hat, weiß sofort, wo in unseren Breiten der Hase im Pfeffer liegt: Licht. Für Pflanzen Westaustraliens haben wir hier den ganzen Winter zu wenig Licht, und wo im Sommer fleißig schattiert wird, setzt sich das fort.

Wer also erfolgreich australische Pflanzen im Wintergarten ziehen will, muss alles dem maximalen Lichtgenuss unterordnen. Gleichzeitig muss die Temperatur so tief wie möglich sein, alle Pflanzen Westaustraliens vertragen Kalthausbedingungen. Damit sich die Pflanzen wohl fühlen, herrscht in Australwintergärten im Winter ein Klima, das nicht ständig zum Sitzen einlädt.

Australische Bäume

Welche Möglichkeiten wir bei einer Australpflanzung haben, können wir der Natur abschauen. Die wichtigsten Bäume des eher feuchten Waldes sind die Eukalypten, in trockenen Gebieten schieben sich die Akazien in den Vordergrund. Nur diese beiden Gattungen bestreiten mit 600 bzw. 700 Arten drei Viertel der Baumschicht des Kontinents.

Eucalyptus

Soweit ihnen das Wasser reicht, besiedeln Eukalypten Standorte von der Meeresküste bis zur alpinen Baumgrenze. Um der immensen Einstrahlung und Verdunstung zu entgehen, drehen sie ihre Blätter, ähnlich einer Jalousie, vom Licht weg. Selbst in Eukalyptushochwäldern ist es deshalb hell, weshalb sie leicht zu unterpflanzen sind.

Die meisten im Handel befindlichen Eukalypten sind für Wintergärten nicht geeignet, sie werden viel zu groß. Zwar lassen sich auch Eukalypten über die Topfgröße im Wuchs bremsen, sie bauen aber rasch ab, wenn sie nicht mehr genug Wasser bekommen. Das heißt, Spitzen trocknen ein, ganze

Eine der wenigen *Eucalyptus*-Arten, die unsere lichtarmen mitteleuropäischen Winter ertragen: die rotblühende *E. ficifolia*.

Zweigpartien fallen aus. Der Rückschnitt ist schwierig.

Von vielen Eukalypten ist Saatgut im Handel, Liebhaber ziehen sich die gewünschte Art selbst.

Akazien

Die Akazien sind genauso vielfältig wie die Eukalypten. Im Gartenfachhandel begegnen sie uns nicht nur als von Bäumen stammende Schnittblumen, sondern sogar als niedliche Topfpflanzen: kleine, einer immergrünen Berberitze ähnliche Sträucher mit den typischen gelben Blütenbällchen.

Bei fast allen Akazien sind die Sämlingsblätter doppelt gefiedert, was sich meist schnell verliert. Die Funktion des Blattes wird durch den verbreiterten Blattstiel übernommen (Phyllodium). Dieser kann dann rund, nadelförmig oder länglich abgeflacht, ähnlich Wei-

Als Blattschmuckpflanze ein ausgezeichneter Wintergartenbaum, kommt die Australische Silbereiche *(Grevillea robusta)* bei uns selten zur Blüte.

denblättern, werden. Für die Verwendung im Wintergarten ist dies höchst wichtig. Die Arten, die auch im Alter Fiederblätter haben, stoßen diese bei Lichtmangel ab (Rieseln).
Akazien mit Fiederblättern eignen sich also nicht als Schattenbaum für einen Sitzplatz!
Die Blüten der Akazien sind meist etwa erbsengroße Bällchen, die nur aus zahllosen hellgelben bis orangefarbenen Staubfäden bestehen. Sie sitzen entweder einzeln in den Blattachseln, häufiger aber als große Rispen oder Trauben. Ein dritter Typ hat walzenähnliche Blütenstände, ähnlich den Kätzchen bei Weiden.
Mit einer Ausnahme sind alle bei uns gängigen Akazien Winterblüher, leiden also alle unter Lichtmangel.
Der Rückschnitt bei Akazien sollte unmittelbar nach der Blüte erfolgen. Die vegetative Phase ist kurz, bereits im Frühsommer bilden viele Arten die Blütenstände für den folgenden Winter aus.

Neben Akazien und Eukalypten spielen die anderen Bäume Australiens eine untergeordnete Rolle. Sie stammen überwiegend von der recht feuchten Ostküste und sind nicht typisch für das Bild eines heißen, trockenen Kontinents. Noch am besten zu Akazien und Eukalyptus passen die **Flaschenbäume** (*Brachychiton*) oder *Albizia lophanta*; Klebsamen, die Australische Kastanie (*Castanospermum australe*) und verschiedene Gummibäume vermitteln aber eher Regenwaldstimmung.

Grevillea robusta und andere Proteagewächse

Der Eindruck, dass es in Australien nur Eukalypten und Akazien gebe, ist nicht ganz richtig.
Neben den Myrtengewächsen und den Schmetterlingsblütlern prägt noch eine dritte Pflanzenfamilie die Vegetation nicht nur Westaustraliens entscheidend: die Proteagewächse.
Trotz ihrer Empfindlichkeit nehmen sich immer mehr französische und italienische Baumschulen dieser Pflanzenfamilie an, weil sich Proteagewächse – blühend sind sie »eye-catcher« – sehr gut verkaufen lassen und rasch wachsen. Im Wintergarten leben sie nicht lange.
Eine Ausnahme macht hier die schon seit langem als Topfpflanze bewährte australische **Silber-** oder **Seideneiche**, *Grevillea robusta*. Sie ist allein schon wegen ihres Laubs ein höchst dekorativer Wintergartenbaum, wobei man sich von der Höhe nicht schrecken lassen muss.
Man kann sie sehr gut rundkronig oder pyramidal schneiden, was auf Kosten der im Frühjahr erscheinenden

Extra-Tipp

Wer eine Wintergartenbegrünung sucht, die wenig Ärger mit Schädlingen macht, sollte sich Austral- bzw. Neuseelandpflanzen auswählen. Wichtig bei vielen dieser Arten: Der Wasserbedarf ist auch im Winter vergleichsweise hoch, beispielsweise bei Callistemon *und* Acacia. *Für eher schattige Wintergärten wird man bei den Pflanzen Ostasiens fündig. Durch den in ihrer Heimat oft hohen Bewölkungsgrad sind sie nicht so sonnenverwöhnt wie viele Australier.*

5–10 cm langen, einseitigen, orangefarbenen Blütentrauben geht. Im warmen Wintergarten ist *G. robusta* sogar immergrün.

Sträucher für Australwintergärten

Sieht man von den oft kurzlebigen Schmetterlingsblütlern und den in der Kultur schwierigen Proteagewächsen ab, findet man die attraktivsten Sträucher in der Myrtenverwandtschaft.
Die meisten scheinen keine Blütenblätter zu haben, sondern nur auffallend gefärbte Staubfäden.
Diese sitzen meist zu vielen einseitig oder radial am Ende der Triebe, so dass der Blütenstand einer Bürste bzw. einer Flaschenbürste ähnelt. Ein Wintergarten, der den Blütenreichtum und die Stimmung des trockenen Westaustralien einfangen will, kommt ohne diese Myrtengewächse nicht aus.
In der Kultur sind sie die leichtesten Australier, lassen sich fast beliebig schneiden und blühen auch dann noch, wenn die Belichtung nicht ganz

Sträucher für Australwintergärten

optimal ist. Schädlinge haben sie so gut wie nie; wenn ihnen etwas zu schaffen macht, ist das warmer, zu feuchter Boden. Ausfälle gibt es fast nur im Sommer, Kühle und Feuchtigkeit im Winter schaden kaum. Es ist dann eigentlich immer der überall vorkommende *Pythium/Phytophthora* (Bodenpilz)-Komplex, der die Pflanzen zum Absterben bringt.

Zum Kübelpflanzen-Standardsortiment gehören die **Zylinderputzer**, *Callistemon*. Im Süden oft im Freien herangezogen, findet man sie im April/Mai in jedem Gartencenter. Während der normale *C. citrinus*, der 3–4 m hoch wird, bald zu blühen aufhört, remontiert die als *C. »laevis«* bezeichnete Art bis zum Herbst, um sich dann im Verlauf des Winters wieder zur Vollblüte zu steigern.

Von *Callistemon* gibt es sehr schöne Stämme und Halbstämme, man muss sie aber zu schneiden wissen.

Wegen ihrer harten, unangenehm spitzen Blätter setzt man sie besser nicht neben Sitzplätze.

Sehr weit streuen die *Melaleuca*. Häufig mit dem Zylinderputzer verwechselt, sind die Blätter oft nadelartig. Manche Arten erreichen gerade 1 m, andere werden baumartig. Außer einem echten Blau sind alle Farbtöne vertreten. Da die *Melaleuca* rasch dicht werden und wüchsig sind, eignen sie sich hervorragend als Füller. Von den Myrtengewächsen blühen sie mit am spätesten, erst im Frühsommer.

Neben den *Leptospermum* die einzigen wichtigen Myrtengewächse mit vollständigen Blüten sind die *Chamaelaucium*. Beide gibt's im Spätwinter als Topfpflanze, wobei die Erste reicher blühend erscheint, die Zweite im Wuchs viel eleganter ist. Besonders das Farbspiel in der Blüte erinnert in Verbindung mit dem Habitus bei *Chamaelaucium* an Orchideenrispen. Man nimmt sie deshalb auch als Schnittblume. Einzig wichtig ist *Ch. uncinatum*, die im Wintergarten recht rasch 2 m hoch und fast so breit werden kann.

Eher aus dem südöstlichen Australien stammen die *Correa*-Arten, die **»Australischen Fuchsien«**. Sie gehören zur Citrusfamilie. Diese relativ niedrigen, breit lagernden Immergrünen haben glöckchenförmige Blüten im Winter und Frühjahr. Sie vertragen auch Halbschatten; viele sind deshalb ausgezeichnete Bodendecker, die rasch dicht machen. Als Art sei hier *C. speciosa* genannt. Die zahlreichen Sorten werden zwischen 0,6 und 2 m hoch und ebenso breit. In der Blüte sind sie sehr variabel, rot mit grünlichen Spitzen, dunkelrosa, dunkelrot, cremeweiß, pink bis gelbgrün.

Ebenfalls aus Südostaustralien stammen die *Prostanthera*, die australischen Minzebüsche. Ihren Namen tragen die mit unserer Taubnessel verwandten Sträucher wegen ihrer höchst aromatisch duftenden Blätter. Die Blüte ist sehr reich, purpur bis blau, gelegentlich fast weiß oder rosa, je nach Art im Winter, Frühjahr oder Sommer.

Zusammenfassend ist zu sagen, dass sich ein an westaustralischen Blütenpflanzen orientierter Wintergarten vor allem für Pflanzenliebhaber lohnt. Die reiche Winterblüte ist nur durch Abstriche an der Wohlfühltemperatur zu erreichen, und der Wintergartenbesitzer muss in der Lage sein, die Pflanzen gerade mal ein Drittel so stark zu düngen wie gewohnt.

Nur mit der Heckenschere lässt sich der Teebaum *(Leptospermum scoparium)* als Stämmchen halten.

Minzebüsche heißen die *Prostanthera* wegen ihres aromatischen Laubes. Viele blühen im Winter.

Ein Wintergarten mit südafrikanischen Pflanzen

Wer als Tourist nach Südafrika reist, fliegt wegen Flora und Fauna. Viele Reisen sind Rundreisen. Wohl kein Land hat auf einer ähnlichen Fläche so viele Naturschönheiten versammelt. Flora und Fauna sind Highlights des südafrikanischen Tourismus.

Man denke nur an die Tierwelt im Krüger-Nationalpark oder die berühmte Kapvegetation.

Wegen der geografischen Lage gibt es zahlreiche Parallelen zur Australflora. Was in Südafrika fehlt, sind die zahllosen Myrtengewächse, von Eukalyptus bis Zylinderputzer. Demgegenüber ist das trockene Südafrika übersät von allen Varianten der Sukkulenz. Nicht Mexiko, sondern die südafrikanische Great Karoo hat die artenreichste Sukkulentenvegetation der Welt, mit Säuleneuphorbien, Aloe und den Mittagsblumengewächsen.

Wer im südafrikanischen Frühjahr die Westseite des Landes besucht, glaubt sich in Gottes eigener Beet- und Balkonpflanzengärtnerei. Eine Blüte neben der anderen, so weit das Auge reicht, über hunderte von Kilometern. Wohl über die Hälfte unserer Beet- und Balkonblumen stammen aus Südafrika. Nicht zu vergessen die Zwiebeln

Die Kapvegetation lässt sich vom Klima leicht mit der Macchienregion rund ums Mittelmeer vergleichen, nur ist sie viel artenreicher. Doch Vorsicht, viele Arten haben ganz spezielle Ansprüche, die sich bei uns nicht leicht erfüllen lassen!

Die Standardversion des kühleren Südafrika-Wintergartens

Die Zimmerlinde, *Sparmannia africana*, ist ein raschwüchsiger, winterblühender Großstrauch oder Schattenbaum.

und Knollen, auch hier hat Südafrika das reichste Sortiment, von Freesien und Gladiolen bis zur Calla.
Und dann das Kap. Überragt vom majestätischen Tafelberg, präsentieren sich hier auf einer Fläche, die auch gesetzte Semester leicht mit dem Fahrrad erwandern können, über 2600 Pflanzenarten. Das ist mehr als ganz Großbritannien zu bieten hat.
Der Weg nach Osten führt über die Garden Route. Diese abwechslungsreiche hügelige Landschaft, die die ganzen Entwässerungstäler der südlichen Gebirge quert, ist in der Tat ein einziger Landschaftsgarten. Keine Rundreise lässt diese mehrere hundert Kilometer lange Strecke aus. Klimatisch höchst angenehm, steigen hier die Ausläufer der tropischen Gebirgsvegetation ins Flachland.

Ein südafrikanischer Buschwald-Wintergarten

Blättert man zu den Strukturpflanzen zurück, findet man als für Südafrika typisch die Paradiesvogelblume *(Strelitzia)* aus der Bananenverwandtschaft und die Kohlbäume *(Cussonia)* bei den Araliengewächsen. Auch auf Aloe kann man zurückgreifen, viele der schönsten Arten gedeihen in niederschlagsreichen Gebieten.

Die Standardversion des kühleren Südafrika-Wintergartens

Vom gut mit Wasser versorgten Galeriewald ausgehend, der üppigsten Szenerie, wird man als Leitpflanzen beispielsweise einen Hortensienbaum *(Dombeya)* oder eine Zimmerlinde *(Sparmannia)* wählen, wenn man Winterblüte schätzt. Ohne Blüte würde man diese Großsträucher für nahe Verwandte halten, dabei gehören sie zu ganz verschiedenen Familien. Beide haben lindenähnliche Blätter, aber bis 20 cm breit, beide haben auch dicke, holunderartige markige Sprosse.
Die **Zimmerlinde** *(Sparmannia africana)* ist nicht nur eine traditionelle Topf-Großpflanze für kühle Standorte; in ein Becken gepflanzt, bei Temperaturen von 10 °C und mehr, kann sie rasch 5 m erreichen. Ihre großen weißen Blüten mit den langen goldgelben, auf Reiz reagierenden Staubfäden sind eine Attraktion. Sie erscheinen ab Spätwinter.

> ## Extra-Tipp
> *Kühle Südafrika-Wintergärten vertragen hohe Wintertemperaturen wesentlich besser als ihr australisches Pendant, da die Lichtansprüche der meisten Arten deutlich geringer sind. Rieseln und massiver Laubfall sind kaum zu erwarten.*

Von den **Hortensienbäumen** *(Dombeya)* gibt es im östlichen Südafrika und in Madagaskar eine ganze Reihe. Im Habitus der Zimmerlinde sehr ähnlich, werden sie frei wachsend 3–10 m hohe, breite Büsche. Sie lassen sich hervorragend schneiden, in wenigen Jahren kann man sich aus einem kleinen Stamm einen großen, blühenden Schattenbaum ziehen. Prächtige Bäu-

Wegen der sehr ähnlichen Blätter werden die Hortensienbäume *(Dombeya)* oft mit Zimmerlinden verwechselt.

168 | Der kalte Wintergarten

Die auffallende Blutblume, *Scadoxus multiflorus*, fühlt sich im Halbschatten wohl.

me erzieht man am leichtesten aus *D. wallichii*, der wohl schönsten Art. Ihre hängenden Blütenstände ähneln in Größe, Form und Farbe verblüffend einer rosa Hortensie, nur dass sie zwischen November und April erscheinen. Da *D. wallichii* rasch wächst, schneidet man sie mindestens zweimal im Jahr zurück: nach der Blüte und Ende Sommer.

Viel niederer und auch für einstöckige Wintergärten geeignet ist *D. burgessiae*. Ihre weißen Blüten mit rotem Basalfleck sitzen in kurz gestielten Büscheln in den Blattachseln, die Blüte beginnt im Herbst.

Wer es sich nun einfach machen möchte, braucht unter die bisher genannten Pflanzen nur noch das Unterholz aus verschiedenen Akanthusgewächsen wie *Mackaya*, *Thunbergia* oder *Barleria* pflanzen. Darunter kommt ein Teppich aus weißbunten Grünlilien (*Chlorophytum*), als Blickpunkte für den Sommer noch *Agapanthus*, Hakenlilien (*Crinum*) und Blutblumen (*Scadoxus*).

Fertig. Eine narrensichere Pflanzung, die sowohl im Becken als auch in Einzeltöpfen funktioniert. Im zweiten Fall setzt man die Grünlilien als Bodendecker in die Töpfe der großen Pflanzen.

Südafrikanische Sträucher des Unterholzes

In den südafrikanischen Wäldern geht uns das blühende Unterholz nicht aus, wenn man ein paar Anleihen in den ostafrikanischen Gebirgszügen nimmt. Genannt seien nur die Akanthusgewächse, die alle ausgezeichnet im Halbschatten gedeihen, raschwüchsig sind und eine lange Blütezeit haben. So die strauchigen *Thunbergia*. Die bekannteste, *T. erecta*, ein anfangs etwas steifer, bis 2 m hoher Strauch mit kantigen Trieben, bringt das ganze Sommerhalbjahr über zahllose, 5 cm breite, dunkelviolette Trichterblüten. Ähnlich ist *T. affinis*, die oft als (spreizklimmen-

Vor allem als im Wuchs gebremste Kübelpflanze ist die Bleiwurz *(Plumbago)* ein zuverlässiger Dauerblüher.

Strauchige *Thunbergia*-Arten sind ein wesentlicher Bestandteil des Unterholzes der feuchten südafrikanischen Wälder.

de) Kletterpflanze bezeichnet wird. Als Topfpflanze werden noch andere angeboten, so *T. natalensis* und *T. battiscombei*, die aber mehr staudig bis halbstrauchig sind. Im Sommer sehr üppig, verlieren sie doch im Winter bei niederen Temperaturen ihr Laub.

Man schneidet sie besser im Spätherbst und hat dann keinen Laubfall mehr. Mit nur ein paar Blättchen an den Triebspitzen sehen die Pflanzen nicht sehr vorteilhaft aus.

Von der Blüte der *Thunbergia* ähnlich, im Wuchs aber eleganter und im Winter grün ist *Mackaya bella*. Mit ihren überhängenden Trieben entwickelt sie auch im Schatten einen recht dichten, 2 m hohen Busch. Ihre im Frühjahr erscheinenden, an Freesien erinnernden Blüten sind im Schatten weiß, bei mehr Sonne hellblau. *Mackaya* lässt sich wie *T. erecta* leicht als Stämmchen ziehen. Nach der Blüte schneidet man sie kräftig zurück.

Raschwüchsige, aber klein bleibende, höchstens 1 m hohe und ähnlich breite Sträucher sind die *Barleria*. Je nach Art mit blauen, purpurnen oder gelben

Blüten, zeigen sie fast das ganze Jahr über Farbe, mit einem Schwerpunkt im Sommer.

Ein immergrünes und schwachwüchsiges »Gestrüpp« für den Vordergrund ist die **Natalpflaume**, Carissa macrocarpa. Als wichtigster südafrikanischer Vertreter der Hundsgiftgewächse, zu denen ja auch der Oleander zählt, gehört diese Art zum Standardsortiment der südlichen Baumschulen. Von Carissa gibt es als 'Prostrata' eine kriechende Form, ein exzellenter, aber schwachwüchsiger Bodendecker.

Carissa eignen sich vorzüglich, um mit einigen kleinen Aloe, unterpflanzt mit Hottentottenfeigen (Carpobrotus) oder Mesembryanthemum, auf einem Quadratmeter ein ganzjährig attraktives Südafrikaeck zu gestalten. Mit Paradiesvogelblumen (Strelitzien) sind sie ideal für niedere Wintergärten, als Abpflanzung zum Glas, egal ob im Kübel oder im Becken.

Ein Wintergarten mit südafrikanischen Sukkulenten

Im Regenschatten der südlichen Gebirge wird Südafrika rasch trockener, die Vegetation wird immer mehr durch Sukkulente geprägt.

Die südafrikanische Sukkulentenvegetation ist nicht nur viel artenreicher, sondern auch viel bunter als die mexikanisch-zentralamerikanische. Das liegt zum Teil an den durchwegs roten, orange oder gelb blühenden Aloe, die häufig in Massen vorkommen, hauptsächlich aber am Überfluss bodendeckender Gewächse aus der Mittagsblumenfamilie (Mesembryanthemum). Gerade die Letzten sind in den Ziergärten der trockenen Zonen der ganzen Welt so verbreitet, dass man sie gemeinhin für einheimisch hält.

> ### Extra-Tipp
>
> *Für Pflanzenliebhaber mit wenig Platz ist ein südafrikanischer Sukkulentenwintergarten eine ideale Spielwiese. Man stößt ständig auf neue, putzige Vertreter, die hervorragend zu Modelleisenbahnen passen.*

Sukkulentenlandschaften Südafrikas strahlen oft etwas Unwirkliches aus. Hier blühen Aloe (kleines Bild) und andere skurril wirkende Sukkulenten.

Außerdem noch die Dickblattgewächse – unsere Mauerpfeffer *(Sedum)* gehören dazu – mit ihren häufig grellen Blütenfarben. An Farbe mangelt es dem südafrikanischen Sukkulentensortiment sicher nicht. Und wenn man die Köcherbäume, Kandelaber-Euphorbien oder Exoten wie *Pachypodium* oder nur den Speckbaum betrachtet, auch nicht an Form.

Ein ganz großer Vorteil dieser sukkulenten Südafrikaner ist, dass sie leicht erhältlich sind. Zumindest die schwachwüchsigen Arten sind heute noch sehr beliebt als robuste Zimmerpflanzen, auch die stärker wachsenden erhält man auf Nachfrage. Weil sich die Südafrikaner zudem gut in der Innenraumbegrünung halten, haben viele Gartencenter inzwischen etwas mehr dastehen als die etwas angestaubte Baumwollsmilch.

Im Vergleich zum mexikanischen Sukkulenten-Wintergarten macht ein südafrikanischer etwas mehr Arbeit, weil viel mehr Verblühtes entfernt werden muss, vor allem die Fruchtstände der Bodendecker. Trotzdem ist nur ein Bruchteil des Aufwandes für einen Dschungel-Wintergarten nötig. Und man kann auch im Sommer unbesorgt mal ein paar Tage wegfahren, Temperaturen zwischen 0 und 50 °C dürften kaum zu Schäden führen.

Sukkulentenpflanzungen haben den großen Vorteil, weitgehend temperatur»resistent« zu sein.

Pflanzen für Südafrika-Sukkulentengärten

Wohl die bekanntesten südafrikanischen Sukkulenten sind die **Aloe**. Sie sind entfernte Verwandte der Lilien. Von einer breiten Basis ausgehend, werden ihre fleischigen Blätter langsam schmaler, sie sind zumeist in einer Rosette angeordnet. Die Rosetten bilden den Abschluss von Stämmen, oder sie liegen auf dem Boden. Die Blütenstände stehen als große Ähren in den oberen Blattachseln, an ihrer Spitze befinden sich zahlreiche hellgelbe bis scharlachfarbene Röhrenblüten.

In Südafrika gibt es ungefähr 150 *Aloe*-Arten, davon sind 30 baumartig. Die meisten blühen im Winter, die wenigsten im Herbst.

Mit wenigen Ausnahmen stehen *Aloe* am liebsten in voller Sonne. Die höher wachsenden Arten machen manchmal Probleme, weil sie rasch kopflastig

Pflanzen für Südafrika-Sukkulentengärten | 171

Wie viele andere Arten blüht *Aloe africana* mitten im Winter.

euphorbie, *Euphorbia ingens,* genannt. Sie wächst zwar langsam, kann aber doch 10 m hoch und 9 m breit werden. Diese Art, deren Triebe im Querschnitt 4 Ecken haben, ist so dürreresistent, dass sie in manchen Wohnungen unbeachtet monatelang ohne Lebenszeichen in einer Ecke stehen kann. Solche Pflanzen findet man gelegentlich auf dem Flohmarkt, als Basis für einen Euphorbienbaum sind sie gut geeignet und meist billig.

Typisch für eine strauchige Euphorbie ist die inzwischen weltweit verbreitete *E. tirucallii,* die **Bleistifteuphorbie**. Meist ein breitrunder Großstrauch oder kleiner Baum mit zahlreichen, anfangs gut bleistiftstarken Trieben, macht sie schnell dicht, gibt deshalb in Afrika gute Hecken ab zur Einfriedung der Dörfer. Der Blindheit verursachende

Bei den kaum verzweigten Kohlbäumen *(Cussonia)* kommen die unterschiedlichsten Blattformen vor.

Wegen ihres giftigen Milchsaftes ist die Bleistifteuphorbie *(Euphorbia tirucallii)* nicht unproblematisch.

werden. Man stabilisiert dann möglichst den Stamm mit ein paar Felsbrocken. Auch bei buschigen Pflanzen legt man gerne Steine unter, damit die fleischigen Blätter nicht auf dem Boden liegen und faulen.

Das Größenspektrum bei *Aloe* ist gewaltig. Arten wie der **Köcherbaum**, *A. dichotoma* und die ähnliche *A. pillansii* aus dem westlichen Winterregengebiet oder *A. bainesii,* die Baumaloe aus dem tropischen Nordosten, können durchaus 8 m hoch und 6 m breit werden, andere erreichen gerade 10 cm. Neben den Aloen sind die **Euphorbien** die wichtigsten sukkulenten Großpflanzen Südafrikas. Als Beispiel sei hier nur die Gewöhnliche Baum-

milchige Blattsaft tut ein Übriges, ungebetene Gäste abzuhalten. Keine Pflanze für Wintergärten mit Kindern und Haustieren!

Wer für seinen südafrikanischen Sukkulentenwintergarten einen Baum braucht, der im Habitus einer Kandelabereuphorbie oder Baumaloe nahe kommt, nimmt den **Kohlbaum**, *Cussonia paniculata.* Das ist kein Stilbruch, die Pflanzen kommen auch in der Natur miteinander vor.

Extra-Tipp

Viele südafrikanische Sukkulenten sind ausgesprochene Winterblüher, auch wenn das in den Büchern anders steht. Kauft man sie im Winter blühend, liegt man sicher nicht falsch.

Nicht umzubringen sind die Mitglieder der *Crassula*-Familie. Manche werden auch baumartig.

Sukkulente Sträucher südafrikanischer Halbwüsten

Einige andere sukkulente Großpflanzen sind wesentlich besser wintergartengeeignet als die Euphorbien. Erinnert sei hier nur an den **Speckbaum**, *Portulacaria afra.* Diese traditionelle Zimmerpflanze mit dickfleischigen, 2–3 cm langen rundlichen Blättern ist nicht nur im Sommer mit zahllosen Büscheln aus rosa Blüten übersät, sie kann mit 3–4 m Höhe auch durchaus imposant sein.

Als richtigen Großstrauch oder kleinen Baum muss man sich *Crassula ovata* vorstellen, steif aufrecht, gut verzweigt und bis 5 m hoch. Bei dieser im Winter wenig auffällig cremeweiß blühenden Pflanze ist der korkige, vernarbte Stamm neben dem Habitus der Hauptschmuck.

Die strauchigen *Crassula* unterscheiden sich insofern von den meisten Sukkulenten, als sie auch im Halbschatten gut gedeihen. Viele, auch die nahe verwandte *Rochea coccinea,* erinnern ganz verblüffend an die bei uns winterharten *Sedum telephium.*

Es sind eher Stauden als Sträucher. Am Ende der je nach Art 30–60 cm hohen unverzweigten, mit sukkulenten Blättern besetzten Triebe sitzen die meist roten Blüten in dichten, rundlichen Blütenständen. Je nach Art zieht sich die Blüte übers ganze Jahr.

Zu den Dickblattgewächsen gehören auch die zahlreichen *Cotyledon,* von denen das **Schweineohr**, *C. orbiculata,* der bekannteste ist. Dieser kleine Strauch, der seinen Namen von den fleischigen, rundlichen Blättern hat, kann fast meterhoch werden. Er hat orangerote Röhrenblüten, die als Büschel am Ende recht langer Blütenstängel hängen. Auch er ist eine beliebte Topfpflanze.

Für die umwerfende Farbwirkung des südafrikanischen Sukkulentenwintergartens sind vor allem die **Mittagsblumen** zuständig. Die meisten haben nahezu nadelartiges, sukkulentes Laub und typische, zweifarbige Strahlenblüten: das Körbchen gelb, die Strahlen rot bis lila. Manche machen lange, kriechende Triebe, andere bilden eher kleine Sträucher, und wieder andere wachsen rosettenförmig.

Wenn man den Boden im Wintergarten decken will – als Unterpflanzung in Töpfen sind sie genauso geeignet –, ist man auf das gerade vorhandene Angebot der Gartencenter angewiesen. Pro Art oder Farbe reicht oft eine Pflanze; in kurze Triebstücke geschnitten, an Ort und Stelle in den Boden gesteckt und leicht überbraust, wächst gewöhnlich jedes Stück. Die Ausdehnung der Einzelpflanzen ist praktisch unendlich, da die Triebe sofort wurzeln, wenn sie Bodenkontakt haben. Zu nass gehalten, faulen sie aber leicht.

Yucca und Agaven – Wintergarten à la Mexiko

Zum südafrikanischen Sukkulentenwintergarten lässt sich ein Pendant mit amerikanischen Arten machen. Die wichtigsten Strukturpflanzen sind in diesem Fall Agaven, Yucca und Exoten wie *Beaucarnea* oder *Dasylirion*. Außerdem die Kakteen, die in Südafrika fehlen. Gleiches gilt für Bromelien; bei uns meist als dankbare Zimmerpflanzen bekannt, gibt es stammbildende Arten wie die *Puya*, die ein ganz eigenes Flair entfalten.

Leider fehlt im amerikanischen Sukkulentenwintergarten etwas die Farbe. So sind Kakteenblüten zwar durchaus auffällig gefärbt, aber sie halten nicht lange und können sich in der Farbwirkung nie mit *Mesembryanthemum* oder Aloe messen.

Was aber vor allem gegen den Mexiko-Kaktusgarten spricht, sind Dornen und Stacheln. Wer mal einer Agave oder einem Spanischen Bayonett, *Yucca aloifolia*, zu nahe gekommen ist, für den sind die Stacheln der Feigenkakteen *(Opuntia)* geradezu eine Erholung. Die Einleitung jedes Pflegedurchgangs ist das Bereitlegen der Hausapotheke, mit Sicherheit passt man mal einen Sekundenbruchteil nicht auf. Obligatorische Prophylaxe gegen wirklich schwere Unfälle ist das Entfernen aller dornigen Blattspitzen, also vor allem bei Yucca und Agaven. Selbst die Einheimischen haben einen Heidenrespekt vor diesen Pflanzen; es ist deshalb kein reiner Gag, wenn man ausgeblasene Eier auf die Blattspitzen gesteckt sieht.

Vorteilhaft am amerikanischen Sukkulenten-Wintergarten ist, dass man die meisten Pflanzen leicht erhält. Man braucht auch nicht so aufpassen, ob

Als Bodendecker im Sukkulenten-Wintergarten fast unverzichtbar: *Mesembryanthemum*.

Arten aus Winterregengebieten – wie in Kalifornien – dabei sind, insofern ist die Kultur einfacher. Solange man sich nicht mit Liebhaberkakteen auseinander setzt, geht man mit dem für alle Sukkulenten-Wintergärten gültigen Motto nicht fehl: Lieber zweimal zu wenig gegossen als einmal zu viel.

Auf einen Blick

→ Mit Ausnahme der Australwintergärten müssen kühle Wintergärten nicht kühl gehalten werden, aber sie können.

→ Eine Nachtabsenkung auf 5 °C kann den Energieverbrauch auf die Hälfte senken, ohne dass es zu Einbußen bei der Nutzung kommen muss. Wegen der niedrigen Temperaturen ist der Stoffumsatz nicht so hoch, es fällt – außer bei Laub abwerfenden – viel weniger Falllaub an, und es muss auch weniger geschnitten werden.

→ Wer es nicht erwarten kann, kann kühle Wintergärten auch »antreiben«: Bei Sonne erst ab 25 °C lüften, eine Nachtabsenkung auf nur 10 °C und eine Flüssigdüngung wirken im Spätwinter Wunder.

Bei Sukkulenten muss man es nicht so genau nehmen: Südafrikanische Aloe vertragen sich durchaus mit mexikanischen *Furcraea* oder Agaven.

Die Bepflanzung in der Praxis

Wenn bei der Bepflanzung nichts schiefgehen soll ...

Beim Lesen der Kapitel über die Pflanzen müsste gelegentlich der Gedanke aufgeblitzt sein: So oder so würde mir das auch gefallen. Oft hat man ja Vorlieben für Länder, in die es einen immer wieder zieht oder wohin man schon immer gerne wollte. Oder Assoziationen zu Pflanzengruppen und Kulturen. Notfalls bringt man sich mit ein paar Reiseprospekten oder Farbbildbänden in die nötige Stimmung oder besucht einen botanischen Garten.

Pflanzenauswahl nach dem Ausschlussprinzip

Hilft das alles nichts, weil man keine weiteren Ambitionen hat, sondern nur einen schön begrünten Raum und möglichst wenig Arbeit haben will, geht man von den Eckdaten des Wintergartens aus, also von Größe, Klimatisierung und Nutzen.

Das schließt dann schon nahezu alle Pflanzen aus, die in irgendeiner Form schwierig bzw. anspruchsvoll sind oder die irgendwelche Schwächen haben. Schwächen sind dann schon schwer zu kalkulierender Wuchs (Kletterpflanzen), Laubfall oder Besonderheiten beim Gießen.

Besonders unproblematisch ist hier die Gruppe der Palmen und der Farne, Aralienverwandte, Aronstabgewächse und fast alle Gummibäume. Blüten gibt es nur wenige; wenn, dann groß, auffallend und lange haltbar – also Strelitzien oder Aronstabgewächse wie *Anthurium* oder *Spathiphyllum*. Wem das zu grün ist, verwendet buntlaubige Pflanzen. Von fast allen Zimmerpflanzen gibt es weißbunte oder gelbbunte Formen. Dazu kommen im zimmerwarmen Wintergarten die Sortimente von Bromelien, die Marantengewächse *(Maranta, Caladium, Ctenanthe)*, auch die Blattbegonien. Ist es nicht zimmerwarm, wird man beim Unterholz ostasiatischer Wälder fündig.

Was man zur Wintergartentemperatur wissen muss

Für eine qualifizierte Pflanzenauswahl muss der Temperaturbereich klar festgelegt sein, auch die robustesten Tropenpflanzen gehen unter Kalthausbedingungen ein.

Leider sagt die am Thermostat eingestellte Temperatur ziemlich wenig aus über die Situation am Pflanzenstandort. Die Differenzen sind umso größer, je exponierter der Wintergarten ist und je höher. Da in den wenigsten Glasanbauten eine ständige Luftumwälzung erfolgt, ist die Temperatur am Boden immer niederer als im First. Dazu kommt die Temperaturabnahme von innen nach außen: Ohne Bodenheizung wird der Boden im Bereich von Außenwänden immer ein paar Grad kälter sein als an der Hausseite. Besonders in Anlehnwintergärten sind die warmen Ecken spärlich gesät.

In Anlehngewächshäusern mit ihrem schlechten Verhältnis von Glasfläche

Ein großzügiger, konsequent durchgeplanter Wintergarten vor der Bepflanzung ...

... und derselbe Wintergarten zehn Jahre später. Die Konstruktion ist im Grün verschwunden.

zu umbautem Raum bzw. zu wärmespeichernder Hauswand kommt es auch immer wieder zu Untertemperatur, weil nach klaren Tagen die Heizung viel zu träge reagiert. Dies gilt insbesondere, wenn der Temperaturfühler an einer wärmespeichernden Hauswand fixiert ist. Ist die Hauswand selbst isoliert – bei nachträglich angebauten Wintergärten die Regel –, stellt sie keinen Wärmespeicher dar. In solchen Wintergärten kann man dem Quecksilber beim Fallen zusehen, die sonst so zuverlässigen und pflegeleichten Pflanzen des tropischen Unterholzes stehen hier falsch.

Wintergärten, die in den Baukörper integriert sind, haben diese Probleme nur in stark abgeschwächtem Maße. Die großen, nicht isolierten Mauerflächen sind ein wirksamer Puffer, vor allem, wenn gleichzeitig eine Innenschattierung zugezogen wird.

Arbeitssparende Zimmerpflanzen im Wintergarten

Letztendlich ist noch die Größe, vor allem die Höhe des Wintergartens entscheidend für eine optimale Pflanzenauswahl, besonders, wenn man nur einen grünen Raum will, der keine Arbeit macht. Und nicht alle 2–3 Jahre die Pflanzen austauschen will.

Behandelt man die üblichen Groß-Zimmerpflanzen wie Wintergartenpflanzen, also mehr Licht und viel Topfvolumen, stellt man rasch fest, dass sie viel stärker wachsen als im Zimmer. Lässt man sich die in schwarzen Plastikkübeln gelieferten Großpflanzen in nicht zu kleine Schmuckkübel umtopfen, kann die anfangs nur gut mannshohe Birkenfeige durchaus in 3 Jahren am Dach in 5 m Höhe anstoßen. Dann ist der Topfballen aber durchgewurzelt, mit einem Schnitt pro Jahr kann man die Pflanze leicht kontrollieren. Bei Beckenpflanzungen hält das starke Wachstum länger an, weshalb man dann auf die uns als Topfpflanzen verkauften raschwüchsigen Urwaldbäume am besten verzichtet.

Wer möglichst wenig Aufwand mit seinen Pflanzen haben will, wirft sie weg, wenn sie zu groß geworden sind oder sich Pflegefehler bemerkbar machen. Das ist inzwischen leider üblich. Wer einen Wintergarten mit persönlichem Stil will, der möglichst viele Jahre hält, in dem Werden und Vergehen jeden Tag sichtbar werden, wählt einen anderen Weg.

Wintergarten oder Blumenfenster? Geschickter kann man ein Glashaus kaum integrieren.

Das Klima im individuellen Wintergarten

Der pragmatische Wintergartenbesitzer stellt im Sommer im Wintergarten die Heizung ab. Da kann es dann gut sein, dass die Durchschnittstemperatur unter winterliche Werte absinkt. Auf jeden Fall sinken die Minima, wenn man seinen Wintergarten als (Lau-)Warmhaus betrieben hat.

Gleichzeitig steigen aber die Tagestemperaturen über Winterwerte. Von einem sehr ausgeglichenen Klima, das in etwa dem tropischer Höhenlagen entspricht, wechselt man in ein Subtropenklima mit starken Tagesschwankungen.

Lichtliebende Tropenpflanzen, denen im Winter das Licht gefehlt hat, können sich dann leicht während sommerlicher Schlechtwetterperioden einen »Schnupfen« holen. Notfalls muss man sogar wieder heizen. Dies nur als Warnung, damit man bei der Pflanzenauswahl nicht überschäumt.

Wer nicht ganzjährig heizt, bekommt realistisch im besten Fall ein Klima wie auf den Kanaren, in Südflorida oder Hongkong. Mit ständig geschlossener Innenschattierung gedeiht auch noch das tropische Unterholz. Mit nur nachts grundsätzlich geschlossener Innenschattierung wachsen auch die lichtliebenden Tropenpflanzen, die mit den Minima der Heizperiode zurechtkommen.

Ursache sind die kurzen Nächte, ein Absinken der Bodentemperatur auf kritische Werte ist kaum zu erwarten, solange sich die nächtlichen Minima im Wintergarten nicht unter ca. 10 °C bewegen.

Die oben aufgeführten Grenzen bedeuten nur eine geringe Einschränkung, es gibt immer noch Tausende von Bepflanzungsmöglichkeiten. Aber von einer Hecke aus *Mussaenda* oder *Ixora*, dahinter Frangipani und darüber Brotfruchtbäume – wie in Singapur oder Mombasa –, sollte man Abstand nehmen.

Auswahl von Großpflanzen

Am besten blättert man jetzt noch einmal die Kapitel über Wintergartenbäume und Strukturpflanzen durch. Hier muss man sich sicher sein, ob diese Pflanzen mit Temperatur, Raumhöhe, den technischen Voraussetzungen und den eigenen Kenntnissen klarkommen. Die Auswahl ist immer noch groß, sind doch in 90% aller Wintergärten nur ein bis drei dieser dominanten Gestalten notwendig, wenn man von einer höheren Lebensdauer als der einer Topfpflanze ausgeht.
Ähnliche Überlegungen stellt man bei den Kletterpflanzen an, wobei wegen der schlechten Verfügbarkeit mancher Arten Alternativen in Betracht zu ziehen sind.
Entsprechendes gilt auch für die größeren Sträucher. Mit drei bis fünf, höchstens zehn Pflanzen ist jeder Wintergarten voll, wenn man einige Jahre Wachstum einrechnet. Wem das zu wenig erscheint, stopft die Löcher mit rasch wachsenden Füllern, die man nach und nach herausnehmen kann, ohne dass sie ein Loch hinterlassen.
Mit Hilfe der großen Blütensträucher und der Kletterpflanzen versucht man nun, schon einmal einen Großteil des

Der kalifornische Flanellstrauch *(Fremontodendron californicum)* – ein fast ganzjährig blühender Großstrauch auch für kleine Wintergärten.

Jahres mit Blüten abzudecken, die Blütezeiten sollten möglichst verschieden sein. Zwei »Knaller« zur selben Zeit und dann monatelang nichts – das ist nicht erstrebenswert.

Unterpflanzung

In Blütezeit und Blütenfarbe passend zu den größeren Sträuchern sucht man dann die Unterpflanzung zusammen. Worauf man besonders achtet, sind Farben, die sich beißen können.
So ist es ungeschickt, eine rote *Bougainvillea* mit einem zur selben Zeit rot blühenden Salbei zu unterpflanzen, auch wenn die Pflanzen von der Herkunft und den Ansprüchen ideal passen würden.
Die Unterpflanzung soll auch einen Zweck erfüllen. Unterpflanzt wird, was auskahlt. Wenn man bis zum Boden dicht belaubte Sträucher aufasten muss, um sie unterpflanzen zu können, widerstrebt das einer Gärtnerseele.
Die Zahl wintergartengeeigneter Bodendecker ist Legende. Oft gehört mehr als die Hälfte der in Blumengeschäften anzutreffenden Topfpflanzen zu dieser Gruppe. Warum? Die meisten Bodendecker sind nicht allzu anspruchsvoll. Da sie zumeist im Wurzelgeflecht wesentlich größerer Pflanzen wachsen, dürfen sie hinsichtlich Wasser und Nährstoffen keine besonderen Bedürfnisse haben. Nahezu alle unsere niedrigen langlebigen Topfpflanzen, die über den Topfrand hinauswachsen und die man gut »abfechsen« kann, erfüllen diese Ansprüche. Im Wintergarten ausgepflanzt, muss man darauf aufpassen, dass sie nicht zu wüchsig werden. Vorsicht ist vor allem geboten bei verschiedenen Aronstabgewächsen, egal, ob sie als *Scindapsus*, *Epipremnum*, *Pothos*, *Rhaphidophora* oder Efeutute im Handel sind. Das sind genau die Pflanzen, die den indonesischen Dschungel dunkler als andere Urwälder erscheinen lassen. Unter für sie günstigen Wintergartenbedingungen können sie unkrautartig wachsen. Bodendeckend sind sie dann nur noch am Rande.

Extra-Tipp

Bei der Auswahl der Großpflanzen sollte man nie die beschränkte Höhe des Glasanbaus aus den Augen verlieren. Rechtzeitig – bevor sich die Triebe am Glas entlangschieben – schneiden. Bei Schnittmaßnahmen stets genügend weit zurückschneiden, sodass die Pflanze wieder für ein Jahr Platz hat.

Bei der Unterpflanzung sollte man nicht zu sehr mischen. Eine Zusammenstellung von 1×3 + 1×5 + 1×2 ist meist wesentlich zufriedenstellender als 10×1. Das erinnert eher an einen Feldblumenstrauß.

Diese Regel gilt noch viel mehr für echte Bodendecker. In den meisten Beeten kommt man mit ein bis drei Arten aus, wobei die Stückzahlen durchaus zwischen fünf und 50 schwanken können.

Eine dekorative Abdeckung der Pflanzfläche mit Lava, gebrochener Kiefernborke oder Rindenhumus leistet dieselben Dienste. Das würde den Wasserverbrauch deutlich reduzieren, auch die in manchen Wintergärten zu hohe Luftfeuchte würde geringer.

Angebracht sind Bodendecker bei Pflanzen in dunklen Kübeln und dort, wo etwas herunterhängen soll. Eine wichtige Funktion erfüllen sie auch in Wintergärten, in deren Becken nur wenige, langsam wachsende wertvolle Solitärgehölze stehen und die Unterpflanzung den ruhenden Gegenpol darstellt. Hier müssen die Kontraste beachtet werden. Da viele Bodendecker buntlaubig sind, fallen sie, massiert verwendet, natürlich stark ins Auge. So wie beim Fotografieren einer Meeresbucht die Palmen nur noch Rahmen fürs Meer sind, sind sparsam verteilte Gehölze in einem bunten Teppich nur noch die Kerzen auf der Geburtstagstorte.

Wem das bewusst ist und wer das mit Absicht macht, kann dann natürlich die farbigsten Bilder malen. Viele beeindruckende tropische Gärten leben geradezu von den durch farbige Bodendecker erzeugten Kontrasten. Ein wahrer Meister darin war der wohl berühmteste Gartenarchitekt der Tropen, der Deutsch-Brasilianer Roberto Burle-Marx. Für die weitläufigen Anlagen in Brasilia ebenso zuständig wie für die Copacabana, setzte er auch in zahlreichen Privatgärten und in der Innenraumbegrünung Maßstäbe. Der Einsatz buntlaubiger Bromelien als Bodendecker ist eines seiner Markenzeichen geworden. Aber das muss man können.

Einkauf

Wenn man jetzt mehr als 20 Pflanzenarten auf seiner Liste stehen hat, macht das nichts. Solange man nicht mehr einkauft, als man braucht. Höchstwahrscheinlich wird man manche Pflanzen beim ersten Anlauf nicht erhalten. Wer nicht warten will, muss Löcher mit Pflanzen stopfen, die gerade angeboten werden. Keine Kompromisse macht man bei den Strukturpflanzen, am besten hat man eine zweitbeste Lösung in der Rückhand.

Erst Bodendecker geben der Pflanzung den letzten Pfiff.

Pflanzenkauf im Gartencenter

Pflanzen für den Wintergarten einzukaufen kann ganz schön ernüchternd sein. Wer nicht nach Katalog bestellt, steht oft mit seiner Wunschliste im Gartencenter und erfährt zu den Positionen: »Gibt's nicht«, »Gibt's jetzt nicht« oder »Gibt's nicht in der gewünschten Größe«.

»Gibt's nicht«, heißt: Diese Pflanze ist hier nicht marktgängig, es ist schwierig (und/oder kostspielig), sie zu beschaffen. Oder, geradeaus: Das macht uns zu viel Arbeit und lohnt sich nicht. »Gibt's jetzt nicht«, heißt: Diese Pflanze hat eine Saison, dann haben wir die da. »Gibt's in der Größe nicht«, heißt: Diese Größe wird bei uns kaum verlangt. Im Klartext: Es lohnt sich nicht, diese Größe zu bevorraten. Beschaffbar wäre die wahrscheinlich schon.

Die meisten Gartencenter sind keine botanischen Gärten mehr. Was man nicht innerhalb kurzer Zeit verkaufen kann, wird nicht angeboten.

Wenn man mal einen Baumschulkatalog durchblättert und sich dabei vorstellt, dass das Angebot an nicht winterharten Pflanzen vielfach größer ist, versteht man, warum man auch im gut sortierten Fachbetrieb oft nicht fündig wird.

Wer zäh ist, erhält fast alles. Das kann allerdings ein paar Wochen dauern. Man kann aber auch versuchen, sich Hinweise geben zu lassen, wo man das Gewünschte erhält. Es gibt sogar einen »Pflanzeneinkaufsführer«, der Bezugsquellen zu nahezu allen kultivierten Pflanzen nachweist. Den gibt's im Buchhandel.

Wer's eilig hat mit der Begrünung, kann auch – wo er gerade im Gartencenter steht – seinen Einkaufszettel wegstecken, sich die Namen der vorhandenen Pflanzen, die gefallen würden, notieren und zu Hause sehen, ob sich daraus etwas ergibt. Falls die Beratung vor Ort kompetent ist – sehr selten beim Thema Wintergarten –, kann man auch sofort überprüfen, ob die Pflanzen in ihren Ansprüchen zusammenpassen und ob das im Spektrum der Möglichkeiten des eigenen Wintergartens liegt.

Pflanzeneinkauf im Spezialbetrieb

Wer eine Denkpause eingeschaltet hat, sollte einmal überlegen, ob er sich nicht einen Tag frei nimmt und mit einem großen Auto in eine Gärtnerei fährt, die auf Wintergärten spezialisiert ist. Dort ist er mit seinem 20 Positionen-Zettel richtig, auch wenn nicht immer alles da ist. Aber hier gibt es ja jede Menge Alternativen. Viele Pflanzen, auf die man gar nicht gekommen wäre, fallen erst vor Ort auf. Wer sich angemeldet hat, findet sicher einen kundigen Berater.

Im besten Falle stellt man im Spezialbetrieb die gewünschten Pflanzen im Maßstab 1:1 auf, also exakt wie im Wintergarten. Den Grundriss sollte man natürlich dabeihaben.

Sieht man sich den gewünschten Pflanzen direkt gegenüber, fängt man meist an zu ändern. Manche Pflanzen fallen dann raus, sei es, weil sie optisch nicht passen, sei es, dass die Pflanzung zu dicht wird, sei es, dass man sich in eine vorher unbekannte Pflanze »verguckt« hat, die man aber unbedingt irgendwo unterbringen will. Auch wird man das eine oder andere Loch füllen müssen.

So sieht es im Sommer in der auf Kübel- und Wintergartenpflanzen spezialisierten Gärtnerei FLORA MEDITERRANEA in Au/Hallertau aus: Palmen, Baumstrelitzien, Kletterpflanzen und Oleandersolitärs (siehe auch Seite 188).

Besonders in sehr gut sortierten Betrieben kann das Zusammenstellen einer Wintergartenbegrünung durchaus einen halben Tag dauern, besonders wenn das ästhetische Empfinden mehrerer Personen konkurriert. Letztendlich lässt man sich dann eine Skizze machen, in die alle, unbedingt mit Etikett versehenen Pflanzen eingezeichnet werden. Und so pflanzt man zu Hause dann auch!

Akklimatisierung von Wintergartenpflanzen

Vieles spricht dafür, seinen Wintergarten im Spätwinter oder Frühjahr einzurichten. Das ist die Zeit, in der Wintergartenpflanzen – auch in der Gärtnerei – am schlechtesten aussehen. Sie haben den Winter hinter sich und werden im Wintergarten erst mal besser, weil jetzt der Neutrieb einsetzt. Soweit das Potenzial der Pflanze es zulässt, ist der Neutrieb an das Klima des Wintergartens angepasst. Älteres Laub, das in Gärtnereien gewachsen ist, tut sich damit schwerer.

Nur im Winter ist es auch möglich, ohne Schattierung normale Topfpflanzen zu verwenden. Wobei man möglichst nicht bei Dauerfrost zum Einkaufen von Tropenpflanzen geht.

Die Verwendung von normalen Topfpflanzen im Wintergarten wirft ein Problem auf. Zimmerpflanzen werden in Gärtnereien auf Schwachlichtverhältnisse getrimmt, sie haben nur Schattenblätter.

Extra-Tipp

Die Pflanzen in einem frisch bepflanzten Wintergarten brauchen etwa 3 bis 4 Wochen zur »Eingewöhnung«, verstärkter Blattfall ist in dieser Zeit normal. Man rechnet mit etwa 1 bis 2 Jahren »Lehrzeit«, innerhalb dieser Zeit lernt man, den Wintergarten souverän zu handhaben.

Stellt man sie einfach in den Wintergarten, können einige Stunden Frühjahrssonne für einen Sonnenbrand ausreichen. Die Schäden bleiben bis zum Abfallen der Blätter sichtbar. Wer also im Sommer seinen Wintergarten mit Zimmerpflanzen bestückt, muss schattieren.

Kauft man seine Wintergartenpflanzen als Kübelpflanzen in der Freilandabteilung, ist wenig zu befürchten. Frisch importiert, stammen sie oft aus dem Freien.

Wintergarten-Spezialbetriebe können ganzjährig nicht schattierte Pflanzen liefern.

Pflanzung

Verpflanzschock

Gewöhnlich reagieren Pflanzen auf eine Umstellung mit reduziertem Wachstum, häufig auch mit einem Wachstumsstopp.

Bei einer Pflanzung im Spätwinter oder Frühjahr reduziert man den Verpflanzschock am einfachsten, indem man die Bodentemperatur erhöht. Ungeachtet der später gewünschten Temperatur heizt man auf die für die empfindlichsten Pflanzen optimale Bodentemperatur.

Soweit möglich, unterstützt man dies durch zimmerwarmes Wasser. Aus dem Warmhaus stammende Tropenpflanzen können durch mehrfache Schocks mit kaltem Gießwasser so gebremst werden, dass Heizen nicht viel nützt. Wenn grüne Blätter massenhaft abfallen, erkennt man den begangenen Fehler. Dann bewahrt man die Ruhe und gießt möglichst nicht mehr, bis der neue Austrieb einsetzt.

Bei der Erstbepflanzung eines Wintergartens hat man es in der Regel mit Pflanzen zu tun, die von ganz verschiedenen Produzenten stammen und unter ganz unterschiedlichen Bedingungen herangewachsen sind. Je größer die Kluft zu den neuen Standortbedingungen ist, desto länger dauert es, bis die Pflanzen loswachsen.

Kritisch wird es oft erst nach gut einem Jahr, nach dem zweiten Austrieb. Jetzt müsste die Pflanzung zunehmend harmonisch werden. Ist das genaue Gegenteil der Fall, entwickeln sich also die Pflanzen immer stärker auseinander, hat man selbst, oder der Gärtner, einen Fehler bei der Bepflanzung gemacht. Offensichtlich passt die Pflanzenauswahl – in Teilen – nicht zu den Wachstumsfaktoren vor Ort. Eine vom Plan und von den Ansprüchen durchaus stimmige Bepflanzung kann leicht zu einer Schieflage führen, wenn auch

Wenn Licht- und Temperaturverhältnisse nur schwer einzuschätzen sind, ist man mit ostasiatischen Immergrünen meist gut bedient.

nur ein veränderter Wachstumsfaktor (Licht, Temperatur, Wasser, Nährstoffe) einen Teil der Pflanzen wesentlich begünstigt bzw. benachteilt. Sehr häufig kommt das vor, wenn man sich beim Pflanzeneinkauf vor allem von der Ästhetik, weniger vom Sachverstand hat leiten lassen.

Stehen die Pflanzen in Kübeln, ist das weiter nicht schlimm, wird oft nicht einmal erkannt. Bei Beckenbepflanzungen gibt es aber einen Verdrängungswettbewerb, wenn der entscheidende Wachstumsfaktor nicht neu justiert wird. Meist weiß man selbst am besten, welcher Faktor nicht den Vorgaben entspricht.

Bewässerung

Je größer und höher ein Wintergarten ist und je grüner er werden soll, desto unpraktischer werden Pflanzen in Einzeltöpfen. Die Beckenbepflanzung tritt nun in den Vordergrund, da sich die Bewässerung automatisieren lässt. Ausweichen kann man auf Gefäße mit Wasserspeicher.

Vielfach wurde versucht, die Bewässerung von Pflanzen in Einzeltöpfen zu automatisieren. Es funktioniert nicht, ganz abgesehen von den wenig schönen, schwarzen Bewässerungsschläuchen, die sich durch den Wintergarten winden. Die Ansprüche der Pflanzen an Wasser sind zu verschieden, auch verschieben sich die Proportionen ständig. Wie auf Terrassen mit einem Wasserüberschuss zu arbeiten führt im Wintergarten zur Überschwemmung. Zwar ist auch bei der Beckenbepflanzung für jedes Beet ein eigener Bewässerungskreislauf notwendig, überschüssiges Wasser läuft aber über die Drainage direkt in die Kanalisation.

Sind sie einmal installiert, ersparen automatische Bewässerungsanlagen viel Gießarbeit.

Außerdem können sich die Pflanzen, die gerade viel Wasser brauchen, bei denen mit gleichzeitig geringem Bedarf bedienen, niemand muss das Steuerelement (Tensiofühler) umstecken, nur weil die Bougainvillea gerade wieder wächst wie der Teufel oder gerade zurückgeschnitten wurde.

Bei Pflanzen in Kübeln steigt der Bewässerungsaufwand proportional, wer viele Pflanzen hat, muss viel gießen. Hier zeigt sich in der Beschränkung der Meister, andernfalls wird der Wintergarten rasch zum Albtraum. Ohne schlechtes Gewissen kann man dann nur noch im Winter ein paar Tage wegfahren, im Sommer ist nicht daran zu denken, so man nicht über einen zuverlässigen Hausgeist verfügt.

Beckenpflanzung und Bankbeete

Jede Beckenbepflanzung steht und fällt mit der Drainage. Das optimale Becken hat Bodenanschluss, ist also nach unten offen. Überschüssiges Wasser versickert, die Wurzeln können beliebig nach unten. Bei dieser Art von Becken empfiehlt sich ein kritischer Blick darauf, wie groß die Pflanzen werden können.

Die meisten Becken sind jedoch richtige Wannen, sei es, dass der Boden betoniert ist, sei es, dass die Baugrube mit einer Teich- bzw. Deponiefolie abgedichtet wird. Muss das Becken bzw. Bankbeet absolut dicht sein, weil sich darunter Räume befinden, überlässt man das dem Fachmann. Die kleinste Undichte wird rasch offenbar und lässt sich erst flicken, wenn zuvor die Bepflanzung und die ganze Erde wieder entfernt werden. Das wird teuer!

Damit sich im Becken keine Staunässe bilden kann, muss am tiefsten Punkt eine Entwässerung in die Kanalisation oder eine Sickergrube installiert werden. Dieser Durchbruch durch die Beckenwandung ist oft eine Schwachstelle. Der Ablauf darf sich weder zusetzen, noch dürfen Wurzeln hineinwachsen.

Die übliche Drainageschicht besteht aus einem strukturstabilen Material mit großen Zwischenräumen. Spricht die Statik nicht dagegen, nimmt man gewöhnlichen Filterkies 4–8, anderenfalls Blähton. Die etwa 10 cm starke Drainageschicht wird mit einem geotextilen Vlies abgedeckt, erhältlich im Baustoff- oder Landhandel.

Substrat und Befüllung

Sind keine großen Ballen zu versorgen, kann man jetzt das Beet randvoll mit Wintergartensubstrat füllen. An diese »Erde« sind höchste Ansprüche zu stellen, vor allem muss sie strukturstabil sein. Das heißt, das Substrat darf sich nicht zersetzen und als Folge dann setzen. Wer hier einen Fehler macht und ein Substrat mit Kompost oder eine Topfpflanzenerde verwendet, wird erleben, dass sich nach einem Jahr die Bodenoberfläche weit unter der Beckenoberkante befindet.

Ideal sind kompostfreie Dachgartensubstrate, die aber durchaus mit 1 g Dauerdünger je l Volumen aufgedüngt

Die Substratschicht sollte nicht höher als etwa einen halben Meter sein, darunter kommt eine Drainschicht aus Kies oder gebrochenem Blähton.

Extra-Tipp

Vor allem die Steuerung über Zeitschaltuhren muss kontrolliert werden: Der Wasserbedarf in einem verregneten Juli liegt um ein Vielfaches unter dem einer vierwöchigen Hitzeperiode.

sein dürfen. Der pH-Wert sollte bei 5,5–6,5 liegen, keinesfalls über 7,0! Bei der Berechnung der Erdmenge berücksichtigt man das Volumen der Ballen nicht, gibt sogar noch 10–20 % Zuschlag: vom gelieferten Schüttvolumen bis zum durch Pflanzarbeiten verdichteten Substrat ist ein erheblicher Unterschied. Lieber baut man ein leichtes Hügelbeet oder verwendet Reste als Kübelpflanzenerde, als dass man mit ungeeignetem Substrat Fehlmengen ausgleicht. Dachgartensubstrate gibt's kaum sackweise im Gartencenter.

Wer Pflanzen mit großen Ballen zu setzen hat, füllt das Beet schichtweise. Oft sind es allein die Ballen, die die Beckentiefe bedingen. Würde eine Substrathöhe von 30 cm für die meisten Wintergärten durchaus genügen, sind die Ballen größerer Pflanzen schnell 40 oder 50 cm hoch.

Handelt es sich nur um eine oder zwei Pflanzen, kann man das Substrat aufhäufen und die Differenz zur Beckenoberkante mit Steinen oder Ähnlichem auffangen, ansonsten gilt aber: Beckenmindesttiefe = Höhe höchster Ballen plus 10 cm Drainageschicht.

Gewöhnlich gibt es keine Probleme, wenn man den höchsten Ballen direkt auf das Geotextilvlies stellt. Dann füllt man so viel Substrat ein, dass die Differenz zwischen eingefülltem Substrat und Oberkante Becken gerade so hoch ist wie der zweithöchste Ballen, und so fort. Nur die Bodendecker und Kleingehölze pflanzt man in das fertig aufgefüllte Becken.

Wintergartenbepflanzung »Schritt für Schritt«: Nach Einbringen von Drainschicht und Erde ...

... werden die Pflanzen hereingeholt und ausgepackt ...

... und erst einmal an die vorgesehenen Standorte gestellt.

Erst wenn alles passt, wird mit Substrat aufgefüllt und angegossen.

Platzierung der Großpflanzen oder: das Problem der Schokoladenseite

Gerade größere Pflanzen sind nicht von allen Seiten gleich (Solitär), und wenn man erst nach der Bepflanzung merkt, dass die Schokoladenseite leider in die falsche Richtung schaut, kann man die ganze Ecke wieder ausgraben.

Damit die Pflanzung reibungslos vonstatten geht, stellt man deshalb die

Leitpflanzen im Maßstab 1:1 auf, tritt in die Hauptblickrichtung zurück und arrangiert neu. Meist sieht die Bepflanzung zwar nach einem Jahr ganz anders aus, weil man die Entwicklung kaum einschätzen kann, trotzdem sollte man die Pflanzen so hinstellen, dass man sofort zufrieden ist.

Nach der Pflanzung greift man zur Schere. Man entfernt aber nicht nur abgebrochene Ästchen und schlechte Blätter, sondern auch alle unerwünschten Triebe. Oft sieht man jetzt, dass der Einkauf von völlig regelmäßigen Pflanzen gar nicht so optimal war.

Besonders, wenn es um die Bepflanzung von Ecken geht oder dicht an eine Wand gesetzt werden soll, sind einseitig gewachsene Pflanzen oft besser. Wie nahe darf man mit einem größeren Gehölz an eine Wand hin? Sehr nahe, solange es keine Glaswand ist. Alle Pflanzen wachsen zum Licht, also von der Wand weg oder an der Wand hoch.

Selbst die größten Becken sind »klein«, weshalb man die Beckenbreite unbedingt ausnutzen sollte. Erst die Raumtiefe macht ein Bild dreidimensional. Und wenn man die Pflanzen nebeneinander setzt, sieht man im besten Fall sowieso nur die Hälfte, ganz egal, ob die Pflanzen an der Wand oder einen Meter davor stehen.

Extra-Tipp

Über Pflanzen, die in Wege und Sitzflächen hereinragen, sollte man sich sachkundig machen: Dornen, brüchige Triebe oder Blätter, an Kleidern haftende Pflanzenteile oder ein hohes Allergiepotenzial schließen manche Arten aus.

Auf den ersten Blick problematisch erscheint dies bei Stämmen. Setzt man den Stamm so, dass die Krone fast die Wand berührt, wird der Stamm mit zunehmendem Kronendurchmesser krumm. Dies ist in der Natur auch so, am besten sichtbar an Waldrändern, die ja den meisten Pflanzungen als Vorbild dienen. Am Waldrand wächst fast jeder Stamm krumm, weil der größte Teil des Lichts von der Seite kommt. Wer keinen krummen Stamm will, verdübelt ihn über eine Schlaufe oder Kette mit der dahinter liegenden Wand und schneidet die Wandseite der Krone weg.

Noch am wenigsten Probleme hat man mit »Schopfbäumen«, also Bäumen mit wenig verzweigter Krone.

Dies wären vor allem Araliengewächse wie *Cussonia*, *Brassaia* oder *Meryta*; aber auch die Bergpapaya *(Carica pentagona)* oder die Keulenlilie *(Cordyline australis)* gehören zu dieser Gruppe. Vor allem in Ecken sind Großsträucher mit 3–4 Leittrieben richtigen Bäumen überlegen.

Ecken sind ideale Plätze für Gräser wie Bambus oder für Kletterpflanzen. Diese können dann an zwei Wänden wachsen und geben einen hervorragenden Hintergrund für ein mannshohes Solitärgehölz, das die meist nackte Kletterpflanzenbasis versteckt. Auch die Verwendung von Kletterpflanzen will überlegt sein. In Becken gepflanzt, wachsen die meisten Kletterpflanzen jedem Baum davon, das Bild wird unausgewogen. Viele Arten erreichen in einem Jahr das Dach des Wintergartens, mehrere Meter Zuwachs in einer Vegetationsperiode sind eher die Regel als die Ausnahme. Man wird deshalb durch regelmäßigen Schnitt für Balance sorgen.

Vor dem Pflanzen werden alle Gewächse erst einmal auf Probe platziert. Hier eine typische Mediterranpflanzung mit Oliven und Zwergpalmen.

Wintergartenmanagement

Wer nicht im Urlaub war, hat während der Feiertage um den Jahreswechsel seinen Wintergarten meist ausgiebig genossen. Und oft festgestellt, dass doch das eine oder andere noch verbessert werden könnte. Manche Pflanzen entwickeln sich schlecht, andere unkrautartig.

Jetzt ist die beste Zeit, über ein Revirement nachzudenken.

Man kann sich das gründlich überlegen, weil man auch im warmen Wintergarten vor Mitte Februar kaum zur Säge greifen wird. Der Austrieb kommt nicht früher, wenn man schon Ende Dezember auslichtet, aber es sieht länger aus wie frisch zurückgeschnitten. Die wichtigsten Tätigkeiten zu Beginn des neuen Jahres sind dieselben wie im alten: abgefallene Blätter und Blüten aufsammeln, hier und da einen Kletterpflanzentrieb wegnehmen und vor allem auf Grauschimmel kontrollieren.

Kletterpflanzen und Großsträucher, die gegen das Glas drücken, schneidet man spätestens beim Frühjahrsgroßputz zurück.

Dem Grauschimmel beugt man am besten vor, indem man alle abgestorbenen und absterbenden Pflanzenteile entfernt und die Blätter trocken hält. Das heißt, so selten wie möglich gießen und so häufig wie möglich lüften, und sei es nur stoßweise, wie im Zimmer auch. Solange es sehr kalt ist, lüftet man nur über die Dachlüftung, die Zuluft sollte aus dem Wohnhaus kommen.

Anfang bis Mitte Februar ist das Wachstum auf dem Tiefststand. Zahlreiche Triebe blattloser Pflanzen scheinen geradezu darauf zu warten, dass man sie zurückschneidet. Schild- und Wollläuse werden sichtbar, wo man sie gar nicht vermutet hat. Auch die Fenster gehören schon längst von innen geputzt, was wegen der Belaubung lange unterblieben war.

Frühjahrsgroßputz

Irgendwann ist der Leidensdruck groß genug; man bewaffnet sich mit Schere und Säge, Bindedraht und Kokosstricken und stellt eine Schubkarre bereit: Frühjahrsputz. Dafür sollte man sich einen ganzen Tag Zeit nehmen. Jeden Tag nur eine Stunde zu werkeln führt zu einer Baustelle und dem dazu passenden Schmutz in der Wohnung. Beim Wintergartengroßputz geht man vor wie ein Friseur. Erst wird grob alles, was zu lang ist und in Reichweite, eingekürzt, das Schnittmaterial weggeräumt. Der zweite Arbeitsgang erfolgt schon viel genauer. Alle Arbeiten, zu denen man eine Leiter braucht, werden erledigt. Die Kletterpflanzen werden ausgelichtet, ausgeputzt und neu aufgebunden, die von unten nicht erreichbaren Triebe in den Kronen eingekürzt. Wichtig ist, von oben nach unten zu arbeiten. Anderenfalls fällt der Abfall wieder in bereits gesäuberte Pflanzenbereiche hinein, man macht die Arbeit doppelt. Mit der Leiter in Reichweite, erhält dann der untere Teil des Wintergartens seinen Feinschliff, von der entferntesten Ecke arbeitet man Richtung Ausgang.

Mit Ausnahme von Bambusrohren und richtigem Holz kann eigentlich alles, notfalls klein geschnitten, auf den Kompost. Der andere Weg der Entsorgung verläuft oft über Säcke, Kofferraum und Deponie.

Schädlingsprophylaxe

So nah wie beim Durchforsten kommt man den Pflanzen das ganze Jahr nicht. Wenn man jetzt nicht einzelne Schädlingsnester entdeckt, dann gibt's wohl keine.

Beim Frühjahrsrückschnitt legt man die Basis für ein möglichst schädlingsfreies Jahr. Fast überall nur noch Rinde, wenig Verstecke für Schädlinge und kaum Blätter, die eventuell Pflanzenschutzmittel nicht vertragen. Jetzt kann man auch Winteröl spritzen, ohne Verbrennungen befürchten zu müssen; und selbst wenn welche auftreten sollten, wären sie bald überwachsen. Öl hat den Vorteil, dass es nahezu alle überwinternden Schädlinge erwischt, sie brauchen gar nicht aktiv sein. Öl überzieht alles mit einer hauchdünnen Schicht, so dass die Atmung zum Erliegen kommt bzw. gar nicht erst aufgenommen wird. Dazu müssen natürlich die Schädlinge getroffen werden. Wie bei allen Kontaktmitteln ist deshalb die Wirkung umso größer, je genauer gearbeitet wird.

Wenn man einige Wochen später, zu Beginn des Austriebs, noch eine **Spinnmilbenprophylaxe** betreibt, ist das Steuer schon in die richtige Richtung herumgerissen. Spinnmilben erwischt man mit Öl nicht richtig, da die Eier oft zwischen Knospenschuppen sitzen, wo selbst Öl nicht hinkommt.

Nach dem Spritzen wird man erst mal innen die Fenster putzen. Was sich da im Laufe des Jahres in schwer erreichbaren Ecken angesammelt hat, macht mehrfachen Wasserwechsel unerlässlich.

Gerade im Winter siedeln sich im unteren Bereich der Scheiben oft ganze **Algen**wiesen an. Da wischt man nach dem Reinigen am besten mit einem nicht pflanzenschädlichen Desinfektionsmittel (Alkohol) drüber, notfalls auch mit Brennspiritus. Wenn das Wetter gut ist und die Scheiben trocken sind, haftet bei Holzrahmen ein neuer Anstrich.

Auswaschen

Wenn dann der Austrieb voll eingesetzt hat und für mehrere Tage sonniges Wetter angesagt ist, sollte man das Beet bzw. die Töpfe einmal auswaschen. Wegen des sicheren Absinkens der Bodentemperatur wäre dazu zwar ein Zeitpunkt im Sommer günstiger, in Verbindung mit dem Ausbringen von Dauerdünger bleibt aber kaum eine andere Wahl.

Viele Dünger, ebenso das Gießwasser, haben einen erheblichen Anteil an salzartigen Ballaststoffen. Das sind Stoffe, mit denen die Pflanzen nicht nur nichts anfangen können, sondern die auch im Übermaß schädlich sind. Im Boden reichern sich die Ballaststoffe immer mehr an, sie belegen den Platz von Düngern. Das ist, wie wenn man zur Hälfte Wasser in den Benzintank schüttet. Möglicherweise mag das Wasser zwar durch einen Filter zurückgehalten werden, trotzdem fährt das Auto im besten Falle halb so weit, als wenn der Tank ausschließlich mit Benzin gefüllt gewesen wäre. Je seltener man auswäscht, desto mehr Wasser ist im Tank.

Viele ältere Wintergartenbepflanzungen degenerieren deshalb. Bei ihnen ist der Tank voll »Wasser«, wird hier jetzt »Benzin« aufgefüllt, läuft er über. Dünger allein nützt also nichts, erst muss im Boden Platz geschaffen werden. Das geht nur mit viel Wasser, bei 40 cm Substrathöhe sind 200 l je Quadratmeter nicht zu viel bzw. gerade richtig. Ohne eine Überschwemmung zu verursachen, schafft man das oft nicht an einem Tag. Dann braucht man eben zwei. Auf keinen Fall darf man in der Mitte abbrechen. Dann wären nämlich die schädlichen Salze von der Bodenoberfläche genau in die Wurzelzone gewaschen, mit dem Ergebnis, dass die Pflanze kein Wasser mehr aufnehmen kann, weil die Salzkonzentration in der Bodenlösung höher ist als die in der Pflanze. Wenn die Pflanzen schlagartig alle Blätter abwerfen, hat man dieses Kunststück vollbracht. Dann hilft nur eins: noch mehr Wasser.

Düngung

Ist das Auswaschen abgeschlossen, erhalten die Pflanzen ihren Jahresbedarf an Nährstoffen. Im kalten oder lauwarmen Wintergarten verwendet man dazu einen Dauerdünger, der 8 bis 9 Monate hält, im warmen hingegen eine 12-Monats-Formulierung. Wie viel man nimmt, hängt von der gewünschten Wachstumsleistung ab. Im ersten Jahr, sofort nach dem Bepflanzen, legt man den Dauerdünger noch mit einem Löffel auf den Ballen der Pflanze ab, wobei 3 g/l Ballenvolumen für maximales Wachstum ausreichen. Bei Beckenbepflanzungen gibt man 400 g/m².

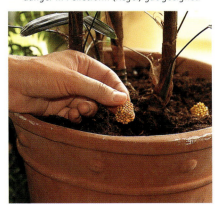

Für kleinere Kübelpflanzen sind Dauerdünger in Pelletform (Kegel) gut geeignet.

Im zweiten Jahr, also nach dem ersten Rückschnitt bzw. Auswaschen, kann man bei Beckenbepflanzung mit dem Dauerdünger bis auf 200 g/m² gehen, bei Kübeln bleibt man bei 3 g/l. Da mit diesen Düngergaben ein Wintergarten bald aus den Nähten platzt, wird in den folgenden Jahren die Düngung reduziert. Man muss sich bewusst sein, dass jede Hand voll Dünger, die man den Pflanzen zukommen lässt, als Schubkarren voller Schnittmaterial wieder abgefahren werden muss.

Ansonsten streut man den Dünger gezielt breitwürfig über das Beet. Da nur Profis die gewünschte gleichmäßige Verteilung hinbekommen, lässt man sich dazu Zeit. Am besten teilt man die Düngermenge in Sechstel. Etwa 2/6 erhalten die Pflanzen, die noch kräftig wachsen sollen, mit dem Löffel. Das sind vor allem Palmen, aber auch Pflanzen, bei denen viel Blattmasse entfernt werden muss, wie Bananen oder Zieringwer. Dann nimmt man ein Sechstel, eine hohle Hand nach der anderen, und bemüht sich, mit kurzen Schüttelbewegungen aus dem Handgelenk die Düngerkörner gleichmäßig zwischen den gespreizten Fingern durchrieselnd übers Beet zu verteilen. Das erste Sechstel von rechts nach links, das zweite von links nach rechts, das dritte von vorn nach hinten und das vierte von hinten nach vorn. Schätzfehler und anfängliche Unregelmäßigkeiten im Streubild werden so ausgeglichen. Dann wird kräftig gewässert.

Wenn die Düngung automatisch über die Bewässerung erfolgt, gibt man keinen Dauerdünger. Die Tröpfchenbewässerung kann den Dauerdünger nicht zu den Wurzeln waschen, da sie das Wasser nur punktuell abgibt.

Bei einer Tröpfchenbewässerung wird deshalb häufig ein Düngermischer dazwischengeschaltet, Nährstofftabletten in der Wasserzufuhr erfüllen denselben Zweck.

Nachpflanzen

Ist die Grundversorgung des Wintergartens abgeschlossen, kann man daran denken, die Bepflanzungsideen vom Jahreswechsel umzusetzen.

Das nachträgliche Einbauen von Pflanzen in ein vor Jahren bepflanztes Becken ist schwierig. Fast alle Pflanzen haben ein dichtes, oberflächennahes Wurzelnetz, die Bodenoberfläche zeigt eine Durchwurzelung wie bei einer alten Kübelpflanze. Ein Eindringen in den Wurzelfilz scheint nur mit Hammer und Meißel oder einer Axt möglich. Manchmal geht's tatsächlich nicht anders. Für größere Löcher ist ein Militär-Klappspaten das richtige Werkzeug.

Glücklicherweise sind die einzusetzenden Töpfe meist klein, oft nur 3–5 l. Das Loch muss man trotzdem deutlich größer machen, und zwar so groß, wie wenn man die Pflanze umtopfen würde. So macht man für einen 10-l-Ballen ein Loch, in das ein 20-l-Container passt. Von 2 l geht man auf mindestens 5 l, von 3 l auf 7 l, von 5 l auf 10 l. Dann nimmt man einen Container, der gerade ins Loch passt, und schneidet den Boden ab. Dieser bodenlose Topf kommt jetzt in unser Pflanzloch, die einzubauende Pflanze wird darin in Kübelpflanzenerde eingetopft.

Erst durch den Plastiktopfrahmen hat die neue Pflanze eine Chance, weil sie ungestört in nicht durchwurzeltes Substrat wachsen kann. Dabei kann sie aber sehr wohl mit ihren Wurzeln dem Wasser und den Nährstoffen nach unten folgen und sich dort mit dem Wurzelwerk der alten Bepflanzung auseinander setzen. Ohne Plastiktopfrahmen würde der lockere Boden um den Neuankömmling postwendend von der etablierten Bepflanzung beschlagnahmt, oft sogar der Topfballen des Nachzüglers auch mit durchwurzelt, das schnelle Ende wäre absehbar. Bis zum offensichtlichen Anwachsen behandelt man die nachgesetzte Pflanze wie eine Kübelpflanze, sie erhält eine Ration Wasser extra. Frühestens nach einem Jahr nimmt man die Schalung, d. h. den Plastiktopf ohne Boden, heraus. Wenn er sich nicht einfach über die Pflanze abziehen lässt, sucht man auf der Seite nach einem der senkrechten Schlitze und schneidet dort den Topfrand durch. Mit etwas Gezerre geht das Plastikteil dann heraus. Falls man nur die geringsten Zweifel hat, ob die Pflanze angewachsen ist, lässt man's bleiben.

Statt mit chemischem Pflanzenschutz kann man Schädlinge auch biologisch bekämpfen.

Sommerarbeiten

Der Sommer im Wintergarten ist vor allem eine Zeit des Gießens und Schneidens. Das Bonmot, dass ein Gärtner in gemäßigten Breiten alle sechs Monate einen Spaten »aufarbeitet«, ein Gärtner in den Tropen aber alle sechs Wochen eine Gartenschere, hat seine Richtigkeit. Wer in einem tropischen Gartenpflegebetrieb, beispielsweise im Hotel, einen Blick in die Werkzeugkammer wirft, wundert sich, wie groß die Vielfalt der Hack- und Schneidegeräte ist. Macheten mit krummer und gerader Klinge, Hackebeile wie beim Metzger, Federstahl-Schafscheren zum Entspitzen der rasch wachsenden Formgehölze und so fort. Eine gute Gartenschere oder eine kurze Heckenschere zum Formieren kommt bei einem Wintergartenbesitzer als Geschenk immer gut an.

Pflanzenschutz im Wintergarten

Über eines sollte man sich von Anfang an im Klaren sein: Grün im Wintergarten gibt es nicht ohne Schädlinge. In aller Regel dauert es etwa ein bis zwei Jahre, bis man deren Bekämpfung im Griff hat und nicht mehr von plötzlichen »Schädlingsexplosionen« überrascht wird. Probleme verursachen hierbei weniger die Pilzkrankheiten, vielmehr verschiedene Schadinsekten und die Spinnmilben. Wichtig ist die rechtzeitige Erkennung, wobei während der 14-täglichen Kontrollgänge – im Winter alle vier Wochen – eine Lupe hilfreiche Dienste leistet.

Pflanzenschutz im Wintergarten

Ohne ein Heer hilfreicher Geister sähe jeder Tropengarten bald wie ein Dschungel aus.

Tierische Schädlinge

Der alte Ratschlag, nur Pflanzen auszuwählen, die eine geringe Schädlingsanfälligkeit aufweisen, ist nur die halbe Wahrheit: Jede Pflanze hat ihre Schwachstellen, es gibt keine Pflanze, die garantiert schädlingsfrei bleibt. Gleichwohl ist es ratsam, von Weißer Fliege favorisierte Arten auszusortieren, da hier momentan kaum wirksame Bekämpfungsmittel auf dem Markt sind. Als Alternative bietet sich die biologische Bekämpfung durch Schlupfwespen.

Vergleichsweise leicht zu bekämpfen sind die verschiedenen **Blattlaus-Arten**. Schon hartnäckiger können **Woll- und Schmierläuse** werden, die an einem weißen, wolligen, dicht klumpigen Gespinst zu erkennen sind. Gleiches gilt für die vertrauten **Schildläuse**, vor allem, wenn sie zu spät erkannt werden und der Befall schon stark ist.

Steter sommerlicher Gast sind die **Spinnmilben**, für die das Klima im dann heißen Glasanbau perfekt ist. Gerade hier gibt es keine systemischen Mittel, eine vollständige Benetzung ist also besonders wichtig.

Pilzerkrankungen

Pilzerkrankungen sind in Glasanbauten recht selten. In schlecht gelüfteten Wintergärten kann Grauschimmel *(Botrytis)* Probleme verursachen. Von Erdbeeren bekannt, bedeckt auch hier ein grauer Schimmelrasen vor allem abgefallene Blüten und Blätter. Wichtigste Prophylaxe ist deshalb das Absammeln alles Abgefallenen. Kurativ kann mit diversen Fungiziden (Pilzbekämpfungsmitteln) gespritzt werden. Neben dem Grauschimmel werden eigentlich nur Welkepilze gefährlich. Kenntlich wird dieser Schaden oft am plötzlichen Welken einzelner Triebe, oder das Blattgrün wird langsam fahlgrün. Verantwortlich dafür kann ein ganzes Bündel möglicher Schadpilze sein. Daher tappt man bei der Bekämpfung im Dunklen und versucht es mit Präparaten gegen Umfallkrankheiten. Teilweise hat man hiermit Erfolg, andere Pflanzen sind hingegen unrettbar verloren. Vorbeugend hier: Die Pflanzen vor allem im Winter nicht zu nass halten – eventuelle Trockenschäden sind weit weniger gravierend.

Biologische Schädlingsbekämpfung

Der Königsweg der Schädlingsbekämpfung ist ohne Zweifel der **Einsatz von Nützlingen**: Raubmilben oder Schlupfwespen gegen Weiße Fliege, Florfliegen gegen Blatt-, Woll- und Schmierläuse. Auch Schildläuse können inzwischen mit Nützlingen bekämpft werden. Allerdings ist der Einsatz von Nützlingen kein K.o.-Schlag. Klappt es beim ersten Mal nicht, probiert man es wieder.

Pflanzenschutz- und -behandlungsmittel

Im Notfall bleibt nur der Einsatz von Schädlings- oder Pilzbekämpfungsmitteln. Die jeweils zugelassenen Mittel ändern sich ständig und werden nur über spezielle Beratungsschalter in Gartencentern und Lagerhäusern vertrieben.

Wichtig ist bei allen Mitteln, die nicht **systemisch** sind (also innerhalb der Pflanze überallhin transportiert werden), dass man möglichst lückenlos alle Pflanzenteile benetzt, vor allem die Blattunterseiten. Ein Tropfen Spülmittel verbessert die gleichmäßige Benetzung, da er die Oberflächenspannung herabsetzt und die Sprühtropfen somit kleiner werden.

Auf einen Blick

→ Wer nicht über eine gut sortierte Bibliothek verfügt, sollte sich bei der Begrünung eines Wintergartens zumindest dann an den Fachmann wenden, wenn ihm eine Beckenpflanzung oder Bankbeete vorschweben. Wer bisher nur mit Topfpflanzen zu tun hatte, tut sich schwer, das unterschiedlich starke Wachstum der verschiedenen Arten einzuschätzen.

→ Ganz am Anfang steht aber der Wintergartenbesitzer. Je genauer er seine Bedürfnisse äußern kann und je präziser er die technischen Möglichkeiten des Wintergartens kennt, desto klarer wird der fachliche Rat ausfallen.

Der Autor und seine Gärtnerei FLORA MEDITERRANEA®

Der Autor des zweiten Teils, Christoph Köchel, führt seit ca. 20 Jahren zusammen mit seiner Frau Maria Köchel die Spezialgärtnerei FLORA MEDITERRANEA® (Königsgütler 5, D-84072 Au/Hallertau, Tel. 0 87 52 - 12 38). Im Sortiment an Wintergartenpflanzen und in der Beratung in Mitteleuropa führend, reicht der Kundenstamm über das gesamte Bundesgebiet bis ins deutschsprachige Ausland. Selbst Botanische und Zoologische Gärten ergänzen hier ihre Bestände. Geliefert wird auch an Privatkunden, per Postversand, Stückgut oder Spedition. Selbstverständlich kann man die Pflanzen auch nach einem Streifzug durch die acht Gewächshäuser direkt im Betrieb abholen.

Bei der Pflanzenauswahl für den Wintergarten beraten Christoph und Maria Köchel telefonisch, schriftlich oder persönlich in

ihrer Gärtnerei FLORA MEDITERRANEA®. Für nähere Informationen kann man den Wintergarten-Flyer und die aktuelle Sortimentsliste anfordern. Im Internet findet sich unter **www.floramediterranea.de** neben einer Vielzahl an weiteren Informationen eine Bild-Datenbank mit ca. 400 Fotos.

Nach einer Gärtnerlehre haben Christoph und Maria Köchel von 1979 bis 1982 Gartenbau an der Technischen Universität Weihenstephan studiert. Berufliche Zwischenstationen als Entwicklungshelfer und im Pressebereich begleiteten den Weg in die Selbständigkeit. Seither entstanden zahlreiche gemeinsame Buchveröffentlichungen und Artikel in Fachzeitschriften. Christoph und Maria Köchel geben ihr Wissen außerdem in einer Vielzahl von Vorträgen, Seminaren sowie als Lehrbeauftragte an der Fachhochschule Weihenstephan weiter.

Öffnungszeiten für Selbstabholer: März bis Oktober, Di–Fr 10–12 Uhr und 14–18 Uhr, Sa 10–13 Uhr. Montags und im Winter nur auf Anfrage. Bei Beratungsbedarf bitte in jedem Falle vorher Termin vereinbaren!

Bezugsquellen und Adressen

Systemanbieter

BUG-Alutechnik
Postfach 1155, 88264 Vogt
Tel. 0 75 29 - 99 90, www.bug.de

Santex System, Schweden
Box 513, 30180 Halmstad
Tel. 0046 - 35 - 17 23 00
www.santex.se

Schüco International
Postfach 102553, 33525 Bielefeld
Tel. 05 21 - 78 30
www.schüco-international.de

Seifert, Aluminium-Profil-Systeme
Postfach 1117, 26625 Ostgroßefehn
Tel. 0 49 43 - 9 19 80
www.sw-dachsysteme.de

STABA Wupperman
Postfach 300755, 51336 Leverkusen
Tel. 0 21 71 - 5 00 00,
www.staba-wuppermann.de

Thyssen Polymer
Postfach 1164, 94332 Bogen
Tel. 0 94 22 - 82 10
www.thyssen-polymer.de

Wintergartenfirmen

Battran Wintergärten
Springlbacher Str. 8-10
83539 Pfaffing-Forsting
Tel. 0 80 94 - 9 09 40

Brey Wintergarten
HAMA Alu-Holzbauwerk
Fabrikstr. 3, 84048 Mainburg
Tel. 0 87 51 - 8 61 50

Diefenthaler Wintergärten
Mühlstr. 31, 86707 Westendorf
Tel. 0 82 73 - 9 97 80
www.diefenthaler.de

Höll Fensterbau GmbH
Bockauertalstr. 16
08280 Aue, Tel. 03771-22333

Jechnerer Wintergärten
Postfach 65, 91565 Herrieden
Tel. 0 98 25 - 94 00, www.jechnerer.de

Kräss Wintergärten
Schulstr. 37, 89264 Weißenhorn
Tel. 0 73 09 - 87 40, www.kraess.de

Mickan Montagebetrieb
01728 Bannewitz/OT Rippien,
Tel. 03 51 - 4 03 46 15
www.wintergarten-mickan.de

Renaltner Wintergärten
Blumenauweg 6
94099 Ruhstorf a.d. Rott
Tel. 0 85 31 - 30 51

Verglasung

Flachglas AG
Auf der Reihe 2
45884 Gelsenkirchen
Tel. 02 09 - 16 80

Pilkington Deutschland AG
Heidenstraße 19
45884 Gelsenkirchen
Tel. 0209-168-0

Heizungs- u. Klimatechnik

Buderus Heiztechnik
35573 Wetzlar
www.heiztechnik.buderus.de

Diamant
Heiz- und Klimasysteme GmbH
www.diamant-klimasysteme.de

Emco-Klima
Postfach 1860, 49803 Lingen
Tel. 05 91 - 9 14 00
www.emco.de

Beleuchtung

Philips
Geschäftsbereich Lichtanwendung
Widdersdorfer Str. 227
50825 Köln
Tel. 02 21 - 4 90 42 90

Eine Auswahl weiterer Gärtnereien

Südflora Peter Klock
Stutsmoor 42, 22607 Hamburg
Tel. 0 40 - 8 99 16 98

Klaus Pfitzer
Täschenstr. 51, 70736 Fellbach
Tel. 07 11 - 58 13 70

Rudolf und Klara Baum
Scheffelrain 1, 71229 Leonberg
Tel. 0 71 52 - 2 75 58

Uhlig-Kakteen
Postfach 1107, 71385 Kernen
Tel. 0 71 51 - 4 18 91

Kakteengärtnerei Max Schleipfer
Sedlweg 71, D-86356 Neusäß
Tel. 08 21 - 46 44 50

Baumschulen Pieter Zwijnenburg
Halve Raak 18
NL-2771 AD Boskoop
Tel. 0031 - 17 27 - 1 62 32

Baumschulen Otto Eisenhut
CH-6575 San Nazarro/Tessin
Tel. 0041 - 93 - 61 18 67

Nützlinge

W. Neudorff GmbH KG
An der Mühle 3, 31857 Emmerthal
Tel. 0 51 55 - 62 40, www.neudorff.de

Sautter und Stepper GmbH
Rosenstr. 19, 72119 Ammerbuch
Tel. 0 70 32 - 95 78 30
www.nuetzlinge.de

Verbände

Arbeitsgemeinschaft Holz
Informationsdienst Holz Teil 18,
Folge 1, Holz-Glaskonstruktionen
und Holz-Wintergärten
Postfach 300141
40401 Düsseldorf
Tel. 02 11 - 47 81 80

Fachverband Holzwintergarten
Kolbermoorstr. 10
83026 Rosenheim
Tel. 0 80 31 - 4 38 62

Im Text angesprochene Literatur

Energieeinsparverordnung – EnEV, Referentenentwurf, Bundesministerium für Wirtschaft, Bundesministerium für Verkehr, Bau- und Wohnungswesen

KTBL-Arbeitsblatt Nr. 0666 »Licht und Pflanze« Bartningstraße 49, 64289 Darmstadt

Wärmeschutzverordnung 1995, Bundesministerium für Wirtschaft, Bundesministerium für Verkehr, Bau- und Wohnungswesen

Stichwortverzeichnis

Seitenzahlen mit * verweisen auf Abbildungen

A
Abdeckleisten 32f., 32*, 36, 76
Abdichtung 33
Abluftklappen 43*
Abluftöffnung 72
Acalypha wilkesiana 135, 135*
Acca 95*, 97*
Acmena smithii 129*
Acokanthera 134
Adhathoda 133
Agave 173, 173*
Akazie 92*, 162*, 163, 173, 173*
Akklimatisierung 179
Albizia 150
Alexandrinischer Lorbeer 152
Allamanda 100, 144, 144*
Alocasia macrorrhiza 122*
Aloe 169ff., 169*, 171*, 173*
Alpinia 120, 121*
Aluminium 23, 26f., 79
Aluminium-Konstruktion 24
Aluminiumprofil 36
Aluminium-Wintergarten 14*
Anlehnwintergarten 15f., 15*, 16*, 24
Anstauverfahren 51
Anthurium 122, 122*
Aphelandra 132
Arabischer Jasmin 143
Arbutus 151
Arundo 101
Atrium 69
Aukube 152
Ausschreibung 63
Außenschattierung 45*, 46, 46*
Außensensoren 13
Australien 102*, 163
Australische Fuchsie 165
Australische Silbereiche 164*
Australpflanzen 164
Auswaschen 97, 185
Autogrammbaum 130
automatische Bewässerung 51ff.
automatische Steuerung 43, 47
Azalee 157

B
Babaco 131
Bambus 101, 117, 117*, 118*, 155, 183
Banane 88, 109, 115, 115*, 139*, 155
Bankbeet 21, 97, 104, 181
Barbados-Nuss 135
Barleria 168
Bauabnahme 67
Bauanschluss 34
Bauformen 15
Baugenehmigung 13, 63, 79
Bauhinia 126, 126*
Bauleitung 65, 69, 73, 79
Baumarktwintergarten 79, 83*
Baumfarn 114, 114*
Baumfreund 121
Baumstrelitzie 117*, 179*
Baurecht 63
Bausatzwintergarten 78*, 83*
Beckenpflanzung 95, 97, 104, 181ff., 185
Behaglichkeitsfeld 39
Beleuchtung 58
Beleuchtungsstärke 57, 57*
Beloperone 133
Belüftung 13
Bergpapaya 107*, 130*, 131, 183
Beschattung 30, 42, 44ff., 73, 76
Betonboden 22
Bewässerung 180, 181*
Bewehrung 20
Bigonia capreolata 140, 140*
Bilanz-k-Wert 60
Biologischer Pflanzenschutz 186*, 187
Bismarckia 113*
Bixa orellana 129*, 130
Blattläuse 117, 187
Bleiwurz 168*
Blutblume 168*
Bodenbeete 95, 175*, 182*

Bodenbeläge 20, 21*, 22
Bodendecker 178, 178*
Bodenheizung 48
Bodenkonvektor 41*, 73
Bodenplatte 79, 80
Bodentemperatur 99, 114, 176, 180
Botrytis 187
Bougainvillea 92*, 106*, 138, 140*, 154*, 155, 161*
Brassaia 183
Brunfelsie 136, 137*
Brunnenwasser 54
Buschpalmen 112

C
Calliandra 95*, 96*, 126*, 127
Callistemon 100, 127, 161*, 165
Camellia 10, 10*, 89*, 101*
Canna 116, 121, 121*
Carica papaya 130*
C. pentagona 130*, 131, 183
Carissa 134
C. macrocarpa 169
Carpobrotus 169
Cassia 126
Cestrum nocturnum 136
Chamaerops 150*
Chamaelaucium 165
Chinesenhutpflanze 138
Cinnamonum camphora 155, 155*
Citrus 150
Clerodendrum 137, 142, 143*
C. paniculatum 137*
C. ugandense 138*
Clusia 130
Clytostoma 140
C. callistegioides 141*
Coccoloba 130
Cocculus laurifolius 156
Cocos 111*
Codiaeum 134
Colocasia 121
Coprosma 161
Cordyline 119, 151
C. australis 159, 183
Correa 165
Costa-Rica-Nachtschatten 141
Costus 120, 121*
Cotyledon 172
Crassula ovata 172
Croton 134
Cryptostegia 144
Cussonia 119, 171, 171*, 183
Cyphomandra 98*

D
Dachpfette 34
Dachrinne 33f.
Dachrinnen-Enteisung 49
Dachrinnenheizung 35
Dachsparren 24
Danae racemosa 152
Dattelpalme 150
Dauerdünger 114f., 181, 185, 185*

Delonix regia 124
Diagonallüftung 42, 72
Diagonalverbände 17
Diagonalverstrebung 23, 70
Dichorisandra 121
Dichtung 25, 27*, 32, 70
Dizygotheca 119
Dodonaea 101
Dombeya 167, 167
Don-Juan-Pflanze 136, 136*
Doppel-T-Träger 69
Dost, Mexikanischer 137
Drainage 114, 180ff., 181*, 182*
Drainrinne 53
Dreh-Kippbeschläge 43
Dreiviertelstamm 100
Dschungelgeranie 135*
Düngermischer 51*, 54, 54*, 186
Düngung 114, 165, 173, 185

E
Efeu 118
Efeuaralie 118
Efeutute 121
Eigenbau-Wintergarten 83*
Einbrennlackierung 36
Eindeckung 14
Eingewöhnung der Pflanzen 179
Einscheibensicherheitsglas 28ff., 71
Einstrahlung 42, 48, 60
Einzelfertigung 14
Einzeltöpfe 95
Eisenholzbaum 110*
Elefantenohr 122*
Elektronische Regelung 47
Elettaria 96*
Energiedurchlass 60
Energieeinsparverordnung 31, 38
Ensete 115
Entsorgungsleitungen 20
EPDM-Dichtung 27, 33, 70, 71, 77
Epipremnum 121
Eranthemum pulchellum 133, 133*
Erdbeerbaum 151, 151*
Erdbeerfuchsschwanz 135
Erdbeerguave 128*
Erde 114, 181
Eriobotrya 101*, 106*, 156*
Eriobotrya japonica 154, 154*
Eucalyptus 163, 163*
Eugenia 129
Eupatorium 137
Euphorbia tirucallii 171*
Euphorbie 171, 171*

F
Fächerpalmen 112
Falttür 44, 44*, 69, 73, 73*
Farbauswahl 21
Farbbeschichtung 36
Farbwiedergabe 58

Farfugium 158
x Fatshedera 118
Fatsia 118, 156
Feige 107*, 110*, 129, 149, 150
Feigenkaktus 173
Fensterblatt 121
Fertigwintergarten 79
Feuchtefühler 51
Feuchtigkeit 36*, 69
Feuchtigkeitssperre 19*
Ficus 110*, 129
F. pumila 158
Fiederaralie 119
Fiederpalmen 112
Fingeraralie 119
Firstpfette 24
Flamboyant 124
Flamingoblumen 122, 122*
Flammenwein 140
Flanellstrauch 177*
Fliesen 22
Formschnittgehölze 149, 149*
Frangipani 103, 131, 131*
Fremontodendron 177*
Fröste 148
frostfreie Gründung 19
Fuchsschwanz 135
Fucraea 173*
Füllpflanzen 111
Fundament 19
Fundamentanschluss 35
Fundamentarten 19
Fundamentplatte 19f., 19*, 20*
Fundamentstreifen 70*
Fußbodenheizung 41, 73, 77

G
Gardenie 135, 136
Gasfederantrieb 43
Geobotanik 103
Gesamtenergiedurchlassgrad 30
Gewächshaus 17, 22f., 23*
Gewächshaus-Bauweise 17*
Gewächshauseffekt 30, 38
Gewächshaushersteller 25
Gewächshauskonstruktion 22
Gewährleistung 15, 67
Gewürzrinde 126
Gießen 97, 104, 118, 125, 148, 164, 180f., 187
Gießwasser 185
Glas 14, 26, 30
Glas Eindeckung 28
Glastypen 30
Goldbambus 154*
Goldkelchwein 141, 141*
Goldtrompete 144
Goldwein 145*
Granadilla 142
Granatapfel 151
Grauschimmel 184, 187
Grevillea robusta 164, 164*
Großpflanzen 95, 124*, 177, 182
Grundbeet 21, 22*

190 | Stichwortverzeichnis

Guave 96, 107*, 129
–, Echte 128*
–, Erdbeer- 128*
Gummibaum 129
Gummiwein 144

Halbschatten 168
Halbstamm 100
Halbwüste 172
Halbwüstenpflanzung 89, 106
Hamelie 136
Hanfpalme 109*, 112, 150, 155
Hebe 162
Hedera helix 118
Hedychium 120
H. gardnerianum 120*, 154*, 155
Heiliger Bambus 157, 157*
Heizkörper 48
Heizleistung 32
Heizung 38, 48, 49*, 80, 98, 105
Heizungssteuerung 48
Helikonie 90*, 115, 116, 116*
Herkunft der Pflanzen 103, 109, 148
Hibbertia 145*
Hibiskus 131, 131*
Himmelsblume 141
Hinterlüftung 33*
Hochbeet 21, 22*
Hochstamm 100
Höhe der Pflanzen 104, 110, 113, 115, 176, 177, 183
Holmskjoldia 138
Holz 23, 24, 25, 26, 79
Holz-Aluminium-Konstruktion 24
Holzdielen 22
Holzfenster 44
Holzkonstruktion 69
Holzrahmen 70*, 72*
Holzträger 25
Holz-Wintergarten 14, 14*, 25, 68*, 71
Hortensienbaum 167, 167*
Hottentottenfeige 169
Hoya carnosa 144
Hüllfläche 13, 39, 40, 40*, 41
Hüllflächentemperatur 39

Indisches Blumenrohr 121
Ingwergewächse 120
Ingwer, Blauer 121
– Ingwer, Kahili- 120*
– Ingwer, Muschel- 120
– Ingwer, Spiral- 120
– Ingwer, Zier- 120, 155
Innenbeschattung 77
Innenschattierung 45*, 46, 46*, 82, 100
Ipomoea learii 141
Isolierglas 27, 29ff., 79
Isoliermaterialien 33
Ixora 135, 135*

Jacaranda 127, 127*
Jacobinia pauciflora 132*
Jakobinie 133
Japanischer Garten 107, 153, 153*
Jasmin 143, 143*
– Jasmin, Madagaskar- 144
– Jasmin, Primel- 143
Jasminum 143, 143*
Jatropha 135
Jatropha multifida 134*
Johannisbrotbaum 150
Juanulloa aurantiaca 136, 136*
Justicia 133

Kaffee 135, 136
Kältebrücken 26*, 33
Kalthaus 124
Kaltluftzufuhr 42*
Kamelie 156*, 157
–, Pillnitzer 10, 10*
Kampferbaum 154, 155, 155*
Kapvegetation 166*
Katzenkralle 140
Keulenlilie 151, 159, 160*, 183
Kiesboden 22
Kippfenster 72
Klebsamen 152, 152*, 157, 161, 162*
Klemmprofil 25
Kletterpflanzen 100f., 138, 138*, 140, 177, 179*, 183
Klima 176
Klimagestaltung 13, 38ff.
Knickhebel 43
Knotenblech 70, 72*
Kohlbaum 119, 171, 171*
Kokkelstrauch 156
Kokospalme 111*
Kondensation 47
Kondenswasser 26f., 26*, 36, 70
Kondenswasserbildung 26*, 27*, 41
Konvektionswärme 39, 40
Konvektor 41, 48
Konvektorheizung 40*
Korkeiche 149
Kowhai 160
Kranzschlinge 144, 145*
Kreuzrebe 140*
Kreuzwein 140
Kris-Pflanze 121
Kübel 125, 125*
Kühlgeräte 38
Kühlung 30, 49, 49*
Kunststoff 14
Kunststoff-Eindeckung 28
Kunststofffenster 44
Kunststoffplatten 28
k-Wert 60

Lampe 57f.
Lasur 36

Laubenwein 140, 141*
Laubfall 124
Laurustinus 151
Lauwarmhaus 124
Lavandula 89*
Leistungsbeschreibung 63, 77
Leitbaum 96
Leitwertfühler 53, 53*
Leitwertmessung 53
Leitwertverrechnung 52
Leptospermum scoparium 162, 165*
Leuchte 58
Leuchtstoffröhren 58
Licht 57, 91ff., 93*, 104, 112, 120, 124, 126, 132, 148, 163, 167, 176, 180*
Lichtansprüche 57, 115
Lichtausbeute 57
Lichtdurchlässigkeit 28, 60*, 60
Lichtmangel 92
Lichtsumme 57
Lichttransmission 30
Licuala 113*
Liguster 149*
Linearkettenantrieb 72
Lippenstiftbaum 130
Liriope 158
Lorbeer 151
Luftaustausch 42
Lüften 105, 106
Luftentfeuchtung 47
Luftfeuchtigkeit 11, 38, 41, 47, 47*, 118, 178
Lüftung 17*, 30, 38, 41ff., 42*, 48, 72, 98
Lüftungsflächen, Größe der 42
Luftwechsel 42

Macchia 152
Macfadyena 140
Mackaya 168
Mahonie 157, 157*
Mandevilla 143, 144*
Mängelbeseitigung 67
Manihot 134
Maniokstrauch 134
Maracuja 142
Markhamia lutea 128
Mastixstrauch 152
Materialien für die Trag-
konstruktionen 23ff.
Mäusedorn 152
mediterraner Wintergarten 89, 89*
mediterrane Bepflanzung 183*
Meerträubel 130, 130*
Melaleuca 161*, 165
Meryta 183
Mesembryanthemum 169, 173*
Metallfenster 44
Metallhalogendampflampe 58
Metallwintergärten 14

Metrosideros 110*
M. excelsa 160, 160*
Minimumtemperatur 88
Mittagsblumen 172
Mittelmeervegetation 104, 105*, 147f., 147*, 166*, 183*
Mittelmeerschneeball 151
Monstera 121
Musa 88, 89*, 116, 139*
Muschelingwer 120
Myrte 152, 152*
Myrtus communis 152

Nachtabsenkung 41, 48, 96, 147, 173
Nachtjasmin 136
Nährstoffmangel 97
Nandina 89*, 101*, 157, 157*
Natalpflaume 134, 169
Natriumdampflampe 58
Neolitsea 156
Neuseeland 102*, 159
Neuseeländer Flachs 159*, 160, 160*
Neuseeländischer Weihnachts-
baum 160, 160*
Neuseelandpflanzen 164
Nützlinge 187
Nutzungsansprüche 13f.

Obstgehölze 107, 107*
Odontonema 133
Oleander 151, 151*, 179*
Olearia 161
Olive 101, 149, 183*
Ophiopogon 158, 158*
Opuntia 173
Orange 150
Orangerie 10, 11*
Orangerie-Wintergarten 106
Orchideenbaum 126
Osmanthus 157
ostasiatische Pflanzen 154, 180*
Ostasien-Stil 89 , 99*, 107, 153ff., 154*, 164

Pagodenblume 137, 137*
Pagodenstrauch 137
Palisanderbaum 127
Palmen 109, 111ff., 112*, 150, 179*
Palmenhäuser 11
Palmfarne 114
Pandanus 160*
Pandorea 140
P. jasminoides 141*
Papaya 130*
Papyrus 101, 125*
Paradiesvogelblume 116*, 169
Passiflora 142
P. vitifolia 142*
Petrea volubilis 142, 142*
Pfahlrohr 101
Pfetten 14, 81

Pflanzarbeiten 110, 175ff., 175*, 181, 182*, 186
Pflanzenkauf 178
Pflanzenschutz 186
Pflanzung 180
Pflaster 22
Pflege 170
Pflegearbeiten 184ff.
Pflegeaufwand 25f., 36
Pflegeleichtigkeit 96
Philodendron 121
Phoenix 88*
Phormium tenax 160
pH-Wert 182
Phyllostachys 118*, 155
P. aurea 117*, 154*, 155
Pistacia lentiscus 152
Pittosporum tenuifolium 161, 162*
P. tobira 152, 157
Plumbago 168*
Plumeria 131, 131*
Polygala 100*
Polyscias 119
Pomeranzenhäuser 10
Portulacaria 172
Prostanthera 165, 165*
Pseuderanthemum purpureum 133*
Pseudopanax 119
Psidium 96, 129
P. littorale 97*, 125*
Puderquastenstrauch 127
Punica 89*
Punktfundament 19, 19*
Puya 173
Pyrostegia 140

Radermachera 128
Radiatoren 40
Rahmenbauweise 23
Rahmenkonstruktion 69
Rahmenmaterialgruppen (RMG) 33
Randverbund 34
Raumklima 11, 13, 38
Raumtemperatur 39 , 40
Raumthermostat 48*
Referenzliste 15, 64
Regenrinne 33*
Regenwald 103
Regenwasser 54
Regenwasserableitung 19, 33f., 71*
Rhaphiolepis 157
Rhapis excelsa 155
Rhizomsperre 118
Rieseln 164, 167
Ringfundament 19, 20
Rinnenheizung, elektrische 34
RMG 33
Rosmarin 152
Roter Regen 133
Rückstauhöhe 35, 73, 80
Ruscus hypoglossum 152

Stichwortverzeichnis 191

*S*accharum 101
Säckelblume, immergrüne 161*
SAD (Saisonalabhängige Depression) 11
Salbei, tropischer Blauer 133, 133*
Sanchezia 132
Sandolive 101
Sandpapierwein 142, 142*
Sarcococca 158
Satteldach 16, 16*, 17*
Sauerorange 150
Saugspanungsmessung 52
SBS 11
Scadoxus 168*
Schädlinge 184, 186
Schädlingsbekämpfung, Biologische 187
Schalung 20, 20*
Schatten 112
Schattenbaum 100, 149*
Schattenpflanzen 91, 92, 105, 115, 125
Schattierung 38, 44, 45*, 46, 49, 99, 99*, 100, 154, 176
– Schattierung, Steuerung 49
– Schattierung durch Gehölze 45
Schefflera 119
Scheiben 36
Scheibenabdichtung 32
Schiebetür 44, 79, 82
Schildläuse 114, 184, 187
Schlafbaum 150
Schmetterlingsbaum 126
Schmierläuse 187
Schnee 34
Schneelast 19, 31, 32, 73
Schneelastzonen 31
Schnittmaßnahmen 110, 145, 177, 183f., 184*
Schubkettenantrieb 42*, 43
Schweineohr 172
Seidenbaum 150
Seideneiche 164
Selbstmontage 15, 79f.
Senecio 137
Sensoren 47
Sensortechnik 52
Serienfertigung 14
Sicherheitsglas 71
Sichtschutz 98, 98*, 101, 101*
Sick Building Syndrom (SBS) 11
Silbereiche 164
Silikonfuge 70
Sitzplatz 95, 99, 99*, 183
Solandra 141, 141*
Solanum 141
Solarenergie 59ff.
Solarhaus 87, 89, 89*
Solarknick 16, 16*
Solarkollektor 60, 61*
Sonnenbrand 106
Sonneneinstrahlung 24, 57*
Sonnenscheinstunden 91
Sonnenschutz 13

Sonnenschutzglas 28*, 30, 38, 45, 77, 93*
Sonnenstrahlung 21, 30, 38
Sophora tetraptera 160
Sparmannia africana 167, 167*
Sparren 14, 36
Spätfrost 106
Spathiphyllum 122
Spathodea 127*, 128
Speckbaum 172
Spinnmilben 114, 115, 117, 184, 187
Sprossen 23, 23*, 31, 33, 36
Streifenfundament 76
Stahl-Aluminium-Konstruktion 24
Stahl-Wintergärten 23ff., 36
Stahlstütze 76
Stahlträger im Holz 69
Statik 81
Staunässe 114
Stegfünffachplatte 82*
Stegplatte 28
Stephanotis 144
S. floribunda 145*
Sternjasmin 144, 145*
Steuergerät 51, 52*
Steuerung 13
Stoffgewinn 91, 92
Stoffwechsel 93
Stoffwechselstörungen 88
Strahlungswärme 39, 40
Strauchvegetation 104
Strauchveronika 162
Streifenfundament 19f., 19*, 80
Strelitzia nicolai 108*
S. reginae 116*
Strelitzie 96*, 115, 117, 117*, 125*, 169, 179*
Strukturgehölze 149
Strukturpflanzen 108ff., 108ff.*, 124*, 155
Stufenglas 32, 71
Stufenscheiben 34*
Stützen 14, 81
Stütze-Riegel-Konstruktion 23, 76
Substrat 181, 181*, 182*
Subtropen 88, 103, 176
Südafrika 166, 166*, 169*
Sukkulenten 166, 169ff., 169*, 170*
Sukkulentengärten 105
Surinamkirsche 129
Systemhersteller 16, 24, 64
Syzygium 129

*T*abebuia 128
Tabernaemontana 134, 134*
Tageslichtsumme 92
Tapiokastrauch 134
Taro 121
Taupunktunterschreitung 26
Tecoma stans 128, 128*
Tecomaria 100

Teebaum 162, 165*
Tempelbaum 103
Temperatur 48, 86ff., 92f., 101, 103, 147, 148, 163, 167, 170, 173, 175
Temperaturabsenkung 93
Temperaturansprüche 13, 14
Temperaturstürze 154
Tensiofühler 51*, 52, 52*, 53, 181
Tensiostat 52
Terrakotta 148, 148*
Thalia 125*
thermische Trennung 25ff., 26*, 27*, 33, 70, 76f.
Thermostat 175
Thunbergia 168, 168*
T. grandiflora 138*, 141
Topiary 149, 149*
Trachelospermum jasminoides 144, 145*
Trachycarpus fortunei 139*
Träger 14
Tragkonstruktion 13, 14, 19, 22f., 23*, 70*, 76
Treppenhaus 35
Trichterwinde 141
Trompetenbusch 128
Trompetenwein, argentinischer 141*
Tropen-Bepflanzung 88, 103, 103*, 104, 111, 111*, 115f., 119*, 130, 176
Tropenpflanzen 92f., 147, 158
Tröpfchen-Bewässerung, automatische 97
Tropfrohr 53*, 54
Tropfsysteme 51
tropische Regenwälder 91
Tulpenbäume 127*, 128, 130ff.
Tupidanthus 119*
Türen 43

*Ü*berhitzen 105
Umfallkrankheit 187
Umtopfen 114
Unterkühlen 105
Unterpflanzung 172, 177f.
Untertemperatur 176

*V*egetationsbilder 103
Ventilator 42
Veratmung 91f.
Verbundsicherheitsglas 28, 29, 71, 77
Verdindungsordnung für Bauleistungen (VOB) 66
Verjährungsfrist 67
Verpflanzschock 180
Versalzung 51
Versorgungsleitungen 20
Vertragsabschluss 66
Viburnum tinus 151
VOB 66

*W*achsblume 144
Wandanschluss 24f., 25*
Wärmebilanz 39
Wärmedurchgang 28*, 33
Wärmedurchgangskoeffizient 30
Wärmeisolierung 27, 35
Wärmeleitfähigkeit 26f.
Wärmeleitung 26
Wärmepumpe 38, 61, 49
Wärmerückgewinnungsanlage 38
Wärmeschutz 83
Wärmeschutzglas 28*, 30, 38, 96
Wärmeschutzisolierglas 76
Wärmeschutznachweis 39
Wärmeschutzverordnung 30, 38, 44, 49, 60
Wärmespeicher 22
Wärmestau 101
Wärmestrahlung 40
Warmhaus 124
Wasser 54, 181
Wasserableitung 33, 33*, 34*
Wasserentsorgung 53
Wasserversorgung 53f.
Weinrebe 100*
Welkepilze 187
Wetterstation 48*
Windgeschwindigkeit 46, 48, 73
Windkräfte 70
Windlast 19, 32
Winter 92f.
Winterblüher 171
Winterblüte 92, 165
Wintergarten, einstöckiger 17
–, einzeln stehender 15
–, kalter 87, 92*, 99*, 100*, 101*, 102*, 106, 106*, 115, 117*, 146ff., 146ff.*, 149*, 154, 154*, 159, 159*, 161, 161*, 163, 173, 175*, 185
–, kühler 85, 110, 110*
–, lauwarmer 87, 95*, 97*,

98*, 100*, 104*, 105*, 117, 147, 185
–, mediterraner 89
–, mehrstöckiger 17
–, ostasiatischer 89, 99*, 107, 153ff., 164
–, warmer 87, 94*, 96, 96*, 107, 117*, 123ff., 123ff.*, 125*, 139*, 185
– Wintergartenbegrünung 179
Winteröl 184
Wohlfühltemperatur 87, 165
Wollläuse 184, 187
Wollmispel 154, 156, 156*
Wonga-Wonga-Wein 140

*Y*ucca 150, 173

*Z*ahnstangen 43
Zahnstangenlüftung 43*
Zantedeschia 122
Zebrapflanze 132
Zeitschaltuhr 181
Zierhopfen 133
Zimmeraralie 119, 119*, 152, 156
Zimmercalla 122
Zimmer-Jasmin 143
Zimmerlinde 167, 167*
Zimmerpflanzen 176, 176*
Zistrosen 152, 153*
Zitrone 150
Zitrusfrüchte 150*
Zuckerrohr 101
Zusatzbelichtung 91
Zwergpalme 112, 150, 150*, 183*
Zwiebelblumen 105
Zylinderputzer 100, 165

Wir danken folgenden Architekturbüros und Institutionen für die freundliche Unterstützung:

Gmach Bau- und Vertriebsgesellschaft, Büro Dresden
Wasastr. 6, 01219 Dresden
Tel. 0351-4361943, www.gmach.de

Habermeyer-Architekturbüro
Obere Domberggasse 5
85354 Freising, Tel. 0 81 61 - 1 25 71

Staatliche Schlösser und Gärten Dresden
Schloss Pillnitz, 01326 Dresden
Tel. 03 51 - 2 61 32 63

Bildnachweis:

B&B Häring: 53u; Becker: 2/3, 6/7, 86; Diamant: 49; GBA/GPL: 100ur; GBA/MAP: 105u; Gölf 130u; Habermeyer: 70r; Hagen: 10or, 116u, 121ul; Jansen: 58o; Jansen/Osram: 58u; Köchel: 21u, 87, 88, 93, 107/Einkl., 111, 113u, 116o, 117o, 118, 119o, 121o, 121ur, 126o, 127o, 128u, 128/Einkl., 129u, 129o, 131u, 133u, 134u, 135u, 136, 137u, 140o, 141ul, 141o, 142u, 144u, 145or, 148, 149/Einkl., 150o, 151u, 152o, 153ol, 155or, 157u, 158o, 159, 160ol, 160u, 160or, 163, 165o, 167/Einkl., 168ol, 171u, 179, 181o, 181u, 183, 187 Köhler: 15, 16, 23, 27o, 31, 32u, 32o, 33o, 33u, 34o, 36, 42o, 43u, 44, 46u, 47, 48o, 52u, 65, 68, 70l, 71u, 71o, 72ul, 72o, 72m, 72ur, 73, 74, 77, 78, 82u, 82o, 83u; König: 9, 103, 105o, 130o, 131o, 156ol, 168or; Lüttich: 10ol; MSR Dosiertechnik: 54o; Nöhl: 83o; Pinkse: 11; Redeleit: 21o, 46o, 104; Reinhard: 90, 91, 135o, 138ul, 143u, 145ul, 149ol, 150u, 153u, 157o, 162u, 164, 166, 173u; Riedmiller: 188; Ringel: 177; Rohwer: 134o; Ruckszio: 122or, 140u, 145ol, 172, 173o; Santex: 20, 20, 37, 66; Schloß Pillnitz: 10ul Schüco: 4, 18, 29, 35; Schumann-Turowski: 22, 38, 40u, 45u, 48u, 50, 52o, 55, 56, 89o, 89u, 92, 94, 95, 96o, 96/97, 97ol, 97ur, 98, 100ol, 101, 108, 110, 117u, 120, 122ul, 123, 125o, 125u, 126u, 128o, 138or, 138ur, 139, 142o, 146, 147, 154, 155ul, 158u, 161o, 161ul, 161ur, 171ol, 174, 178, 180, 182, 182, 182, 182, 184; Seidl: 113o, 114, 115, 127u, 132, 141ur, 167u, 168u; Solvis/Braunschweig: 51; STABA: 27u; Staudinger: 53o; Stolle: 5, 84/85, 175ul, 175ur; Stork: 185; Strauß: 1, 8, 12, 14, 17, 24, 59, 99, 102, 106, 107, 109, 112, 119u, 124, 133o, 137o, 143o, 144o, 149ur, 150o, 152u, 156ur, 162o, 165u, 167o, 170, 171or, 176, 186; Sycholt: 169; Welzel: 43o

Grafiken:

Mair Computergrafik, außer:
Seite 13 und 160 Schüco;
Seite 26u Thyssen Polymer

Wir bedanken uns für die freundliche Überlassung der Vorlagen für die Grafiken bei folgenden Firmen:

Arbeitsgemeinschaft Holz: 28ul, 28ur; BUG Klimatechnik: 25u; Emco Klima GmbH: 41; Fensterbau Höll: 62; Finistral: 42u; Flachglas AG: 60o; Gmach: 76 Jechnerer: 45o; Pilkington: 60u; Santex: 80, 81; Seifert: 25o

Die Vorlagen für Seite 57o und 57u sind dem Buch »Beleuchtungstechnik für den Elektrofachmann«, Hüthig Buchverlag, Heidelberg, entnommen

---

Die Deutsche Bibliothek –
CIP-Einheitsaufnahme
Ein Titeldatensatz für diese Publikation ist bei Der Deutschen Bibliothek erhältlich

BLV Verlagsgesellschaft mbH
München Wien Zürich
80797 München

© 2001 BLV Verlagsgesellschaft mbH, München

Das Werk einschließlich aller seiner Teile ist urheberrechtlich geschützt. Jede Verwertung außerhalb der engen Grenzen des Urheberrechtsgesetzes ist ohne Zustimmung des Verlages unzulässig und strafbar. Das gilt insbesondere für Vervielfältigungen, Übersetzungen, Mikroverfilmungen und die Einspeicherung und Verarbeitung in elektronischen Systemen.

Umschlaggestaltung: Studio Schübel, München
Umschlagfotos:
Schumann-Turowski (Vorderseite), Becker (Rückseite)

Lektorat: Dr. Thomas Hagen
Herstellung: Hermann Maxant

Layoutkonzeption:
Parzhuber & Partner

Layout: Anton und Christian Walter, Gundelfingen

Reproduktion:
Repro Ludwig Zell a. See

Druck: Appl, Wemding
Bindung: Conzella Urban Meister, Pfarrkirchen

Gedruckt auf chlorfrei gebleichtem Papier

Printed in Germany ·
ISBN 3-405-15843-5

Mit Pflanzen Atmosphäre schaffen

Wolfram Franke
Der Traum vom eigenen Schwimmteich
Natürlicher Badespaß im eigenen Garten: das Praxisbuch für Planung und Ausführung des Schwimmteichs mit allen wichtigen Informationen zu Technik, Bepflanzung und Pflege; Schwimmteich-Beispiele mit Plänen und Kostenaufstellung.

Reinhard Witt
Der Naturgarten
Das Praxisbuch: Idee und Planung, Anlage Schritt für Schritt, Gestaltungsideen für alle Gartenbereiche, Naturerlebnis- und Spielgärten für Kinder, schöne Naturgarten-Beispiele – private Gärten und öffentliche Anlagen.

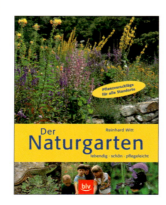

Christoph und Maria Köchel
**Kübelpflanzen –
Der Traum vom Süden**
Exotische Pflanzen für Wintergärten und Terrassen: das Standardwerk in Neuausgabe mit Porträts von über 160 Kübelpflanzen aus aller Welt in Bild und Text, Gestaltungsvorschlägen, Pflanzplänen für Wintergärten und wertvollen Pflegehinweisen sowie Praxistipps zu Auswahl, Zusammenstellung, Pflege und zur Überwinterung.

Im BLV Verlag finden Sie Bücher zu den Themen: Garten und Zimmerpflanzen • Natur • Heimtiere • Jagd und Angeln • Pferde und Reiten • Sport und Fitness • Wandern und Alpinismus • Essen und Trinken

Ausführliche Informationen erhalten Sie bei:
BLV Verlagsgesellschaft mbH • Postfach 40 03 20 • 80703 München
Tel. 089/127 05-0 • Fax 089/127 05-543 • http://www.blv.de